変動期の国際秩序と
グローバル・アクター中国

外交・内政・歴史

佐藤　壯・江口伸吾 編

国際書院

International Order in Transition and China's Rise as a Global Actor:
Diplomacy, Domestic Politics and History
edited by
SATO Takeshi and EGUCHI Shingo

Copyright © 2018 by SATO Takeshi and EGUCHI Shingo
ISBN978-4-87791-288-8 C3031 Printed in Japan

変動期の国際秩序とグローバル・アクター中国：
外交・内政・歴史

目　次

はしがき………………………………………………………清原正義　7

はじめに：中国と国際秩序の行方……………………………佐藤　壯　9

基調講演

第1章　中国が直面する新たな課題と可能性：
　　　　国内的側面を重視した一分析……………………………王　逸舟　19
第2章　変動期の国際秩序と「中国の夢」：
　　　　一極の時代から多極の時代へ……………………………宇野重昭　41

第1部　21世紀におけるグローバル・アクター中国

第3章　新世紀におけるグローバル化趨勢下の中国外交の選択‥梁　雲祥　67
第4章　グローバル・アクター中国の対外政策とマルチラテラリズム
　　　　………………………………………………………………佐藤　壯　83

第2部　中国外交の国内政治社会基盤とガバナンス

第5章　現代中国外交における国内政治の根源………………雷　少華　103
第6章　習近平政権における国内政治の諸動向と対外政策への
　　　　インプリケーション：
　　　　「人民」統合の過程を中心にして……………………江口伸吾　123

第3部　中国の国際秩序観と歴史の教訓

第7章　中国とアメリカの国交樹立プロセスにおける台湾問題（1977～79）：アメリカ外交文書に基づく考察………………張　紹鐸　159

第8章　近代日本外交における「学習」をめぐって…………石田　徹　185

［北京大学国際関係学院との座談会］
「大国中国：国家主権と国際社会における責任」（2014年9月8日）　201

［インタビュー記録］
（1）賈　慶国（北京大学国際関係学院　院長）　255
（2）王　逸舟（北京大学国際関係学院　副院長）　267
（3）潘　　維（北京大学国際関係学院　教授）　283

あとがき……………………………………………江口伸吾・佐藤　壮　303

執筆者・訳者紹介　307

索引　313

はしがき

清 原 正 義（島根県立大学学長）

　本学では従来から「北東アジア地域学術交流研究助成金」制度を制定して本学を拠点とした北東アジア関連研究を推進してきた。このたび、共同研究プロジェクト「中国の台頭と北東アジア地域秩序の変動―中国国内統治との共振性に着目して―」（2014 〜 2015 年度、研究代表者　佐藤壮）が助成対象となり、この間、北京大学国際関係学院の諸先生方から惜しみない協力を得て国際共同研究を進めてきた。

　また、本学の国際的学術交流は、故宇野重昭名誉学長が初代学長として在職中からリーダーシップを発揮して進められた。とくに北京大学国際関係学院と島根県立大学との合同国際シンポジウムは数次にわたって開催され、本書の基になったシンポジウムで通算 6 回となった。この間、日中関係は多様な波にさらされ強風にあおられるかのごとくであったが、本学と中国の大学との学術交流・共同研究の着実な進展は、多元化する両国関係の複合的相互依存関係深化の一端を体現化するものと言える。

　本書は、上記国際共同研究の一環で実施された北京大学国際関係学院・島根県立大学合同国際シンポジウム「国際秩序をめぐるグローバル・アクター中国の『学習』と『実践』―内政・外交の共振と歴史の視点から―」（2016 年 3 月）を基にして学術書として編集したものである。シンポジウムには、北京大学国際関係学院から王逸舟副院長、梁雲祥先生、雷少華先生に島根県立大学にお越しいただき、研究報告ならびに討論にご参加いただいた。本学大学院 OB で上海外国語大学の張紹鐸先生はご都合でシンポジウム当日の来日が適わなかったが、事前に報告原稿を提出してくださった。また、国内の

大学からは、中園和仁先生（当時広島大学教授、現武蔵野大学教授）に総括をご担当いただき、唐燕霞先生（愛知大学教授）にはコメンテーターとしてご参加いただいた。学内からも北東アジア地域研究センター（NEAR センター）を中心に多くの研究者に報告者、また、コメンテーターとしてご参加いただいた。シンポジウムにご参加いただいたこれらの諸先生方に心から厚く御礼申し上げる。

　故宇野重昭先生は、本共同プロジェクトの立ち上げ以来、高い関心をお寄せくださり、ご高齢にもかかわらず先のシンポジウムでも基調講演をおこなっていただいた。本書の刊行にあたって、ご講演の原稿を改訂し、新たな論文として世に問われたいお気持ちが強かったと伺っている。本書に掲載した基調講演がご遺稿となったご無念はいかばかりであろうか。宇野先生は晩年、「北東アジア学創成シリーズ」（国際書院）第 1 巻でご著書『北東アジア学への道』（2012 年）を刊行なさった後も旺盛な研究意欲でわたくしたちを圧倒し、日本は言うに及ばず、中国においても北東アジア研究を牽引し、広く尊敬を集められた。宇野先生の安らかなご永眠を心よりお祈り申し上げる。

　本書の刊行にあたって、「北東アジア地域学術交流研究助成金」の出版助成金および「公立大学法人島根県立大学　学術教育研究特別助成金」から助成を受けた。ここに記して感謝の意を表する。また、学術出版情勢が厳しさを増す中、本書の刊行をご英断くださった国際書院の石井彰社長のご尽力および出版関係者の皆様のご協力に心から厚く御礼申し上げる。

はじめに：
中国と国際秩序の行方

佐 藤 　 壮

1　本書がめざすもの

　本書の中心的課題は、大国として台頭する中国が、21世紀の国際秩序の変動期にあたり、北東アジア諸国間関係や地域秩序にどのような影響を与えるのかを検証することである。本書は、外交政策と内政の相互作用に着目しながら、各章の執筆者が専門とする国際政治理論、中国政治論、東アジア国際政治史のアプローチを適用し、中国の「大国外交」に内在する論理や、外交政策の基盤となる内政上の課題、東アジアの大国の興亡の歴史的教訓を明らかにしようと試みる。習近平政権下で活発化する中国の積極外交には国内外の専門家はもとより一般的な関心も高い。加えてトランプ米政権誕生後1年が経過しても視界不明瞭な日米中関係や北東アジア秩序を考察するうえで、議論の一角を占めることができれば幸いである。

2　本書の構成と概要

　本書は、2016年3月5日、6日に開催された島根県立大学・北京大学国際関係学院国際合同シンポジウム「国際秩序をめぐるグローバル・アクター中国の『学習』と『実践』―内政・外交の共振と歴史の視点から―」を基にしている。本書に収録された論文は、シンポジウム終了後、報告者がそれぞれの原稿に加筆修正を施したものである。

本書の構成及び要旨は以下の通りである。

基調講演は、現代中国が置かれた国内外の環境に着目し、現状と課題を検討している。

第1章「中国が直面する新たな課題と可能性：国内的側面を重視した一分析」（王逸舟）では、習近平政権の指導部が国内社会の大きな構造転換に直面している現状を指摘し、中国が大国外交を推進するには国内社会・経済的基盤の安定が不可欠であるとの観点から、構造転換における課題に検討を加えている。第一に、中国社会が「超大型」であるがゆえに、地方におけるガバナンスのあり方に困難がある一方で、政府が進める周辺外交の対象となる周辺諸国と中国国内の地方が結節点となる（「非中央外交」）ことで生じる経済上の利点への可能性が指摘される。第二に、中国共産党の執政制度下で中国外交が展開されることに目を向けつつ、イデオロギー色が薄まる一方で問題解決指向性と実利指向性の強さと歴史的遺伝子の継承にも着目する。第三に、経済活動の国際化や大衆メディアの活況が国内社会に躍動感をもたらしており、対外開放が国内に引き続き好影響をもたらすと期待を寄せる。第四に、現状、中国社会は転換を要請されており、たとえば、経済成長の富の再分配、国内格差の是正、産業構造の転換、市民的権利の充足、国際基準に呼応する開放的な国内的法の支配の実現など諸課題への対処が必要であると指摘される。

第2章「変動期の国際秩序と「中国の夢」：一極の時代から多極の時代へ」（宇野重昭）では、現代の国際秩序が従来のような欧米中心のものに一義的にまとまる時代ではなく、中国、東南アジア、イスラム世界などがそれぞれの原則を持ち寄りつつ利益調和に沿う新たな国際秩序の多義性が試されていることが指摘される。一方、日本（人）の外交観、国際秩序観が一義的理解にとどまり、複数の正義が同時に存在する国際秩序の多義性への理解が不足していると論じる。また、中国の転換期を論じた第1章の王逸舟論文の示す中国の国際秩序観が、協力、交流、対話などの平和的手法を旨とすることを評価し、王氏が現代中国を中国の歴史的文化、西欧近代の影響、マルクス・

レーニン主義の 3 色を融合させた色調を持つと指摘する点に特徴を見出す。宇野教授は、習近平指導下の中国が転型期の変化の下にあるという文脈で「中国の夢」論の歴史的位置づけを検討し、狭隘な民族主義の夢から「進歩的な人類の夢」という表現が生まれていることに着目する。中国外交の一帯一路構想や中東への進出に、国際秩序への新たな関わり方の可能性を見出しつつも、国内基盤の不十分な中国の外交選択の限界が指摘される。今後、西欧・日・中国・第三世界などの良質な側面が選択され、相互補完する多義的国際秩序が構成されることに期待をにじませる。

第 1 部「21 世紀におけるグローバル・アクター中国」では、現代中国外交の国際政治における位置づけを考察する。

第 3 章「新世紀におけるグローバル化趨勢下の中国外交の選択」（梁雲祥）では、建国後の中国外交の歴史的変遷とその特徴を明らかにする。中国外交を規定する基本要素として、安全保障（対外的および国内体制維持）、イデオロギー、国家統一（台湾、チベット、新疆ウイグル自治区等）、経済発展、大国意識をあげた上で、中国外交における 3 つの歴史的区分を紹介する。第一期は毛沢東時代の革命外交であり、安全保障とイデオロギーが中国外交を規定する最重要要素であった。第二期は、鄧小平時代の経済発展重視外交であり、第一期と比較すると安全保障上の懸念は薄れ、イデオロギー色も薄まる一方で、改革開放の実施に伴う経済発展の外交政策へと転換した。第三期は、鄧小平時代の経済発展政策を継承しつつ、ポスト鄧小平時代の大国外交に入る。大国意識を反映して「韜光養晦、有所作為」が唱えられるなか、国家利益の追求、愛国主義、ナショナリズムが中国外交の要素として見出せると指摘する。梁教授の分析では、現代中国外交は、新安全保障観に基づく経済連携や多国間協調を基調としつつも歴史的な失地回復を志向する側面を持つことが重視されることが明らかとなっている。

第 4 章「グローバル・アクター中国の対外政策とマルチラテラリズム」（佐藤壮）では、中国は米国が主導する既存の自由主義的覇権型秩序の枠内で経済成長を遂げたが、興隆する新興大国として国際秩序にどのような影響を与

えるのか、決定的な対立を回避して平和的に秩序変動を乗り切ることが可能なのかという問題関心のもとに、中国をグローバル・アクターとして位置づけ、中国が多国間枠組みにおいて「学習」と「実践」を往来しながら展開する対外政策をマルチラテラリズム（multilateralism、多国間主義）の観点から分析する。そして、自ら新たな国際政治経済秩序の萌芽とも言えるアジアインフラ投資銀行設立や「一帯一路」構想など開発優先主義とも言える独自の国際秩序構想を提起するに至ったと分析する。

第2部「中国外交の国内政治社会基盤とガバナンス」では、中国の内政や社会基盤に着目し、国内統治の状況がどのように中国外交に作用しうるかを検討する。

第5章「現代中国外交における国内政治の根源」（雷少華）では、中国外交の基本原則を、利益を核心とする実用主義、他国の内政への不干渉、中国の国家利益と無関係の国際的な道義責任への関与回避にあると指摘する。その上で、中国外交が一貫して執政党としての中国共産党の権力基盤強化に作用することが核心とされていることが示される。雷氏は、改革開放以後の高度経済成長を支えた経済発展のモデルを中国共産党による一元化領導と市場経済導入の融合に求め、社会に安定をもたらしたと評価する。1994年に導入された分税制改革は、中央と地方の関係を事実上の連邦構造へと変化させ、政治、経済、文化等の多元化要素を含む中央、地方、民間等多岐に分かれた総合的外交ルートが形成されたとみる。他方で、中国の経済改革は国家—社会関係を変革し、都市部での単位制および農村部の集団制の崩壊を招いた。こうした国内社会の状況を踏まえて、現代の中国政治が直面している内外の課題として、指導者の交代、経済成長の鈍化、原子化社会の利益多元化、周辺の安全保障環境の変化、国内テロリズムへの懸念をあげる。現代中国外交はこうした国内的・対外的課題に対応するため、利益を核心とする実用主義を採用すると分析する。

第6章「習近平政権における国内政治の諸動向と対外政策へのインプリケーション：「人民」統合の過程を中心にして」（江口伸吾）では、中国が大

国として国際政治場裏で台頭する一方で、国内社会の脆弱性に対処する習近平政権による統治能力強化が観察されることを指摘し、外交政策と国内政治をリンケージ・ポリティクスの視点に立って分析する必要性が否応なく高まっていることを論じる。江口教授は、習近平政権による国内政治社会でのリーダーシップ強化が、「人民」からの支持調達を活用して政治改革を断行する大衆路線の特徴を持つことに着目し、ポピュリスト的権威主義体制構築へと向かうと論じる。こうして習近平政権は強力なリーダーシップを確立し外交問題を安定的にコントロールできる国内政治基盤を築き上げたが、大衆路線で調達した「人民」の動向に束縛されやすいという側面も抱え込んだと指摘する。

　第3部「中国の国際秩序観と歴史の教訓」では、中国外交を歴史的潮流の中に位置づけて国際秩序との関連性を外交史と国際関係史のアプローチから論じ、どのような歴史的な教訓を得られるのか考察する。

　第7章「中国とアメリカの国交樹立プロセスにおける台湾問題（1977-1979）：アメリカ外交文書に基づく考察」（張紹鐸）では、カーター政権期の米中国交樹立プロセスにおける台湾問題をめぐるせめぎ合いがアメリカ、中国、台湾の外交文書および関連資料を用いて叙述される。カーター大統領は、就任直後から米中国交樹立への明確なビジョンを描けずにいたが、政権内部では中国による台湾への武力不行使とアメリカによる台湾への武器売却継続を中国側が黙認することが不可欠であるとの方針が大勢を占めており、1977年8月のヴァンス国務長官の訪中も中国側の態度硬化を招いただけに終わった。1978年初頭、鄧小平が民主党議員を通じて米中国交正常化への意欲を伝えると、かねてから米中関係正常化積極派のブレジンスキー国家安全保障問題担当大統領補佐官は、1972年の上海コミュニケを起点とした国交正常化方針を中国側と確認し、アメリカ中間選挙後の1979年1月1日の国交樹立を目指して中米交渉を加速させた結果、駐台米軍撤退と米華相互防衛条約の1年以内の失効、その後の台湾への武器売却再開を公然としない方針で妥協的な合意に至った。

第8章「近代日本外交における『学習』をめぐって」（石田徹）では、「歴史の教訓」の事例として、1920年代以降の日本では当時の「国際状況・国際秩序」の何を「学習」し、そして「実践」に移したのかを検討して、そこからどのような「教訓」を引き出しうるのかについての問題提起を行っている。とくに、外交に従事していた外交官と外交や「外交秩序」を議論した専門家（学者・思想家など）に注目し、幣原喜重郎、重光葵、東郷茂徳、蠟山政道、三木清の他、「幣原外交」を真っ向から批判する「田中外交」を推進した政治家として森恪を取り上げている。日本政治外交史の観点から、本章で取り上げた専門家や政治家が「ワシントン体制」、「満州事変」をめぐって展開した議論をつぶさに検討する。本章は、近代日本外交が「東亜新秩序」や「大東亜共栄圏（構想）」を提唱する前段階の時期に、「旧外交」の受容、その「学習」の成果としての「幣原外交」、その「破綻」の序曲としての「満洲事変」、終曲としての「東亜新秩序」という流れを経たことが指摘され、当時の外交論・秩序論に潜む現状追認の志向性が明らかにされている。

　以上の論文に加えて、本書は、座談会及びインタビュー記録も掲載した。いずれも北京大学国際関係学院の研究者が、大国中国について縦横に議論を展開したものである。2014年に実施したもので少し時間が経過している点は否めないが、過渡期にある時期の現状認識がありありと表出されており、掲載する価値があると判断した。

　座談会「大国中国：国家主権と国際社会における責任」（2014年9月8日、於北京大学国際関係学院）では、(1) 過渡期にある大国としての中国の自画像、国家アイデンティティ、世界観、(2) 国際公共財のガバナンスに対する中国の関与のあり方と主権・責任の関連性、(3) 近現代以前の華夷秩序・朝貢・互市を通じた中華的秩序形成と、現代中国が形成途上にあると思われる国際秩序とを比較して分析することは有効か、を主な論点として、日中の研究者が意見交換した。

　インタビュー記録（2014年9月）は次の3つを掲載した。「インタビュー記録（1）」で賈慶国・北京大学国際関係学院長は、米中関係と東アジア秩序

の相互作用に関して、とくにアメリカのアジア回帰・リバランス戦略と米中間の「新型大国関係」構築、安全保障と経済協力の緊張関係、法化が進展する国際経済秩序への中国の姿勢、外交政策と世論形成など多岐にわたる観点から検討する必要性を示唆した。

「インタビュー記録(2)」で王逸舟・北京大学国際関係学院副院長は、氏の持論である「創造的介入論」について議論し、中国外交を支える基盤強化のための国内改革の必要性や「大国としての風格」を備えた対外行動が国際社会における責任につながることが示唆された。

「インタビュー記録(3)」で潘維・北京大学国際関係学院教授は、「中国模式論」の第一人者として、国内改革の現状を分析する視座として、市場化・法治・人民主義という観点の重要性を提示した。

基調講演

第1章　中国が直面する新たな課題と可能性：
国内的側面を重視した一分析

王　逸舟

1　中国が直面する構造的挑戦

　習近平にどれほどのアイディアやヴァイタリティがあろうとも、彼を代表とする現代中国の政治指導者は未曾有の危機に必ず直面することになる。中国の構造転換にはきわめて大きな不確定性が存在しているのである。「憂患に生き、安楽に死す」〔心配事があると慎重になるが、楽々としていると油断し却って危うい。『孟子』告子下15〕、いにしえの聖人の誡めは大切なのである。
　次に考察をすすめていく。
　現在、中国が臨んでいる一連の構造的挑戦に直面した国家は歴史上きわめて少ない。この挑戦の本質は、世界の中で台頭し大国となった、たとえば第2次世界大戦前のドイツや日本、歴史上のスペイン、ポルトガル、イギリス、フランスなどが、強国となると必ず覇権主義に走るという論理を避けられなかったことにある。中国の現在の目標は、協力、交流、対話など平和的な手法によって大国になろうとしていることをさまざまな努力を通して世界に表明することである。全世界が注目しているのは、中国が大国になることについて独自の路線を歩むことができるか否かという点なのである。現在、周辺諸国、すなわち日本を含む南シナ海での主権を主張する国家やインドとの間の摩擦は、中国の台頭が各国に及ぼしたネガティブな反応だとみなすことができる。安倍政権と右翼勢力は中国への挑発を試み、東南アジア諸国は

アメリカと協力して中国を牽制し、インドはさまざまな方面で中国を抑制しようと試みているとみる向きもある。この捉え方に理由がないわけではないが、ポイントは中国の台頭自体にあるのであり、グローバルな規模で政治、経済、外交に激しい地殻変動が引き起こされているのである。こういった激震はこれからさらに長期間続くであろう。諸外国が中国の「平和的台頭」を受けいれるか否かということには相当な不確定性が存在しているのである。

　国外からみると、中国が台頭するにしたがい欧米主導の国際システムとの間に存在する深層的な緊張関係が時折あらわれていることは否認しえない。ミクロ的には、誤解と錯覚があらわれているのであり、各方面から説明を繰り返していく必要がある。マクロ的には多くの不均衡と衝突があり、それはグローバルなエネルギー競争や気候変動、主権問題、軍事展開、地域と世界の安全保障などを含んでいる。私たちは諸外国の中国受容の有り様を客観的に考慮しなければならず、同時に中国はアプリオリな判断を変化させるのか、世界は和して同ぜずの状態を実現するのか、大国間に思惑などない多元的共存や提携はあるのか、ということを含めて考えなければならない。中国の外交を扱う際には、これらの前提を明確にしなければならないのである。国際的には、主要な国家と地域には中国の台頭に対して、程度の違いこそあれ戸惑いが一様にある。アメリカ、日本、ロシア、インドなどの国々、多くのラテンアメリカ、アフリカの中小国家も中国を一つの変数であるとみている。1980年代から1990年代、世界は中国の成長の影響を多少は感じていたが、現在この影響は説明するまでもないほどあきらかであり、とりわけ21世紀に入ってからは際立っている。これは中国と国際社会の交わり方にも影響を与えた。中国外交の基本問題は国際社会との関係をどのように処理していくのかということである。中国は目下強大であり、安全保障面では核大国や安保理常任理事国、軍事費大国、グローバルな多くの重要な国際組織の主要な参画者でもある。経済面では、目下全世界の三分の二近くの国家にとって、中国はすでに最大の貿易相手国となっており、同時に世界最大のエネルギー輸入消費国であり、温室効果ガスの大量排出国でもある。世界規模の各

種指標に照らすと、中国の台頭はあきらかに 21 世紀における国際関係の最重要事であり、グローバルな政治において鍵となる変量なのである。中国の台頭が、強国になると必ず戦争を起こし覇権主義に走るという歴史の悪循環から抜け出せるかどうかということは、中国外交に作用している外部からの張力なのである。

　国内へ目を向ければ、現在の中国は急速な発展の好機にあるばかりでなく、同時に特殊な戦略的脆弱期でもあり、内部矛盾が露呈する危険な時期でもある。政治学には基本理論、すなわち各国の発展によって実証されたU字型理論がある。簡単にいえば、社会が極端に閉鎖された原始時期、あるいは高度に発達し開放された良好な状態下にあるのが、社会的安定性には最もよく、秩序を大きく失することは少ない、ということである。ひとたび急激な社会変動や急速な社会の階層化、大規模な対外貿易、広範囲な情報互換、各種の以前にはなかった互いに影響し合う衝突があらわれた時、既存の安定性は崩れる。変動の程度はピークに近づくほど、破壊性も深刻なものとなる。一定の高まりを越えるまで、たとえば「中所得国の罠」を乗り越え、現代社会の成長を基本的に完成させ、産業構造や社会関係が合理的なものへと向かい、政治的成熟と経済発展のレベルが合致する時、その破壊性は下降し始め、危機は緩和されるのである。1960年代から1970年代にかけて、ハーバード大学の発展途上国の近代化に関するプロジェクトチームは、全世界 150 余りの国家について研究を進めて一つの結論をえた。彼らは、民族騒乱やテロ活動、社会抗争、軍事的な特殊活動などの不安定要素が急激な変動期に起きていることを発見したのである。現在をみると、中国は類似の段階にいるのであり、歴史の遺産と旧弊な観念が、新興の構造と新たな世代と相対する時、激しい衝撃が生じ続ける。

　中国はきわめて大規模な社会的存在であり、北京や上海のような発展地域はもちろん、発展から極端に立ち後れた閉鎖的な地域も、ガバナンスの難度はきわめて高い。中国はさまざまな矛盾が渦巻く多元的な存在でもあり、そこには歴史的な記憶が充満し、独特の政治文化の追求がある。国際社会の新

たな力として、中国は世界に貢献するためにグローバルな大国の責任を担うことを望んでいる。このように多様な属性と使命が混じり合い、内圧と外圧が入れ替わり立ち替わる二重変奏の様相となっているのである。どのような問題も処理することは難しい。内と外の二つの思考体系の間には、大小さまざまな緊張も存在している。たとえば、現在国内では中国はまだ貧しいと感じられているにもかかわらず、国際的には中国はすでに比較的裕福な国家と認識されている。国内の声は中国は全世界へそれほど多くの援助を行うべきではないというものだが、国際的にはまったく逆であり、国の大小関わりなく、東南アジアのような近隣諸国はもちろん遥か遠方の北欧にあるような国家でさえも、中国は貿易とエネルギーを重視するが、国際貢献や平和的な台頭の効果をはっきりと示していないと感じているのである。国内では一般に中国の外交は軟弱で譲歩しすぎており、プーチンのように果敢ではないととらえられているが、国際的には、たとえば2008年以来筆者が訪れた十数カ国では中国は強硬になったととらえられており、その事例をあげれば国連気候変動会議や南沙諸島での領有権を巡る争い、大国としてのパワーゲームなどがある。こうしたコントラストの差は非常に大きく、国内のメディアや大衆には想像もつかないほど大きなものとなっている。内外の板挟みになった国家戦略の策定者は間違いなく困難な状況におかれているのである。

　現在の中国は前進あるのみ、さもなくば後退という特殊な時期にあるといえる。一つの可能性としては、今後10年から20年の間に、中国はこの敏感で複雑な時期を平穏にすごし、悠々と先進国の仲間入りを果たし、一人あたりの国民所得は1.2万ドル以上に達し、建国100周年の頃には先進国の中位となり、世界のGDPで第1位の大国、本当の世界的強国となるというものがある。もう一つの可能性は、台頭がある一定の段階に至り、克服しがたい困難と衝突が生じ、周辺国家は中国を恐れて排斥し始め、その他の大国は連携し防備し始め、さまざまな情勢不安と国内外の紛争が絶えることなく続き、貿易摩擦や主権をめぐる争い、国民生活の困難、貧富の差の拡大などの問題が激化し、とりわけエスニシティの矛盾が露呈し、地域間格差が拡大

し、政治改革をすすめる術なく、経済発展がもたらす福利では各種の需要をまかなうことができず、排外思想と極端なナショナリズムがますます強まるというものである。エコノミストは失敗して内戦となったり、飢饉となったり、国家間レベルの戦争という事態に陥るといった悲観的な予測をしているわけではないのだけれども、広範囲な失業、社会的停滞、エリートの流出などの現象が起こり、そうした手に負えない矛盾が一つとなって、対応に追われ疲弊する可能性はあるだろう。筆者の見解は、未来は一本道ではありえず、政策決定者は思考する際に二つの可能性を排除すべきではないというものである。

2　複雑に変化する現実

　中国社会の現実的構造を探究し、転換期における外交の社会的基礎を考察していく。

（1）　超大型社会

　中国社会の顕著な特徴の一つは、その超大型の規模と格差の隔たりが大きい内部の発展水準である。そこには討論するに値する点が数多くあるが、ここでは対外関係に絞って論じていく。

　中国の31の省、自治区、直轄市の多くは、中堅国の規模（人口が2,000万に満たない国家は、全世界の国家の80パーセント以上を占める）とほぼ同じである。中国の1年あたりの人口増加はオランダの総人口に迫り、1年あたりの生産額増加は一つのトルコあるいは2つのマレーシアの総生産高に相当する。中国内部の発展から立ち後れた西部地域と発展した沿海地域との格差は、発展途上国と先進国の違いに劣らない。そのうえ国内の少数民族の多くが西部の辺境地域や国外の紛争地域に隣接する場所に居住しているという事実も加わって、経済上の巨大な格差の存在は中央政府のガバナンスを難しくさせているのである。中国の成長が猛烈で、すでに世界第2位の経済体

であるという事実や、北京、上海、広州、深圳などの都市の日々の変化を目の当たりにしている諸外国の人々は、中国国内の「第三世界」現象や、この格差が執政者に与えるであろう圧力に対する理解が浅い。さまざまな聞き取り調査が示しているのは、中国人と外国の人々の「中国は先進国なのか」「中国人は豊かなのか」に対する認識には天と地ほどの差があるということである。そうした差異の存在をみて、バランスを取ることの難しさに気をつけ、適切な決定を下すのは、容易なことではない。

　今日の中国という超大型の社会のもう一つの特徴は、「非中央外交」の形成である。中国は根強い地方自治の伝統がある国家であり、そのうえ領域が広大で、少数民族が多く、地理的な多様性に富んでいることも加わって、改革開放での振興の下、地方政府は外国との交流を進んで発展させた。たとえば東北地方や西北諸省は中央アジアやロシアと近づき「国境貿易外交」や「エネルギー外交」を推進し、山東と東北各省は韓国と協力して開発区や工業団地を建設し、西南の各省は ASEAN に照準を合わせた「西南出海大通道」〔重慶、貴州省、広西チワン族自治区を縦断する道路〕、「メコン川流域開発計画」(GMS)、「地区博覧会招商会」を推進した。福建は対岸であるという地理上の利点をいかし、台湾と優位的な相互補完の関係を築いた。広東は香港、マカオ地域の貿易サービス分野における自由化政策を試みた。中央外交と地方の外事部門の指導の下、これらの取り組みは「オーバーフロー」効果を生じさせ続け、中国と周辺地域の経済的一体化と政治的信頼を促進させ、国家の対外交流において新たな橋渡し役となったのである。これも中国を軸とした東アジアの「商業的平和」（貿易的平和）が長期間存在している要因の一つである。

　超大型の社会の存在は、中国社会の転換を決定づけた。この転換は均質的なものではなく、段階的に展開し、速度も異なる重層的な様相をしている。それは国家の外交と戦略の策定に非常に複雑な一言では言い尽くせない影響がある。たとえば、市場経済の雰囲気が強い沿海地域と農業牧畜業を主とする北西地域との比較をすると、人々の尚武の気風がまったく異なる。上海や

浙江の人々は交渉すること自体に熱中するが、流血するようなことは好まず、砂漠に生きた人々の末裔は具体的なコストの計算などあまりしないが、抜刀して向かい合う豪気がある。こうした現象は歴史的に存在しているもので、現在はいっそう顕著となっており、それは北京に位置する外交部と軍事機関に対しても静かに影響を与えている。歴史の足取りをはっきりとらえ、異なる時代の符号を理解し、政策策定時に有利なものを採って難を避け、各方面を満足させるというのは、総人口がアメリカの4倍余りでロシアの10倍近く、一般的な中堅国家の20倍余りの国家では実に難しいことなのである。4～50年前を考えてみると、中国の大多数の人々はまだ世界革命や他国の戦場に献身する思想準備を大いに行っていた。現在をみると、多くの人の関心事は生活における安定と改善になっている。数年後に中国が世界のGDP第1位の大国となった時、国連の平和維持活動の主力、安保理に提案する大国、地球上の絶滅危惧種の救世主にはならないといえるだろうか。長い目で歴史をみれば、伝統的なものは現代に向かって転換するのであり、中国のような超大型の社会では、忍耐心、知恵、前進する勇気をもたなければならないのである。

（2） 赤色の社会

インドやブラジルなど非西洋の大国とは異なり、中国は共産党執政の社会主義大国であり、よく知られた言い方をすれば「赤色の国家」である。しかし、筆者の見解では、今日の「赤色」は昔の「赤色」とは異なっており、それは「中」（中国の歴史文化）、「西」（西洋の近代的影響）、「馬」（マルクス・レーニン主義）の三つの色調が融合したものである。

周知の通り、中国において、中国共産党の方針は外交政策が依拠する所のものである。「4つの基本原則」（社会主義の道の堅持、プロレタリアート独裁の堅持、中国共産党の指導の堅持、マルクス・レーニン主義と毛沢東思想の堅持）は、中国社会を制約する大前提であり、中国外交の指針でもある。伝統的な政治言語には矛盾したたくさんの見解が混じり合っており、たとえ

ば経済、貿易、技術での需要からヨーロッパ、アメリカ、日本など先進国と協調せざるをえない場合を除き、アメリカと西洋の覇権に反撃を加える発展途上国を広く支持するべきだと言ったりする。「社会主義は最終的には資本主義に勝利する」という信念は、さまざまな教育を通して学生や民衆に次々と伝えられ植え付けられている。高レベルの指導者の言説には、たとえば中国共産党中央党校での講話と国際的な場面での表明の二つの異なるバージョンがあるようである。手続きから見れば、外交政策をすすめる機関は主に中国共産党外事弁公室（以下中央外弁）と外交部である。中央外弁は最高指導部直属で、外弁主任は総書記の外事顧問に相当する。中央外弁は外交部の上位機関ではないが、中南海の最高指導部の身辺近くで執務にあたっているということから、「上伝下達」〔上位に伝えつつ下位に命令する〕という特殊な地位にある。中国共産党中央外弁と外交部、さらに中国共産党対外連絡部（主に党の渉外を担当）と中国共産党宣伝部（主にイデオロギー、対外宣伝活動を担当）が加わり、一般人にはきわめてわかりにくい複雑な関係となっている。こうした赤色の機関は至る所に存在しており、中国社会と政治制度の独特の性質を示している。

　しかし、中国社会の今日の「赤色」は、毛沢東時代の「濃い赤色」ではなく、薄まった「淡い赤色」であり、中国の「金色」と西洋の「青色」が融合した色彩である。鄧小平時代の中国共産党は、ソ連のスターリン時期の共産党と異なっているし、今日の朝鮮労働党とも別物である。政権を掌握し続けてきたと同時に、中国共産党はイデオロギーのトーンと重要性を下げ、「問題解決」と「実践本位」を強調し、適時自身を改変させながら、初期の「革命先鋒隊」から、後の「3つの代表」に進化し、さらに今日の「中国の夢」の提唱者に発展したのである。都市や部局といった単位の管理者は中国共産党の書記であるし、行政主管でもあり（あるいは二者が同一）、どんなに大きな決定であっても一方的に下されることはなく、それは「さまざまな力の平行四辺形」と表現される。筆者が所属する北京大学では、たとえば、学務の執行は「中国共産党委員会指導下の校長責任制」である。外国人にとって

こうした言い回しは理解しがたいものかもしれないが、それに慣れている中国人は実践的な態度で具体的問題を処理し、論理的に矛盾した状態には陥ることは決してないのである。

　さて、中国社会及びその外交は自身の古い歴史的遺伝子を受け継いでいる。思想分野の諸子百家や物質面の四大文明、精巧な農耕、独自の兵書、医学並びに天文理論など、現代人が賞賛し誇りとするものである。孔子を尊ぶ国学ブームが中国で盛り上がっているが、中国共産党の幹部と外交官にも「中国の歴史と文化の学習」が求められている。奥深い歴史と文明の血脈は深層的な大国心理を育て上げたのである。これは外交についてだけでも、二つの結果をもたらした。中国人に偉大な祖国を誇りに思わせたり、その独自性に注目させたりすると同時に、尊大で外部の批判に鈍感な状態にもさせたのである。「伝統回帰」「中華復興」「多元的世界」「大国外交の特色」といった議論に熱中する国民は、これらのスローガンに潜む正しいエネルギーと負の効果についてバランスをもった判断をするとは限らない。いずれにしても、中国は、導入されたマルクス・レーニン主義を、吸収し利用して、改造、止揚させたのである。もともとのマルクス・レーニン主義の学説に照らせば、現今の中国は、現代の資本主義に対する鋭さに欠け、伝統的で中庸的な解釈が多く、ピューリタン的な規律が少なく、農民的な規律への緩さが多いものとなるだろう。

　現代において、西洋文明が根付いたということは否定できない事実である。西洋の各種思想は近代から入り始め、民国時期で浸透し、改革開放時期で吸収、消化されるに至って中国社会の「新常態」となった。帝国主義の近代的な海軍と同じく、欧米資本主義文化は強力で精緻であり、物質と思想面はともに強大な拡張力をそなえているが、その中には中国の国情に合わず捨てられる代物もあるし、現代社会を形作るのに不可欠な要素もある。今日の中国社会の特に青年には、西洋文化の市場経済（アメリカのテレビドラマや日韓の消費モデル的なもの）がある。中国の学界は、アメリカ的言説が優勢である（三大流派）。中国の政府体制と法規には欧米を参考にしたものが大

量にある（福祉制度と養老金）。外交の実践では、西洋が築き上げた国連のシステム、国際通貨、貿易システムがグローバルな政治活動や経済活動で巨大な機能を発揮している。「自由」「民主」「人権」「反テロ」「気候変動」「グローバル・ガバナンス」「保護する責任」「持続可能な発展」などすでに西洋思想家や政府が掲げたテーマは、国際的に最も重要な議題となっており、そのうえ中国を含む多数の国家も認めているのである。

　「西洋」に対して、一般的な中国人は愛する気持ちもあれば恨む気持ちももっている。ここでは現在に残る近代史の陰影に言及しなければならないだろう。中国人の記憶の中の1840年に始まる百年間とは、中華民族にとって振り返るに忍びない過去である。帝国主義列強による勢力範囲の分割、財産と資源の略奪、「東亜病夫」という冷淡な侮蔑は中国人の脳裏に残っている忘れがたい恥辱なのである。近代史を学べば、中国革命の起因や初期の中国外交の特徴を理解することは容易である。中国の指導者と外交官にとって、その最重要任務とは旧時代の恥辱の名残を一掃することなのである。独立自主の観念は中国外交の中で重要な位置を占めており、西洋国家の干渉に対する中国民衆の嫌悪感は一般的な大国のそれと比べものにならない。外国との関係に摩擦が生じると、いつも「八カ国連合軍がまた来た」といい、中国自身の原因や双方の複雑な状況をあまり考慮することができない。ナショナリズムの上がり下がり全てが外交を左右しているわけではないが、それは中外関係に常に付帯しているのである。今日の中国において、「被害者感情」と「弱国心理」は、ある程度は緩和されているものの根強く残っている。これらすべては中国外交について政策決定の複雑性と世界の中で影響力を発揮することの難しさを増加させている。国家の利益と政治的イデオロギーは一致する時もあれば一致しない時もあり、国際化の要求と民族的なプライドは常に衝突する。国家の覇道と王道はコインの表裏と同じようなものなのである。異なる態度の出現は、中国特有の多元性と不可思議さをあらわす時もあれば、大国としての風格や戦略策定に必要な真摯さを阻害する時もある。

　これらの事例を挙げて証明したいのは、中国社会において、「主旋律」の

ほかにますます増えていく異なる旋律があり、「淡い赤色」という基調は重なり合い融合した異なる下地の色の上に継続的に形成されていくもので、未来における転換とは色の波長成分をよりいっそう充実させるものなのだということである。「赤色の中国」がもし使われ続けられるならば、新たな定義が必要となるのである。

（3） 躍動する社会

　現代の中国社会は躍動感に満ちあふれている社会であり、商業化や情報化という条件において、その活力と変動は世界上の如何なる国家をも超越している。

　「躍動」があらわれたものの一つに、商工業の政治決定と外交方針に対する影響が急速に上昇したことがある。かつて政治権力の抑制を受けていた商工業界の影響と大衆の消費選択権は、経済のグローバル化と市場経済の波に連動し、新しい社会的レバレッジと影響力に速やかに転化した。納税者意識、物権、法権など市場経済を基礎として形成された公民権観は、強まり続けているのである。その尋常でない権利意識はさまざまなあらわれ方をしており、たとえば貿易と納税規則の制定への参与を要求し、政府決定が透明性を増し予測しうるものになることを望んでいる。商工業者は国家外交と国際情勢に非常に注意を払いつつ、自身は拡大し続ける海外利益と生命財産の安全の保障を要求している。外交活動と経済的利益の関係は日増しに密接なものとなったのである。新時期の拡大し続ける外交領事の主要な任務の一つは海外投資家の利益保護である。外交部門は外資企業誘致と外資導入、生産能力の対外進出仲介の使命を担っている。外交部スポークスマンは中国企業が海外で受けた不合理な障碍を糾弾している。国家指導者の外国訪問時には企業と金融機関の有力者が常に随行する。「経済外交」は中国社会の国内成長の海外への伸張をあらわしており、経済的利益と市場経済化も中国外交が伝統的なものから現代的ものに転換する主要な動力となっているのである。数十年間における世界最大規模の最も速い経済成長をみれば、中国社会の尋常

でない膨張力は想像するに難くない。

　大衆メディアの活躍とさらなる大きな自由への追求は、今日の中国社会のもう一つの「躍動」像である。各種メディアを通じて入手した情報によって自身の能力を強化し待遇を改善させるのは、中国人の日常となりつつある。中国の新聞は発行部数世界最大の紙媒体、中国のインターネットユーザー数は世界最大、中国の１世帯あたりの携帯電話およびパソコンの保有数は新興国中第１位である。行政部門とくに輿論監督部門は情報化のコントロールに尽力しているのだが、それにもかかわらずいつも制御しきれず批判を受けている。外交への影響についていえば、過去の人々は「外交に小事はない」と信じており、民衆には外交について知る権利はなく、「文化大革命」時には「敵方の放送局」の聴取は罪であったし、新華社の日刊『参考消息』は限られた少数の高官しか読むことができなかった。現在、状況は一変した。秘密にしておきたい情報や出来事が、外国メディアによって流出され公然とあきらかにされており、その情報をキャッチしたネットユーザーによって広められることが可能なのである。各種の新しいメディア（携帯電話のWeChat、家庭用衛星放送受信機、ネット封鎖突破技術）は、政府系の規制を受けにくい。外交部門はスポークスマン制度、ネット上での領事保護事項の公表、インターネットでの問い合わせへの回答、メディア取材の集団化といったような適切な調整を行っているが、依然として各種批判を免れることができないのである。中国の新聞とメディアの自由度を、推し量るのは容易ではない。ある一面では過去より大きく改善されたものの、別の一面では多くの国家よりも取り締まりが厳しい。メディア自身は大きく分化しており、よりいっそう保守的な「代弁者」となるものもあれば、非常に大胆かつ前衛的になったものもある。メディアは「口径」〔政府の方針に沿った内容しか伝えてはいけないという口裏合わせ〕が狭量で偏向的であることや管理が乱雑であることに不平と不満をもっており、明確に禁止されてたことであっても、指示や通達を十分には守らない。首都と少数の大都市の新聞やテレビは広報輿論部門の厳格な監督を受けているが、一般的な都市が受ける取り締まりはずっと

小さく、各種の新しいメディアと風説は次々とあらわれ尽きることはなく、「防ごうにも防ぎようがない」のである。

　経済上の急速な国際化、対外開放化にも前述の「躍動」の状態があらわれている。グローバルな経済一体化の進展の最大の特徴は、それが構築した多国籍間で調整し協力する投資貿易方式が、多くの国家ひいては国際社会全体が参加する互助的な協力の形態を吸収し、人的、金銭的な各種リソースをよりよく利用することにある。経済協力が一定の段階に達すると、地域一体化のプロセスには共通の軍事的安全と共通の政治的目標を増強して共通の社会的地位を得ることについて有効な各種の「オーバーフロー」効果があらわれる。中国に生じたあらゆる事柄はすべてこれにあてはまる。20世紀末のWTO加入やアジア金融危機は、中国経済に国際化を促したシンボリックな出来事であった。APECの各種構想と提案、韓国、日本、スイス、ニュージーランドなどの国との二国間での貿易自由化に関する調整（および交渉）、人民元の地域決済通貨としての周辺国家への普及、ASEAN国家と結んだ自由貿易区協定、上海協力機構での経済貿易協力、「一帯一路」構想などは、すべて中国人に自身を見つめ直し改善する機会となったのである。「開放」の中国社会に対する政治的進歩の効果は、「改革」に少しも劣るものではない。それは各種の調整やタイムテーブルを用いることによって、適応と制度変更を却って強いることになったのである。中国人のこの方面での学習の進展は、新興国で最も急速なものである。

（4）　社会の転換

　中国社会は伝統的枠組みから現代的な形態へ変化し、それは巨大となるも矛盾も多く、転換の道のりは依然長い。新たな進歩には新たなリスクがあり、問題とその問題を解決する答えは同時に生み出されているのである。

　経験と理論によって証明されているのは、市場経済化、商業化の一定の段階において、社会内部の分化や分裂は激化しやすいということである。中国の現在の貧富の差は、地域間、民族間、職業間の差異を含んだ驚くべきもの

となっている。富の蓄積と格差の拡大が重なり合い、対立と不満の声を先鋭化させているのである。政府は多くの施策を講じたが、結局は良い成果をえていない。どのような基準によって考えたとしても、有効なガバナンスを行わなければ、社会矛盾はある時期に「崩壊作用」を生じさせるだろう。認識すべきは、中国社会がどんなに強靱であるか、中国の庶民がどれほど負荷に耐えられるかにかかわらず、物事には臨界点があるということである。ここ数年のグローバル化が低調な時期に世界のいくつかの地域で出現した社会不安と政治危機、北アフリカや中東に出現した情勢のようなものは、絶対中国で再現されないとは言いがたい。

　国際化進展の加速は、前もって予想できなかったトラブルをもたらすだろう。中国経済は比較的鈍重で社会の管理も綿密ではないという特性は、外国との往来の中で国際化に熱心なものの国際化のレベルは低く、速度は速いもののクオリティは良くなく、約束はするけれど果たさないといった種々の問題となってあらわれた。実例をあげれば、WTOに加入した時期、中国と数多くの国家との貿易摩擦、知的財産権をめぐるトラブル、生態保護分野での衝突などが、国際的な経済関係の一大焦点に変わった。その原因を考えると、ある一面では世界はこの膨大な経済体を受け入れる準備ができておらず、いくつかの国家が水面下で足を引っ張ったり、紛糾させたりしたということであり、別の一面では中国人は国内で身につけた慣習にもとづいて外国で奮闘したものの、国際社会の比較的高い基準とクオリティに適合しなかったということである。

　中国社会の進歩は新しい局面に達している。それは現代的な装いをそなえ、強靱な動力と潜在的能力をもっているが、現代性が要求する社会管理、自己組織化のメカニズム、市民の権利、国家をチェックすることには欠けているのである。結局、中国共産党と執政者は、歴史の中の革命戦争、専制政治、階級闘争の段階から、平和的発展、法治国家、人権尊重の段階へと苦難に満ちた移行をしている最中なのである。革命党の地位の後退、国家の過度の集権の解消、市民社会の育成、個人精神の自由の増進、国内社会と国際社

会の良好な共存は中国の改革開放と社会の転換のさらなる目標なのである。中国共産党の歴史的地位は、それが旧社会を一掃できるかどうかにあるだけではなく、さらにそれが新社会を築くことができるかどうかにあるのだ。

3 未来の転換の方向

　筆者の見解の核心は、中国の成功と失敗の鍵は、「国内」にあって「国外」にはなく、自身がきちんとやりさえすれば、国外に起因するトラブルは、中国を転覆させるに至らないということである。世界規模からあるいは現代史から比較して、これも大国が中小国家と異なる点である。鄧小平の主な功績は、米ソ冷戦下にあって、思想硬化と社会硬直を打破することで、中国を伝統社会から近代化へ向けさせ、生産力や精神の刷新、進歩志向を奮い立たせたことにある。鄧小平本人はこの転換を完成させていないし、革命戦争世代の印象を帯びているが、彼は改革開放を通して、中国が旧い時代から新しい時代へ転換する根幹を確立した。思うに、未来の中国の政治指導者の歴史的地位は、前述の努力を堅持し、世界との複雑な連携の中で、中国を伝統社会から現代社会に本当に変化させることができるか否かによって決まる。こうした事業に前例はなく、前述した「構造的挑戦」あるいは「二重の苦境」に直面することになる。すなわち対外的な台頭の過程での「トゥキディデスの罠」〔台頭した国が既存の大国と対立すること〕を克服し、国内の転換過程での「中所得の罠」を克服する。これも一種の政治力の対決であり、改革による成果を得ることとそれに起因する破綻リスク拡大の緩急を見極め、指導者の見識や意志、能力の大小を鑑み、内政と外交を考えるという二層の勝負の結果なのである。中華民族の果てしなく長い未来は今後の十年間という「短い時間」で決定するのかもしれない。

　中国外交の転換についていえば、特に「現代社会」の概念を明確にする必要がある。筆者がいう「伝統」から「現代」へというのは、決して時系列の

前後の順番ではなく、技術あるいは物質的な側面での革新のことであり、特に政治的発展の一定水準への到達や社会構造の成熟のことである。伝統社会は決してよいところが一つもないというわけではないし、現代社会も決して完全無欠というわけではないが、我々が今関心を持つ話題「世界の変遷と中国外交の転換」から考察すると、現代社会が伝統社会に取って代わることは歴史の跳躍であり、時代の進歩である。世界史とりわけ先進国の成長経験を観察すると、たとえ現実の状況にどのような差異があったとしても、理論上は、現代社会は次のような内在的要素と特徴をそなえているべきなのである。

- 経済では、伝統社会が築いた農業と手工業による経済的基礎、自給自足、閉鎖的な状態とは根本的に異なり、現代社会は大型機器と大規模生産による経済的基礎を築くだけに止まらず、さらに不断の発展、より大規模な発展、さらなる高レベルへの発展を社会存在の基本的な駆動力としている。伝統社会にあらわれた固定的で硬直した構造とは異なり、現代社会は強い弾力性と展延性をそなえており、階層化し続け豊かな多様性をあらわす。典型的な事例は出現し続ける新たな社会分業、新たなキャリアラダー、新たな就職経路であり、さらに現代社会の市民が兼職、契約制、レントシーキング、人材流動などの現象に平然としていることである。国際経済とグローバルな貿易分野をみると、先進国と新興大国は立ち後れた国家よりあきらかにこれらの方面の能力の育成を重視している。現代社会は比較的整い、予期可能な官僚制に向かって発展しており、経理体制、教育体制、国防動員体制、知的イノベーションのような整ったこれらの制度は、伝統社会の少人数の権威や意志に壟断された各種の重要リソースの配分、管理制度の粗く雑で機能も曖昧ではっきりとしないものに取って代わってきたのである。現代社会の全般的な対外関係は、国際貿易に関心を注ぎ、グローバルな各種の流動を重視し、有無相通ず的な制度での配分を尊重

する。このようであるから、現代社会が組織する国家は、やはり精細且つ乱雑ではない方法で国際関係を処理する傾向があり、民主的な協議と法治精神によって現代ビジネスの成長と人的福祉の上昇が促進されるのである。疑いなく、伝統社会とくらべて、現代社会はより人類の持続可能な発展について有利であり、環境保全性、人間関係の良好な連携、国際交流での相互尊重、宇宙探索事業での絶えざる進展のバランスの形成についても有利である。

- 政治では、伝統社会において、上位の「国家」（皇帝や国王、酋長、各種の専制者を含む）は強勢で尊大、批判や改変できないもので、下位で服従する庶民は古代の臣民のようであった。現代社会では、「国家」と「社会」の位置がちょうど反転している。社会は各種の方法（選挙や政治協議など）によって、政治代表を留任させるか否かを決め、政治テーマの優先度をコントロールする。「大写的人」〔文明的な人物〕は現代社会の最も重要な指標である。伝統社会と比較すると、国家の専制制度や個人権利を蹂躙するものは、法制が遵守され、他人が尊重され、ジョン・スチュアート・ミルの『自由論』で理解された個人の自由に取って代わられる。言うまでもないが、この種の状態下では、個人的利益の実現は公益にも配慮しつつ、同時に行っても互いに矛盾しない複雑な調整が行われる。現代社会の市民は自身の生命、財産、法的権利、参加機会などの広範な関心、剥奪できない知る権利、必要なときに責任を担う自覚ももっている。現代国家が認可ならびに保障する物質と精神の社会生活とは自由なものであり、合法的な市民の剥奪することのできない権利なのである。世界規模のデータから分析すると、現代社会によって構成される国家は、市民の政治的権利と財産権に関する規約の制定に積極的に参画し、地球規模（海底や南極、宇宙空間）についてはっきりとした関心と法律意識をもっているのである。

● 法理で、当然のように想定されるのは、法律が現代社会において高い塑像性をもっており、法律が施行されたならば、人々はみな平等であり例外はないということである。そのため、現代社会は大量の人的、物的、金銭的コストを費やして、法制の実施、改正、完備をするのである。実際のところ、国連体系および各種の国際規範、条約、規則の類いは、単一政府下ではなく国際的規模の法律を至上とする仕組みであり遵守される。現代社会の基礎の上に構築された国家は、自身の主権を重視するにとどまらず、他国と国際社会の基本権利も尊重するのであり、換言すれば現代国家は国際責任を理解し、国際制度と法律を熟知し、国際的な公平、正義をよく保護し、必要とされる国際的な公共財を提供するのである。たとえば、通用している国際標準（子午線と標準時間帯、自動車の左通行、右通行、タンカー設計基準、核の安全基準等々）は、すべて現代国家が寄与したものである。現代社会が構成する国際社会では、国内の人権状況を監督しなかったり、国際基準と慣例を必ずしも遵守しない絶対主権の観念は、疑問視され衰退している。新しい基準および傾向は、ある一面において覇権主義と強権政治を排斥し、主権を国際関係の必要不可欠な礎としており、別の一面では主権国家は保護の責任を重視し、各国は相互に依存し合っている。これにより、国内で人々の間に連帯関係が形成されるように、現代国家間にある種の「社会関係」が形成されるのである。すなわち、すべての社会は市民が脅かされないことを約束し、合意された事柄を遵守することを約束し、主権（財産権）の安定を保障するのである。

● 思想では、現代社会の政治課題、エリートの共通意識、社会の精神状態、社会全体の雰囲気に対応した発展を優先する現代的な主題には、建設と成長に注目する指向がある。現代社会には利益を拡張しようとする衝動があるが、それは長期にわたる激動と不安定さ、争いが充満

し、さらにその影響が広がる状態に陥ることを防止しうる。これは、武力を尊ぶ悪習が現代社会では次第に弱まりひいては消え、人と人の間や民族の間は協議を受け入れることによって、地域社会の矛盾ともめ事が解決されるということも意味する。国際関係を拡張していくと、現代社会が組織した国際社会は、平和的、融和的、協力的な精神（「国連憲章」あるいは中印などが提唱した「平和五原則」）によって、トラブルや国際紛争を処理することを要求する。現代の社会は、開放的で吸収能力を維持し続ける良好な状態をそなえており、閉鎖的で排外的な立場をとることはない。世界規模でみれば、現代社会の状態となった国家は、立ち後れた国家より開放的な精神状態や仕組みがあり、市民が他国の優れた点を理解し評価することを奨励する。現代社会の哲学思想の基礎は、概括すれば、人間の自由、生命至上、多元的民主、科学精神、平等主義、法制の尊厳など核心的価値を包括している。これら核心的価値への尊重がなければ、正真正銘の現代政治や現代経済、現代社会はありえないのである。

- 現代社会にも自身の困惑と不備があり、その形態と性質は伝統社会と異なっている。かつては、人は衣食が足らなければ、心配するのは食料をどのように入手するのかということであったが、現在の生活水準は向上し、糖尿病と「三高」〔高血圧、高血脂、高血糖〕に悩まされるようになった。社会発展とはこういうことなのである。現代の科学技術は人類の宇宙空間探索の能力を大きく切り開くと同時に、原子爆弾の類いの人類を滅亡させかねない恐るべき兵器も発明した。現代経済のある一面は個人財産と社会福祉を倍増させ、別の一面はさらに大きな生態危機と新たな貧富の格差を作り出した。現代デモクラシーは専制独裁統治を立ちゆかなくさせたが、それは政党間の暗闘、金権政治、政治の空洞化などの好ましくない政治現象を防ぐ「免疫薬」をそなえていないのである。現代社会は政府のシステムを完全で、デジタ

ル管理が可能なものへと向かわせたが、人々はさらに精緻となった官僚主義、複雑な不文律を目の当たりにすることになった。現代国際関係は金融、貿易、投資、外交、条約などの交流の形式を通して各国の相互依存が深まっているが、結局のところは強権政治、テロリズム、宗教紛争、地域紛争など人々を失望させる現象を消し去りようがないのである。このようなことは一つだけではない。この中の、多くの比較的単純な社会構造が比較的複雑な社会構造へと転換する際に出現する問題は、「前進段階での矛盾」あるいは「成長の悩み」なのである。そのうえ、考察してきたように、急速に転換した社会であればあるほど、ともなう痛みはますます強烈になり、処置しようにも前例がなく、政策決定者はますます複雑で制御しにくいと感じるようになる。転換の速度とリスクは正比例する。結局のところ、「現代性」は諸刃の剣であり、それはさらに力強く、さらにはっきりとした方法によって、人間性の善悪と国家のグレードを拡大発展させ、加速度的に各民族、各社会をさらに高い段階への進化に巻き込んでいくのである。道理を徹底的に追求すればわかることだが、遅かれ早かれ、好むと好まざるとにかかわらず、現代社会とは国家が発展するのに避けて通ることができない行程であり、施政者が直面しなければならない新たな地平線なのである。

以上の「現代性」についての定義づけから、優秀な国家になろうとするならば、向上し続ける社会でなければならないということを理解するのは難しくない。中国についていえば、本当の尊敬を受ける世界の強国になろうとするならば、同じように本当の現代的社会構造がなければならないのである。前述したように、毛沢東の歴史的地位は、列強が中華民族にかけた枷と鎖を破ったということだが、彼の「世界革命」戦略は中国を伝統社会に留まらせ続けた。鄧小平の最大の功績は、中国を伝統社会から現代社会へ転換させたことにあるが、転換へのプロセスの扉を開けただけにすぎず、政策自体にも

幾多の矛盾が存在していた。台頭し世界の注目を集めている中国の命運は、中国自身に物質面での立ち後れや欠落があるということに止まらず、制度面にも困難と矛盾が存在しているということを理解するか否かによって決まるのであり、また複雑な内外の圧力に直面して、大胆な新陳代謝や加速によって転換を完成させるつもりがあるか否かによって決まるのである。

　＊〔…〕は訳注。

第2章　変動期の国際秩序と「中国の夢」：
一極の時代から多極の時代へ

宇野重昭

まえがき

　ただいまは王逸舟先生から、スケールの大きな転換・転型期の中国の内外政策に関しまして、極めて興味深いお話しをうかがうことができ感謝いたします。

　スケールが大きいというのは、たとえば時間的には10年、20年という未来の時期を具体的に取り上げ、またその反映として、アヘン戦争以来の中国の歴史を現代中心に世界史的に把握しておられることです。これは最近盛んになっている「グローバル・ヒストリー」の接近方法を想起させます。

　現在のように複雑で目まぐるしい時代となりますと官僚やジャーナリストはどうしても奇をてらい、特殊な側面を持ち上げ、数週間、数カ月などの短い時間的単位を基礎とする戦術的次元に関して人々の歓心を呼び起こすため、ともすれば対立的契機を表面化させます。現在の中米関係にたいして対立を過度に強調することなどは、そのいい例です。そこでグローバル・ヒストリーの視点からは、長期にわたる人類の問題点、たとえば環境問題、人口問題、格差問題などを、10年単位、50年単位、またはそれ以上で考察します。そうしますと、対話重視、紛争解決、生活向上などの、より平和的な構想が主題になってまいります。その意味で王先生の論説はあくまで対決回避、平和追求の長期的視野に立たれた論文であると思います。

　また王逸舟先生のご報告が興味深いのは、主として現実の複雑性、多義性

に目を向けられ、常に然るべき選択枝を明示しておられる点です。王逸舟先生は、たとえば基本的には中国共産党が掲げる4原則を一応支持されるとともに、毛沢東、鄧小平のような歴代の指導者のはたした役割もそれなりに評価され、他方、批判的観点もうき彫りにされます。この接近方法は歴史の現実が複雑であったことを洞察し、常に対象を一面では評価、他面では聴く人に解釈の自由を残しておられるようにも感じられます。

ところで今回は中国の外交政策とその国内的基盤の解明という極めて複雑、しかも時間と共に変遷する、むつかしい課題と取り組むことになります。私の個人的観点を先に申し上げますと、中国はあくまで内政が中心、外交はその反映、したがって他国に対する中国の感覚は相対的に鋭敏ではない、しかし外部の意見をじっくりと自己内部に取り入れ、自己自身の他者理解にそって解釈し、じっくりと世界史的発展に貢献していると考えております。

ところが今回の王逸舟先生の論説は、ある意味で極端と思えるほど国内優先の視点を出しておられ、従来の読者に解釈の自由をあたえるという方式とは違っておられるような印象を与えられました。

たとえば最後の「未来の転換の方向」におきましては、今後の中国が、過去の中国と絶縁して、経済、政治、法律、思想などの全分野で、すべて「現代性」に向かうべきことをはっきりと明示されておられます。そしてその内容は実質的に欧米・日本などの先進国が挙げた成果に沿って、王先生のお考えで再整理されたもので、そのこと自体は見事だと思います。

ただ同時に私は王先生の中国内政が遅れていることにいら立っておられるような強烈な危機意識も強く感じます。あえていうならば現在の中国の外交は国内の民主化、法治化、開明化などを放置し、民衆の真の要請から離れて独り歩きしているとでもいうような印象です。そういえば昨年9月22日、日本の『読売新聞』の記者にたいし、「中国の未来は、内政によってほぼ決まる」とおっしゃっておられますが、そうなりますと対外政策の国内政治にたいする反映の意義はどうなるのでしょうか。私の関心からいうならば、自

由や民主、人権尊重のような基本的原理はどのように中国化されているのでしょうか。これからの討議の進行過程で是非具体的に教えていただきたいものと考えております。

いまは「まえがき」ですから、私の見方を討論刺激のためあらかじめ申し上げておきたいと思います。現在の欧米をはじめ日本などの先進国は一応民衆指導型の政治に組み変わりつつあり、その上に国際秩序も最低限の安定を保ちつつあります。しかし国家のリーダーシップは失われつつあり、国際秩序に対する貢献の意識は一般国民の間では後退しつつあります。そして人類の危機はコントロールの手の及ばないところで益々進行しております。これだけ温暖化の危機が叫ばれながら環境保存の危機は進行しつつあり、格差拡大の圧迫感は人々の安心立命の心を奪い、民主化に貢献したはずの情報革命は他人攻撃の武器としての危険性を増進しつつあります。さらに現代科学でその解体の理論も方法も確立していない核開発残余物が一般の人びとには理解不可能な形でむりやり保存されております。日本の現在では、国内安定の問題はもちろん、国際秩序の現状それ自身に対する不安や不満が渦巻いております。

私はもはや国際秩序は従来の欧米中心のそれに一義的にまとまっている時代ではないと考えています。中国、東南アジア、そしてイスラム世界と、それぞれの考え方の原則と利益調和に沿った新しい国際秩序の多義性が試される時代です。そのなかで中国がどのような新しい世界史的貢献をするかということが私の期待の一つです。それぞれの内政の発展と不安のない国際的環境を両立させるため、中国も日本も協力して共々に考えていきたいと願っています。

1　日本人にとって国際秩序とは何か

（1）　日本人が理解している国際秩序

そこでまず日本人の外交観、国際秩序観にたいするコメントから私の講演

を開始したいと思います。一般的に日本人は、対外政策が、基本的には国内的条件に左右されるものの、その方向は国際的条件、とくにその時代に有力な国際秩序論によって規制されたり刺激されたりするものと考えております。現実に中国ほど大きくなく、かつ独自の内発的思想体系を十分発展させていない日本の場合には、近代に入り、その時期に圧倒的であった「近代西欧的」国際秩序に国家外交の方向を左右されてきました。

ところが今や中国の国際社会参入により、国際秩序のありかたそのものが新しい方向に激変する可能性が浮上してまいりました。そこで現在多くの日本人は国力世界第二位の大国となった中国が国際参入の度合いを深めていった場合、世界の秩序はどのように変わるのかということを見守っています。

これも一般論ですが、平穏な日々の継続を願う日本人の場合には、急激な変化、不規則に変わる国際秩序を歓迎しておりません。したがいまして大部分の日本人は、従来の欧米、とくに西欧的価値観中心の国際秩序の一義性はそう変わらない、そして中国も現段階の国際秩序の受益者である以上、まず西欧的ルールを習得し、西欧的＝普遍的国際法秩序に適合していくであろうと考えています。もっとも少数の人びとですが、中国がアヘン戦争以来西欧的国際秩序に苦しめられてきたのだから、当面は西欧的国際秩序に順応するとはいえ、将来はこれに挑戦し、その国力の増大に合わせて国際秩序の変革を指向するに違いないと予測しています。

両者は明確に相違しているようですが、共通している点は、国際秩序というものを内容的には別々ですが基本的には一義的に考えていることです。国際秩序が時代と共に複雑に重層するようなことは国際関係史的ではあたりまえのことであるにもかかわらず、複数の正義が同時に存在する多義性という国際秩序観は一般には十分身についていないということです。そこで国際秩序とはどういうものかということを国際政治史的に整理してみたいと思います。以下は日本人が西欧から学習し、現在は日本人自身のものとなっていると認識している国際秩序観です。これに関しましては数多くの学者が発言しておりますが、ここでは若い世代のエースとして注目されている細谷雄一教

授の議論を参考に説明していきたいと思います[1]。もちろん全体の流れは宇野の解釈が中心です。

　初歩的な議論で恐縮ですが、まず国際秩序の起こりから考えていきたいと思います。

　よく知られていますように国際秩序が宗教的秩序とは異質のものと自覚され始めたのは1648年のウェストファリア条約以後のことです。

　そして実質的に国家権力の均衡問題が具現化したのは18紀からのことになります。いわゆるバランス・オブ・パワーの尊重の実質化です。しかし時代を追うごとに単なる国力均衡より、より深い水準での価値の共有が必要とされるようになりました。いわゆるコンサート・システム、つまり協調の体系の時代の提起です。

　そしてやがてこのような協調関係を制度化するためコミュニティ・システム、つまり「共同体の体系」が考案されるようになりました。もちろんこの体系には断片的な理想論が多く、基本的には未来の問題となっています。

　大切なことはこのような三つの体系が同じ時代に組み合わされて出てくることを確認することです。またこの組み合わせ方によって国際秩序そのものも、変化し続けていると認識されています。変化する国際秩序のつながり方を細谷雄一さんの言葉を借りていうならば「国際秩序の弁証法」ということになります。つまり既存の国際秩序が新しい状況に対応して柔軟に変容し、弁証法的な作用と副作用によって新しい国際秩序がたえずつくり直されて行くという考えです。それは進行過程で複雑に関係しあい、この300年余、力の均衡、価値観の共有、国を越えた共同体の理想は、その比重や現れ方を変えながら、国際政治の世界に同時的に重なり合ってきました。

　もっとも現在の日本人に多いタイプですが、明治維新以来の歴史的タテ型時代区分の意識が強く、19世紀の明治型外交、20世紀に入ってからの軍国主義型外交、20世紀後半以後の「民主主義」型外交の区別といった一義論的見方で善悪を論じる傾向性が強くみられます。これは昭和時代前半にあからさまな侵略戦争をやったという反省からの歴史認識の方法ともいえます。

そして権力均衡、協調主義、平和への願望がそれぞれ一本筋の歴史認識の方法として考えられ、重層して現れる当然の現象を進歩と反動に区分けして考えます。人間はある意味での進歩も反動も共に持っているという現実が無視されるわけです。

（２） 現下の国際秩序の下の苦難と挑戦

もっとも世界的にも国際秩序の変化は苦難と直面することになります。当時の指導者層は大変だったろうと思います。つまり市民革命と産業革命の進行の中に、国家は新しい政治参加の人びとの集団を迎えますし、同時に当時のグローバリゼーションの影響のもとに異質の文明・文化の人びとを圏内に取り込まざるを得なくなります。イスラム教の国家の「場」の定まらない中東、重複した複数の宗教を当然とする東南アジア、そして中国、日本、南北朝鮮のような伝統性の強い自己主張などは違和感の対象の典型です。そこで対等な国家ではない植民地化の時が始まります。もちろん上下意識より、文明の相違が強く意識され、抹殺か、制御か、同化が表面化します[2]。

もちろん当初はどこに行っても西欧の力と権威は圧倒的でした。したがいまして西欧は、新しい地域に支配力を及ぼし、植民地、半植民地、共同植民地など多様な「植民地群」を形成していきました。

そこでは独立国家らしい存在も許容されましたが、しかし西欧はこれらの"準国家"を対等なものとは認識しませんでした。ところが20紀初頭の第一次世界大戦が、それまでの西欧の権威を失墜させました。弱小、辺境の国の民族自決権、民族解放運動も、世界史の進歩として前向きに承認されました。

この時期の国際秩序の新形式として広く承認されたのが「国際連盟」方式です。当時の国際秩序の基準は、国際連盟に集中されました。そして昔自由な国家の連合体を考案したカントの「永遠平和論」も、一時無視された時期を越えて復活しました。権力均衡と協調重視の世界に突然「国際共同体」の方式も参入したわけです。それは世界大戦という想像外の大戦争が現実と

なったことに対抗する平和への願望が強くなったあらわれということができましょう。

　よく知られていますように、このアイディアを導入したのが新興国アメリカです。そして五大国のなかに特に参加を認められた異質の日本は、当初熱心に国際連盟中心の国際秩序論を展開しました。当時の日本人の書いた論文の中には現在でも興味深いものが多々あります。ただし当時の世界は未だ権力均衡の具現化中心の時代で、「協調」論でさえ根が浅いものでした。やがて世界は、「資本」と「国家」の論理に圧倒されます。

　しかしその後の日独伊ファシズムの台頭、「自由民主主義」諸国と"スターリン社会主義ソ連"との連携による秩序、未来への平和構想と権力均衡の現実主義的配慮が結びついたままの国際連合の発案過程などは、国際秩序の重要な転換期であるにもかかわらず、十分には研究されていません。存在するのは戦争の勝者と敗者の区分けで、責任の範囲論ばかりです。

　国際政治学的にはこれらの重要課題がいまだ討議過程にあることを筆者はこの60年の経験の過程に痛感してまいりました[3]。

　とくに第二次世界大戦における人類にとって未知の経験、つまり加害者の不明確な大量の殺人、被害者の顔の見えない無差別爆撃、婦人・子供も全く区別しない原爆投下などが巨大すぎたため、まず人類が何に勝利したのかがよくわかりませんでした。戦後国際政治学の開祖であるモーゲンソーも若き日の処女作『パワー・ポリティクスに対する人間』のなかで「われわれは戦争に勝利したけれど本当は何に勝利したのかがわからない」と書いています。ファシズムに対する普遍的定義も入り乱れています。

　また現代戦争の武器は遠方の人まで攻撃対象にしますから、加害者は被害者を特定することが出来ません。したがいまして責任者を特定することは科学的でないといったような説まで現れました。

　しかし学術的な研究が遅れているということはともあれ、現実には安定した秩序が求められ、政治的対処と理解方法が先行しました。そこには戦勝国中国と戦敗国日本の落差が存在しています。ともあれ極東国際軍事裁判がお

こなわれても、戦争責任は充分解明されませんでした[4]。戦争に絶対反対する国際共同体を政治の世界に直ちに実現しなければならないといった現実的理想も提起されました。しかし正当な力のバランス論、大国主導の協調主義論の優先論の組み合わせの是非は、十分研究されませんでした。そして米ソの論争だけが激化しました。そういった時代の1945年10月に国際連合が成立したわけです[5]。

　私の実感からいいますと、国際連盟はその成立後10年ぐらいはその長所を論議する時間がありました。しかし国際連合の場合は大国の論理と知識人・市民の理想主義が別居的な同居をしたままで、その後1947年以降冷戦に巻き込まれ、国際的安全保障といった最も重要な役割すら十分果たしておりません。国連の国際秩序機関としての役割は文化交流、人口問題、環境保護、人権擁護などの限られた分野に先導的役割を発揮しているだけに安全保障論議の遅れが感じられます。国際秩序の転換期の研究が、あまりにも粗雑すぎました。また意見をつめる時間もありませんでした。

　現在筆者のような世代の日本人が国際秩序の価値に違和感を持ち、変動に反発し、戦後の歴史にそれぞれの実体験から納得できないものを持っているのはそのためです。ただし、これはいわゆる「保守反動」とは異質なものです。

　日本人は、ともあれ国際秩序の総体的維持のため国際連合が不可欠の存在であることは認識し、評価しています。ただしだからこそ遅かれ早かれ国際連合の大改革は必至と思います。したがいまして現在の国際秩序は再編成の時期に到達しつつあると考えています。そのような時期に強大化した中国が国際参加を深化させてきたわけです。

2　中国にとっての転型期の意義

(1)　王逸舟論文の示唆するところについて

　日本あるいはアメリカの中国接近に比較すると、中国自身のみずからの洞

察はかなり異なります。たとえば先に触れましたように中国の強国化にたいして日本人の多くは警戒の念をもって眺めています。他方中国人は中国の未来にたいして独自の夢を抱いています。

　王逸舟論文にしましてもそのことを無視はしてはいません。従来の世界の欧州や日本の例を見ると、その強国化は必ず一種の覇権主義をともない、他国に対する対立的契機を深めます。しかし中国の場合は、世界史の先例を洞察し、中国的王道を覇権と表裏一体のものとし、協力、交流、対話などの平和的手法を旨とします。国際秩序観が従来の歴史表現とは大きく異なるわけです。この点は大切な問題点の指摘です。

　また王論文は原理的に「社会主義の道」の堅持、「プロレタリア独裁」の堅持、「中国共産党の指導」の堅持、「マルクス・レーニン主義と毛沢東思想」の堅持の４大原則を指摘し、「社会主義は最終的に資本主義に勝利する」という信念が民衆や学生に植え付けられていることを隠していません。ただし王論文の面白さは、これらの「紅色」が従来の明確な「赤色」とは異なり、ある程度希薄化していることを指摘しているところです。王先生が現在の中国を、その歴史的文化と、西欧近代の影響と、マルクス・レーニン主義の三つの色調を融合させたものであると表現していることは極めて興味深い観点です。王論文の特徴といえましょう。

　そして「未来の転換の方向」として取り上げられている現代社会の経済・政治・法律・思想の内容は、明らかに欧米・日本の先進モデルを意識した進歩的リベラリズムの主張を彷彿とさせます。ここまで思い切って表現しておられることは想像以上でした。この点は「まえがき」であらかじめ指摘した通りです。もっとも中国に発展した西欧的リベラリズムの導入の意義と方向については、現在日本の一部知識人・研究者の間で国家権力との関係につき激しい論争が起こっていることも付記しておきたいと思います。

　しかし学術的論争に深入りするのは避けて、今後の中国の内外政策の方向を検討するため、「中国の夢」の実質的な検討に入りたいと思います。

（2） リーダーシップの転換期から表面化する「中国の夢」

　いま私の手元には今年の1月30日に在日中国大使館でいただいた『中国の夢とはどんな夢か？』（外文出版社、2014年12月）という本があります。筆者は元中央党校副校長の李君如で中国大使館が新年会の前夜集会で配っているのですから、ほぼ中国共産党中央の意見に近いものと推察してもよいかと思われます。

　以後これ（以下、李：2014）を中心に若干の資料をそえて、中国の考え方の最大公約数を推察していきたいと思います。

　「中国の夢」が注目され始めた背景には20世紀末から2010年にかけての異常ともいえる中国の高度成長がありました。そして中国の総合国力が世界第二位の日本の国力を抜いた時、今後20年以内に中国はアメリカを抜いて世界第一位になることが真剣に討論されました。当然世界の中の中国のシェアは大きくなり、2000年に3.7％、10年には9.3％、18年には14.2％と予想され、日本の2000年の14.5％、10年の8.6％、18年の6.1％を抜き、二倍以上となりました[6]。中国の日本軽視論が起こったのも無理はありません。

　しかしこのような急成長の連続は、中国国内に様々なひずみをもたらしました。とくに生産部門の急成長は想像以上のエネルギーの必要性とそれにともなう環境破壊をもたらしました。また高度成長の長期化は官僚組織の権力増大を招来し、汚職・腐敗を横行させました。さらに社会では深刻な格差が問題化しました。当時のリーダーシップの中心は胡錦濤総書記と温家宝首相でしたが、後に首相を退任する温家宝が「いくつかの仕事はあまりうまくいかなかった。恥じ入り、自責の念に駆られている」と語って人びとを驚かせたが、もしこれが事実とすれば、めずらしいケースといえます[7]。

　この胡錦濤・温家宝のリーダーシップが習近平・李克強のそれに引き継がれたのが2012年11月の中国共産党第18回大会の時のことです。李君如の『中国の夢とはどんな夢か』がこの18回大会から筆を起こしているのは胡錦濤と習近平の連続性に重きを置いているためといえましょう。権力交代の政治闘争劇より、政策の連続性の方に重要性があるのは、中国政治史の記録か

ら看取できると思います。そして「中国の夢」論の高まりは、中国発展の頂点で起こった現象ではなく、むしろある意味で後退、実質的には調整期に起こったものであることを確認することはその後の意味と発展を知るために大切です。

　共通項としての民族的主張は、つまり鄧小平、江沢民、胡錦濤、習近平をつなぐ共通項は、やはり列強の共同介入、革命の困難、厳しい内戦、抗日戦争という半世紀を越える深刻な民族の苦難でした。その打撃、苦難は全民族的なものであったということができましょう。「艱難漫道まさに鉄のごとし」といわれる所以です。

　その途中で近代化にともなう市民革命、社会変革の余裕がなく、数々の課題を今日なお抱えていることは、中国自身の責任ではなくその多くは侵略した側にあることを銘記しておきたいと思います。

　そしていまや中国民族の復興を全面的に開始できるときに来たわけです。

（3）　民族としての主張の拡大

　2012年11月29日習近平が国家博物館を訪問した時に「移り変わりこそこの世のおきて」、「風に乗り波を蹴立てて進むに時あり」と概括したのも、中国の人びとの気概をよく示していました。こうして人々の心を高揚し、自信を持たせるため、「中華民族の偉大な復興は中華民族の近代以来もっとも偉大な中国の夢である」という表現が掲げられたわけです。この表現は「中国人民にとって最もわかりやすい、もっともこころを揺さぶる、もっとも共感できる」言葉と表現されています（李：2014）。目標によって人心を結集し、民衆を動員するためです。

　民衆を動員する方法は、人民こそ世を動かすという原理論とともに具体的でした。2013年6月習近平は「中国の夢の本質は国の不朽、民族の振興、人民の幸福である」として、その奮闘目標は2020年の国内総生産と都市農村住民の一人当たり所得を2010年の2倍にすると語りました。2020年まであと7年であることを考えればある程度以上に無理な目標だったということ

ができるでしょう。また人々の中国共産党指導への疑惑を払拭するため、党員にたいして中央政治局の「八項規定」を採択しました。これは具体的には当然の勤務引き締め規定ですが、実行するとなると末端部分まで「汚職」概念を拡大させることになると思います。また「個人は著作、演説の単行本を公開しないこと」といったような表現には疑問も残ります。

しかしともあれ政府は民衆からの要求の高まりにも応じるため、増産実現のためにも環境保持のためにも問題の多いエネルギーの獲得に乗り出します。習近平が就任後最初に乗り出した外国訪問の最初はロシアでしたが、安全保障問題と並んで具体的成果が懸案のロシア石油の導入問題であったことは注目されます。また「眠っている巨大通貨」を生かして中国の考える新しい国際秩序を指向するため20か国を越える国や地域との通貨協定問題に乗り出したのも習近平指導の特徴の一端を象徴していると思います。

では習近平指導の中国は利益第一に他者を抑え込むアグレッシブなものだったのでしょうか。2012年末、日本では中国の民族的強硬派として知られている閻学通に『朝日新聞』が対話を試みその結果を「中華民族の復興で米との衝突は不可避」というような見出しを大きく掲げていますが、中国はむしろ平和的交渉の原則を主眼とした二国間関係の推進に努力しており、「『衝突』といっても戦争ではない、政治、軍事、文化、経済各面での競争だ」と答えています。

（4） 高く掲げた人類の目標

では中国の格調の高い全人類のためという理想論はどこから来ているのでしょうか。

それは中国化されたマルクス主義の目的論から来ていると言えると思います。周知のようにマルクス主義のなかでは究極的目標論と社会科学的な分析論が結びついています。目標は人が人を搾取することのない世界です。現在の指導部はこのマルクス主義の理想を導入した人として毛沢東の名を挙げています。もちろんマルクス主義理論、複雑な資本論の研究は、党の専門的機

関で字義を明らかにしながら科学的に進めています。しかし一般の人たちに宣伝されているマルクス主義は、むしろ人間主義、経験主義に通じるような思い切って「中国化」されたマルクス主義に思われます。最近の正式の文献の中でも、マルクスやエンゲルスは優れた科学者ではあるが、実際にその理論を経験したことはないと言い切っている文章も読みました。「マルクス主義の中国化の今日における生き生きとした具現」でなければならないわけです。それは抽象的な概念ではなく、「二つの100周年」の奮闘目標の達成を通じて現実となるものというわけです（李：2014）。

　しかしこのような解釈によって、「中国の夢」は狭隘な民族主義の夢ではなく「進歩的な人類の夢」になりました。愛国主義とマルクス主義の結合です。国際関係を処理するときにも、「独立自主」と「協力、相互受益のウィンウィン」の融合というよびかけになりました。「近代以来の志士仁人の理想、現代中国の追求、未来の中国を凝集し、中国の過去、現在、未来をつなぐ民族復興の夢」という表現も現れました。この志士仁人の理想というのは、論語（衛霊公）から出たものですが、日本でも、社会主義思想の人間主義的な解釈の時にあらわれました。「仁人は生を求めて以て仁を害することなし」というわけです。ここではマルクスにセットになっていた「終末観の死」の生への転換という思考様式も払しょくされ、徹底的にアジア的思考様式が主となった印象を受けます。

　ただ「進歩的な人類の夢」の意識は、近代的欧米の人間の欲望、利益尊重、個人第一の価値意識を拒否し、新しい世界観、新しい国際秩序観を打ち出すのに大きな貢献をしているように考えられます。この発想は逆に西欧的価値観、国際的価値観・秩序に改めて大きな影響を与えていくかも知れません。

（5）　中国の拡張政策の問題点

　このような価値観が、現実に中国の外交政策にどのように機能しているかということを考えたいと思います。結論を先に言いますと、このような価値観はいざ外交政策に現れますと、ウィンウィンのたんなる理想論となり、紛

争解決の一目標に転化してしまうように思われます。

　先に申し上げましたように、原則的に西欧型の外交のパターンは、自然の人間の欲求というものを拒否せず、ただ覇権を求める衝突回避のため、力の均衡を合理的にはかり、進んでそれぞれの価値意識・原則というものを認め合い、できれば継続可能な合意点を法的に体系化します。そしてそれが不可能な時には衝突の拡大を最小限にして互いの犠牲を少ないものにしようとします。ただ現在はアメリカが中東で行き詰りつつあり、2020年ぐらいにはアジア太平洋中心をやや後退させ、そして対外強硬論の国民世論をなだめるため、部分的にはアジアで比較的強硬な政策を取ろうとしています。

　勿論現代は過酷な犠牲を生じる大国間の戦争イメージはほぼ過去のものとなり、原爆兵器のような大規模な殺戮兵器を用いるものも共同制裁の対象となり、話し合いを中心とするコンサート外交が中心となっています。

　ところが中国の理想論外交では、みずからは覇権を求めないという原則を先行させ、具体的な法秩序の形成には過去の歴史と教訓を動員する方法以上には、適切な外交政策の体系化と論理が見当たりません。現在目立つ中国の国外進出の考え方でも、周辺諸国の征服ということは否定され、直接的な話し合いが強調され、しかも強者である中国の方が経済的に譲り、援助・供与等で相手方の利益を優先させることもあります。原則的倫理的方針はとにかく生きているわけです。

　しかし習近平指導部がリーダーシップを握った2013年以来、中国の選択肢は厳しさを増しております。根本的には高度成長が曲がり角に来て、GNPの成長率が7％台を維持できず6％台に落ち込み始めたことに基本的問題点があると思います。すでに早い段階から先進国の専門家の間では、中国の成長率が6％を切ったなら高度成長の根幹が揺らぎだし、5％台になれば政府のコントロール困難な経済変動、社会混乱、思想的反発が表面化するだろうとささやかれてきました。また労働力の不足、環境対策費の絶対的不足、金融混乱は目前の大問題です。加えて情報革命は進み、パソコン使用率は人口の半数に達し、民衆の実質的発言力の向上は政府の強権政治を左右するよう

になっています[8]。しかも「二つの100年」の切迫感は強く、あせりの発言が随所で見られます。たとえばエネルギー確保による一般大衆の必要性確保、産業の継続的発展と適正な労働配分、交通機関の飛躍的上昇に対する安全の確保は、もはや焦眉の急といわれています。

こういった状況下に、「新常態」という高度成長抑止のスローガンのもと、逆に思い切った対外拡張政策が開始されました。実質的には上記のような緊急課題を乗り切るためだったと考えられます。

(6) 中国独自の思考を反映する陸と海とのシルクロード

こうして2013年秋から14年春にかけて、陸と海とのシルクロード構想（一帯一路構想）、これを保証するためのアジアインフラ投資銀行（AIIB）構想、あらゆる諸国とのパートナー締結外交が開始されました。そしてそれが周辺諸国に理解されるよう利益共同体から運命共同体、責任共同体のような造語がつくられました。運命共同体という表現は最初「中国の夢」と人民の当然の連帯といったことからみられるようになりましたが、これが拡大解釈され、すべての近接諸国の利益との一致するものという国際関係にも適用された観があります[9]。ただ中国の伝統的思考様式から言うと、公式にはそれとは言わないで、中国の主導権を実質的に指向しつつ形の上では平等で友好的なパートナーを拡大し、経済的・社会的から文化的交流範囲に及ぼすという力点があります。この時期に掲げられた指導的スローガンが「親、誠、恵、容」の理念であったことは、象徴的なような気がします。

したがいまして強者の権威を誇示することは公式にはありません。日本の新聞雑誌には多用されていますが、中国が、新しい拡張政策に関して、「勢力範囲」、「支配権」、「中国の秩序」といったような用語を用いることを避けていることは明らかです。かって中国は「理藩院」とか、「華夷思想」とか、「朝貢貿易」といったような表現を公然と使っていましたが、現在はこれらの表現には拒否反応を示し、日本側がそれを表現した時には中国側は黙って返事をしない機会もときどき経験しました。

ただ歴史的遺産として、実質的に支配的範囲に入っている周辺の隣接地域には現地の独立性と伝統を重んじながら、中国の旗だけは掲げ、交流範囲にある地域・国とはむしろ便宜・利益を提供しながら中国の優位性をしめす「朝貢貿易」タイプのものを推進し、新しく接する遠方の国とは交易・通行権・文化的交流を最低限沈黙のうちに認める伝統的態度は、まだある程度生きているようにも感じられます。

しかし現代世界は様変わりしました。隣接地域ではエネルギー争奪戦が表面化してきました。その場合には「主権」とか「核心的利益」というようなその場に相応しくない表現も動員されました。また実質的に昔の「朝貢貿易」を思わせるような交流の場合でも、古い表現は影を潜め、対等のウィンウィン、平等互恵が主流になってきました。

また、より大きな変化として、中国と対等、あるいはそれ以上の「大国」が出現し、中国がより有力な立場であることを誇示することも常態となってきました。そのため中国としては、現在代表的な大国アメリカとは戦略的パートナーとして表面上友好保持の形をとりながら、現実的接触地域では、アメリカが一歩攻勢に出れば中国も一歩反撃して前進するというパワー・ポリティクス型がとられるようになりました。

(7) 厳しい道の選択

こうして中国はあらためて「中国の道」が予想以上に厳しい道であることを再認識しています。当初は「川底の石を探りながら川を渡る」と表現していましたが、しだいに「危険な早瀬を渡る」という表現が多くなりました。これを「深水区」とも呼んでいます（李：2014）。習近平の立場から言えば「改革全面深化の思想」ということになるかと思います。

やがて2015年は一つの新しい区切りの時期になりました。この年には「新常態」は全国的に徹底され、汚職粛清も頂点を越えたといわれます。そしてアジアインフラ投資銀行もイギリス、フランス、ドイツなどの西欧の中心的諸国のなだれを打ったような賛同をかち得て、57か国の代表によって

北京で調印式を開きました。当初の資本金総額1000億ドルのうち中国が出資した額は297億ドルで、むしろ中国主導とよばれることに注意した金額ではあったものの、中国の優位性は固められました[10]。

しかし王逸舟先生が気遣われるように、このような習近平指導部の外交政策が、どこまで中国民衆の支持を得ているのかには疑問も残ります。また国内に大きな難関を抱えているのに対外的に中国の資金が大量にまかれていてよいのかという批判的意見もあり得ると思います。それにもかかわらず習近平は、大幅に彼の正しいと考える外交政策を、新しい企業家層を背景に、発展させます[11]。もちろんその多くは相手国の経済、社会、文化の発展を促進させる好意的な政策と考えられますが、全体的に額が大きすぎることは否めません。

たとえば2015年の12月、習近平主席が中国アフリカ協力フォーラム首脳会議で表明した3か年で600億ドルの工業化支援ほかの拠金は人びとを驚かせました。これは2013年に日本がアフリカ会議で表明した5か年で最大23.2兆円の支援額の2倍を超えます(『朝日新聞』2015年12月5日)。しかし中国のアフリカからの輸入額が2012年に775億ドルだったのに14年には740億ドルとむしろ減少していること(『朝日新聞』2015年12月6日)はどのように判断したらよいのでしょうか。同様のケースはほかの国との関係にも見出すことが出来ます。ただ中国は中国がそれだけ大きくなり世界における責任も増加したと説明しています。

これと同時に外部からは理解しにくいことは、中国の拡張の論理があまりにも抽象的なことです。一般に地政学的な発展論の場合には、ある種の地理的限界があります。しかし平和的交流の正義の拡大を旨としている中国の場合には、友好発展の限界を定めることができません。地理的限界がくれば、さらにその限界を超えて友好を深化していく場が広がるというわけです。ある説明では中国の観点は絶えず拡張しているとされているという宇宙論に似ていて、一国の平和的発展は、「その他の国の占有可能な経済、政治、社会空間を拡大する」としています[12]。

それより筆者（宇野）が現実問題として一驚したことは中国政府が欧米とも中国とも異なる中東に進出し、多額の援助金提供に乗り出したことです。いうまでもなく中東は基本的にはイスラム教圏に属し、世界の石油エネルギーの供給源ですが、その内情は複雑を極めています。

（8） 中国の中東進出

あまり最近のことで厳密な事実再検討は不可能ですが、『人民網』や新聞の報道するところによると、最近の情勢は次の通りです。

この5年来のシリア危機はアサド政権の政策やアメリカ、ソ連の介入によって解決のメドが立たず、多数の難民の流出で全世界が困惑しています。しかも現地の責任の中心であるべき地域大国、イスラム教スンニ派の盟主サウジアラビアと久しくアメリカと対抗してきたシーア派のイランとは、宗教的法学者の処刑をめぐって、2016年1月3日断行しました。この両者の対立はイスラム問題の専門家の意見では、宗教問題を超えた輻輳した原理問題・文化問題・利害関係問題の対立をはらんでいるそうです。とても中国人に適切な和解調停の道を見出すことは困難を極めるということでした。

この両者に対し、中国は、2016年1月19日にはサウジアラビアと、同年1月23日にはイランと連携して「共同声明」を発表したわけです。もっともこの直前中国政府ははじめての対アラブ諸国政策文書を発表して、「協力ウィンウィンを核心とする、新しいタイプの国際関係を築く重要なパートナー」と定義しています。その背景には両国が「一帯一路」の中国の政策を支持したことがかかげられています（同年1月13日発新華社＝中国通信）。また同年1月19日の『人民網』日本語版では、「習式外交」の「中東の時」と題して、正直に、経済面では中東が中国にとって最大のエネルギー供給地であることと、分離独立・宗教過激派・テロリストに打撃を与えるためと解説しています。

またその前日の駐イラン大使は、中国の石油輸入の一割はイランからであることに言及しています。2014年の中国イラン貿易が500億ドルの大台を

突破していることを考えれば、経済的動機からの接近は理解できます。しかし中国が次々に発表していく各種の中東支援を合計していきますと、その支援額は600億ドルを超えます。これはもう政治問題といわざるを得ません。

さらに中東にはイスラム国問題があります。現在アメリカやその他の連合がISの鎮定の見通しの立たないことに苦しんでいることは周知のとおりです。中国がどこまでテロリズム鎮圧に活路をみいだすことができるのか、これから慎重に検討していく必要があります。

ただしさあたって気になるのは中国がイランをはじめとする緊張地域にたいして原発援助に乗り出すことです。すでによく知られていますように、今年の中国は「原発強国」宣言を発し、今後輸出問題を話し合っている国々に中国の原発政策の安全性や透明性を宣伝しているかに見えます。そして白書は、現在2830万キロワットの発電容量を2020年までに5800万キロワットにする目標を掲げています。これは早すぎると各国の専門家は憂慮しています。また人材養成、技術水準にもさまざまの疑問が投げかけられています。日本の現状でも専門性、透明性が必要な水準に達していないと指弾されている最中です。そして原発廃棄物の処理や投機場所がまだ定まっていないことは広く知られている通りです。

最近の中国が依然として危険な高度成長を続けていることは、知られている通りです。しかし原発の高度成長ということは、他との比較になりません。それは天災の影響であれ、技術上のミスであれ、いったん爆発すれば国境を超えて周辺の人びとに想像以上の打撃を与えます。また将来小型核兵器がISにわたることを懸念している有識者も少なくありません。ここで他の品とおなじように原発を輸出することは、2020年までとか2030年までのような目標を立てていたずらに性急にならないことを強く希望しています。落ち着いて欧米や中国・日本などの多義的な知恵を結集し、国民の平和を求める世論が外交に反映し、真に人類の幸福に貢献されることを願っております。

おわりに

　本日の私の基調講演は、当初は、シンポジウム立案者の方々の問題提起を大事にし、中国の内政とこれに立脚する外交政策の個性的分析に密着することにありました。しかしシンポジウムの前に王逸舟先生の予定原稿を拝読しますと、あまりにもご熱意のこもった論調に打たれ、これにたいする私の考え方を正面から提起することにしました。王逸舟先生の論調は、いちおう中国指導者たちの業績をたかく評価しながらも、その実行に当たっての歴史的時代性、難題処理における限界性を明らかにし、今後における方向性を模索するものと思われます。

　しかし現下の党の過大な指導性、国家官僚における権力の乱用、その結果としての社会格差の想像を絶する広がり、民主政治の停滞、環境悪化の表面化などにたいする批判が込み上げ、もっと過去の中国社会から早く決別し、現代社会をめざして改革のスピードを上げようという点に重点が移っていかれたように受け取られました。

　先生が最後に現代社会の目標として掲げられた経済、政治、法律、思想、の整理は見事なものです。これは欧米およそ日本ですでに現実化し、これに中国人的解釈が適宜織り込まれたものとして評価できます。

　しかしこの基本的方向は数十年かけないかぎり一般庶民のものにはならないかと思います。またその道を順調なものにするためにも、順調な対外関係が必要です。

　日本の近代化の方向が伝統的知恵と調和しないうちに国際環境が悪化し、極端な民族主義が起こりましたことはご承知の通りです。筆者は日本の優れた先覚者であった森鴎外が「西欧化したかのような日本人の苦しみ」、夏目漱石のような「個人を大切にしながら個人を超える則天去私の思想」が民衆に広がる前に世界大戦が起こり、人びとが「滅私奉公」に雪崩を打って行った姿を実際に体験しております。

知識人だけではなく、民衆が内発的に目覚めることが大切です。それには3世代、50年の年月が必要です。ただ年月を過ごすだけではなく、世界の人に共通化された最新の知恵が導入される必要があります。そのためには外交と内政の相互インパクトの継続が不可欠です。

　現在の中国のように、6年先、34年先が目標となるような不自然な計画では、「もう時間が足りない」というような緊迫感に追いまくられます。もちろん日常生活に密着する法律、戦術的な行政目標、次世代を段取りを追って育成する教育制度などは、この2・3年にスタートを切るべき現実世界もあります。ただ本格的な社会改造は、下からの変革の盛り上がりと並行しながら、十分な意見交換を経てスタートすべきものと考えています。

　今後の中国外交が危険な橋を渡り、理解困難な現地の本質問題に巻き込まれないよう、内政と密接な関係を開発し、日本共々、現在の"戦争の中の平和"の可能性を掘り起こしていきたいと念願しています。

　本日は私たちよりは若い世代の方々から興味深い論説が数多く提出されています。これに全く触れる時間をとることが出来ず、申し訳ありませんでした。ただいずれ私は今日の講演を本格的な論文にまとめ直して公開するつもりでおりますから、これからの討論とも合わせ、多義的な英知を出来る限り盛り込みたいと考えております。

　ご清聴に感謝申し上げます。

注

1　細谷雄一『国際秩序—18世紀ヨーロッパから21世紀アジアへ』中公新書、2012年、および同編『グローバル・ガバナンスと日本』中央公論新社、2013年を参照。
2　当然植民地といってもその文明化・近代化は実に多様です。
3　たとえば国際連合、戦後国際秩序のありかたを予め討議した1944年のダンバートン・オークス会議の意義にしても、現在も日本国際政治学会では論争の最中です。
4　筆者は1958年以来日本国際政治学会の太平洋戦争史研究に参加し、極東国際

軍事裁判記録を渉猟するとともに、軍事裁判を免れた有力者の自宅を訪問し、裁判に関して提出されなかった個人的日記も読みました。また中国の研究状況を知るために 1928 年の済南事件の時の中国人被害者記録、当時の個人調書記録も中国の研究者たちと一緒になって調べたこともありました。しかし結論は出ませんでした。後にわれわれの研究は『太平洋戦争への道』（全 7 巻として朝日新聞社から刊行）として公開されましたが、われわれは「太平洋戦争の責任論」と題することは協議の上結局あきらめました。

5　国際連合は国際連盟より進んだ国際秩序論であるという説は当時喧伝されました。しかし実際に進んでいたのは「戦争開始にたいする犯罪」と政治指導者の予防責任の法制化という未来論的法律論と、平和の価値の洗練だけでした。協調と均衡重視の問題は戦勝国の大国の手中に公然と収められました。この点、国際連合の方が進んでいるとは認識できなかったわれわれは、むしろわれわれ自身の実感と経験から戦争と平和と文明の関係を考えました。戦争末期から大戦直後の時代、当時 14 歳から 18 歳であった筆者は、工場動員で物資を運ぶ途中の道でアメリカの戦闘機から低空飛行で撃ちまくられアメリカが「女・子供は目標としない」という宣伝が虚偽であることを痛感し、また広島から原爆投下直後の惨状を食糧供給のために入った父から悲惨な実情を教えられ、科学と科学の限界性を事実から考察することにしました。

6　この数字は日本の政策研究大学院白石隆学長が 2014 年 2 月 2 日の『読売新聞』に公開した数字を参照したものです。なおこの時期の米国のシェアは 2000 年 31％、10 年 23％、18 年に 22％と見込まれています。

7　この温家宝の反省は中国各紙が報道し、日本の新聞も伝えたが、おそらく温家宝は問題の所在を明らかにするとともに、その克服を次の世代に託そうとしたものと推定されている。これによって胡錦濤・温家宝政権が果たした重要な中国発展の成果、先進諸国にたいする門戸開放の推進方法が否定されるわけではない。

8　2015 年段階の現代的情報手段の所有者は 6 億人以上、そのうちの 3 分の 1 の人びとは政治的発言ないし行政・管理にたいしての不満を表明し始めていると紙上をにぎわせています。

9　「『一帯一路』構想が世界の夢を開く」『人民日報』海外版、2015 年 12 月 25 日を参照。

10　この AIIB の設立に際してインドが 83 億ドル、ロシアが 65 億ドルの出資にたいしてイギリスは 30 億ドル、ドイツは 44 億ドルと押さえている。しかし先進 7 か国会議よりアジアの成長に対する期待を大きくし、アメリカ中心のグローバル

経済の展開に待ったをかけた西欧先進国の姿勢を評価する意見もある（真壁昭夫『AIIBの正体』、祥伝社新書、2015年）。駆け足の論調であるが、日本の選択肢としては今後熟考する必要があるように思います。

11　中国の代表に多数の企業家が随行することは最近の中国では常識になっている。習近平はこの習慣をさらに拡大しているように見える。

12　李（2014）から。筆者はこの考え方をアメリカのランド研究所上級経済顧問のチャールズ・ウォルフにも見出しているが、筆者には疑問である。

第 1 部　21 世紀におけるグローバル・アクター中国

第3章 新世紀におけるグローバル化趨勢下の中国外交の選択

梁　雲　祥

1　新中国外交の決定的要素及び異なる時期の比較

　中国は一つの国家として既におおよそ4000年の歴史を有しているが、しかし、歴史上におけるこの土地での政権更迭は頻繁に発生している。ここで言う新中国とは、実際には新たな中国の出現というわけではなく、1949年10月1日にこの土地にて樹立された、中華人民共和国という新政権のことを指している。しかも、この新政権は自らを過去のこの土地の政権と異なる新しい始まりとみなしているため、一般的に新中国と自称しており、ここで取り上げる中国外交とはすなわちこの新政権の外交を指している。

　中華人民共和国は1949年10月1日に成立してから今日に至るまで、既に69年の道のりを歩み、この期間において、国際環境及び国際情勢、あるいは中国自身に関して、いずれも著しい変化が生じており、当然ながら、中国外交もそこに含まれている。しかしながら、もし、我々が数十年来の中国外交に厳密に、全面的に考察と分析を行うならば、やはりその中にいくつかの基本的な道筋と特徴を見出すことが出来るはずである。それらは、目下および未来の中国外交に対して、より明瞭で総体的に信頼できる判断を下す一助となるに違いない。

　総合的に見ると、長きにわたって、中国外交を決定する基本要素には、主に、安全、イデオロギー、国家統一、経済発展と大国意識がある。ここで言う安全保障は、当然、主に国家の安全を指しているが、しかし同時に、政権

自身の安全も含まれている。しかも、この要素は中国独特のものではなく、あらゆる国家の外交において、いずれも安全をその政策の重要な判断要素の一つとしている。当然、その時々において、安全に対する認識もいくらか異なることがある。まず、ここでのイデオロギーとは、主に共産主義、社会主義と愛国主義またはナショナリズムを指しており、当然、これらは形而上に属する思想意識または主義が異なる時期において、理解も異なることになるが、最も基本的なものとしては、中国は共産党が政権を握っている国家であり、実施されている基本政治制度は社会主義制度である。次に、ここで言う国家統一とは、主に台湾との統一を指しており、同時にチベット、新疆ウイグル自治区等の地域の分裂を防ぐ意味合いも含まれる。さらに、経済発展も同じくすべての国家の外交が考慮しなければならない要素の一つであるが、それも異なる時期において、異なる理解がなされるのである。最後に、大国意識に関しては、国の規模や歴史文化の影響から、中国人の内面においてこのような意識がずっと潜在的に存在しているが、時には弱く、時には強くあらわれてくるに過ぎない。

　その他に、説明が必要なのは、以上のこれらの要素は 69 年間の時間において、いずれも同じような作用を発揮したわけではなく、異なる時期と異なる環境下において、一部の要素が決定的な作用を発揮したが、一部の要素は存在しなかったり、いくらかの補助的な作用でしか発揮しなかったりした。たとえこれらの要素の中で、いくつかの要素が同時に作用している中でも、優先順位における違いと変化が存在しているはずなのである。

　69 年来の中国外交についていえば、大まかに 3 つの時期に分けることが出来る。すなわち、毛沢東時代の外交、鄧小平時代の外交、ポスト鄧小平時代の外交である。この区分は、中国の相対的に独特な政治制度のもとで、国家の指導者が外交を含む国家政策の各方面において発揮する作用は決定的であり、中国外交における個人の時代的特徴が非常に顕著であることを示している。したがって、異なる指導者がそれぞれ相対的に独特な時期を形成しており、特に前期においてその特徴はより明らかである。しかし、まさにこの

特徴ゆえに、中国の目下の外交を新しい外交時期とみなし、現在の中国外交はすでに、前任者の外交と異なるとみなす一部の研究者が存在している。当然、この問題自身は、本論文が検討しようとする主な問題の一つである。すなわち、どのように現在の中国外交および未来の中国外交の大まかな趨勢を見通し、評価するかという問題である。しかし、今の中国外交は未だ変化の中にあるがために、前任者の外交との比較において、まだ根本的な違いが生まれているとは言い切れず、あるいは未だ変化中であると言える。そのため、自らのオリジナリティを持つ新時期の形成が出来たか否かはまだ断言できない。そのため、本論文はやはり中国外交を3つの異なる時期に分け、目下の中国外交を、言うまでもなく第三の時期に属すると考える。この3つの異なる時期において、中国の執政者たちは、上述の中国外交を決定する若干の要素に対する優先順位の選択と重視の度合いが異なり、それゆえに、中国外交の異なる内容と特徴が浮き彫りになる。

(1) 毛沢東時代の外交

一つ目の時期の毛沢東時代において、安全保障とイデオロギーは中国外交を決定する主要要素であり、あるいは、この2つの要素は他の要素よりも優先された地位に置かれたといえる。政権樹立初期において、国際情勢は、冷戦時代の両極対峙の状態にあり、中国は社会主義国家として、言うまでもなく、ソ連を始めとする社会主義陣営を選び、アメリカなどの西洋国家と敵対状態になった。それがゆえに、イデオロギーを当時の中国外交選択の決定要素にしたのである。しかも、中国政権の安全や、国家安全に脅威をもたらす敵も西洋国家から来るとみなしていた。当時の中国外交は、社会主義制度をもって線引きし、積極的に世界革命を推し進め、いわゆる帝国主義と資本主義に反対し、代価を惜しまず、コストを顧みずに世界革命を支援していた。例えば、朝鮮戦争とベトナム戦争は、このような外交思考の下で起きたアメリカとの軍事対決であり、東南アジアなどの一部の国において、基本的な外交関係規則を顧みずに、その国の共産党による政権転覆を支持していた。

1970 年代初頭、中ソ関係の決裂によって、国家安全保障が中国外交が直面する最重要事項になったがために、イデオロギーは安全保障の要素と比べて二の次となったのである。帝国主義反対のイデオロギーのスローガンを完全に放棄したわけではないが、しかし、実際のところ、安全利益により、中国外交は急速に、中米と中日関係の正常化および大規模な西洋国家との関係改善を実現した。徐々に反ソ反修正主義を中国外交の新たな拠り所にした。

当然ながら、たとえ安全保障とイデオロギーを主な判断要素とした中でも、国家統一、経済発展と大国意識も全く作用しなかったわけではなく、ただ、これらの要素が相対的に少し弱かっただけである。例えば、台湾問題は、中国外交の重要な判断要素であり、外交関係の承認と樹立の問題において、いわゆる「二重承認」と「共同樹立」[1]を断固として反対した。たとえ中米関係正常化以降でも、台湾、チベット、新疆ウイグル自治区などの問題において、中米の間には依然として摩擦が存在していた。さらに、世界革命を推進していた 1950〜60 年代にしても、中国も一貫してソ連の援助で国家工業化と経済発展を実現しようとした。また、中ソイデオロギー論争と国家関係悪化の過程においては、実際のところ、中国の指導者の大国意識の要素が作用していた。

（2） 鄧小平時代の外交

1970 年代末から 80 年代初頭において、中国外交は第二の時期である鄧小平時代に突入していった。この時期の中国の安全保障問題はすでにいくらか緩和しており、政権の安全と国家安全問題は、少なくとも焦眉の急ではなくなり、中国外交における反帝国主義・反修正主義、世界革命のイデオロギーの要素は徐々に薄まっていった。一方、「文革」の 10 年により、中国経済は崩壊の縁にまで追いやられていたため、経済発展が中国外交決定の主な要素となった。それに加え、経済を発展させるため、世界各国に対し、全面的に開放的な全方位外交を行い、対外的に平和共存の非同盟外交政策を実施した。

具体的には、改革開放の全体的な実施に伴い、1982年に中国政府は外交政策に関して重大な調整を行った。すなわち、かつて毛沢東時代において主に追求した社会主義、共産主義イデオロギーと、世界革命の積極的な推進という外交政策を、主に経済発展の外交政策へと転換したのである。そのため、まず、全体として平和と発展という時代観を確立し、全体的形勢として、世界大戦勃発の可能性を否定し、世界革命を推進する必要はなく、経済発展は中国を含めた世界各国が共に求めるものだ、という認識を示した。そのため、中国は、いわゆる「独立自主非同盟の平和外交」政策[2]を確立した。すなわち、世界各国と平和と友好、または、少なくとも相互平等と開放的な正常関係を発展させることである。特に大国関係に対して、中国はかつてのような、ソ連と手を組みアメリカに対抗する、または、反ソ反米や、アメリカと手を組みソ連に対抗する、などのような外交政策を改め、米ソを含むあらゆる大国との間の平和と相対的バランスの取れた関係を求めるようになった。

　この時期の中国外交は、確実に中国の対外開放と経済発展の需要にこたえたといえる。たとえ1989年6月の「天安門事件」のあと、西洋各国により、一斉に政治的および経済的な制裁を受け関係が緊張状態に置かれたにしても、中国の外交政策には根本的な変化はなく、依然として経済発展をその外交の主要判断要素とし、西洋国家の制裁を前にして、ただ「韜光養晦」[3]政策を打ち出して腰を低くしただけであった。それは国内の政局を安定させた後に、全面開放して経済発展を追求するためであった。

　当然ながら、鄧小平時代の外交も、毛沢東時代と同様に、その他の要素を全く考慮しないわけにはいかない。例えば、この期間中に中国とベトナムの間で起きた戦争[4]は、安全保障の要素に属し、1980年代に台湾問題を当時の主要問題の一つとしていた。しかも、アメリカとの間で台湾問題について外交交渉を行った[5]。これは疑いもなく国家統一の要素に属している。しかし、中越戦争は、実際のところ、より複雑な外交原因[6]があって、安全保障問題からの判断のみではなかった。実際のところ、当時のベトナムは、中国

の全体的な安全保障に影響をおよぼす可能性は皆無であり、せいぜい、中国の辺境の安定に影響するにとどまっていた。台湾問題にしても、毛沢東時代が主張した武力による台湾統一とは違い、平和的に台湾問題を解決するという新しい主張を打ち出したのみであった。実際のところ、国家統一問題は当時の中国外交を決定する主な要素にはならなかった。

（3） ポスト鄧小平時代の外交

　1990年代中期から、中国外交はポスト鄧小平時代に入った。この時期にはすでに三期の指導者が交代し、それぞれの外交スタイルも必ずしも同じではないにも関わらず、この時期の中国外交は、基本的に本筋に従って進んでいった。すなわち、鄧小平時代の経済発展の基本判断を引き続き堅持して、それにより、中国経済を迅速に発展させ、中国の国家総合力を迅速に強化させた。こうした前提のもとで、中国外交は大国意識をその主要判断要素とし始め、徐々に鄧小平時代に確立された「韜光養晦」を改め、より「有所作為」を強調するようになった。中国は、自信を持って主導的に多国間の問題と多国間の管理に参加、参与し、かつ、一連の独自の体系を為す外交主張や構想を打ち出し、既存の国際秩序に中国の国家利益を合致させようとすると同時に、強大国家という目標を実現させるために、増強しつつある総合国力をもって、自らの拡大しつつある国家利益を追求している。しかも、この目標を実現させるために、愛国主義、ナショナリズムのイデオロギーもまた中国外交の主な要素の一つとなった。かつての社会主義を主な内容としたイデオロギーが、愛国主義またはナショナリズムを主な内容としたイデオロギーに取って代わった。千年にわたった中国の悠久の歴史及び輝かしい文化の誇りと、近代における侵略や被植民地化による中国の貧困と弱体化がもたらした百年にわたる民族的屈辱を強調することによって、国民の大国意識を喚起し、そして、大国強国の外交目標の実現を支持させようとするものである。

　同様に、この時期において、大国意識が主要な外交の判断要素であったが、その他の要素が重視されなかったわけではない。あるいはその他の要素

も、大国意識の実現という、強国目標のためにあったともいえるのである。例えば、安全保障は依然として中国外交の重要判断要素ではあるが、しかし、安全保障の概念と理解に関して、いささか変化が生じた。ここでの安全保障は、主に国家安全を指しているのではなく、政権の安全と周辺の安全を指しており、国家統一要素も依然として判断要素の一つになっている。ただし、台湾問題以外に、この時期の国家統一問題は、さらに国内の民族地域の分裂を防止するという問題をも含めるようになった。

2　新世紀の国際秩序と中国の外交選択

中国は 1980 年代初期から、国内外の改革および外交政策に対する重大な調整を行い、当時の緩和傾向にあった国際情勢に適応させた。それは中国自身の実力を速やかに増強させただけではなく、客観的に冷戦の終結を促した。80 年代末から 90 年代初頭にかけて、グローバル規模の冷戦が終結し、戦後二極対峙の構造が解体し、世界は新しいグローバル化へ進み始めた[7]。すなわち、世界はようやく戦後に形成されかつ長期間にわたって存在した二大陣営という二元体制を打破し、世界全体が徐々に同一システムへと融合し同一市場を形成し始め、さらに、国家間においていずれも同一規則に従って貿易するようになった。しかし、新しい国際情勢の環境において、各国の経済発展の不均衡により、国際経済と政治権力の不均衡をもたらしたため、世界はさらなるグローバル化の過程において、権力の再配分問題が生じた。すなわち、グローバル化は新たなグローバル・ガバナンスと新たな国際秩序を必要とし、また、少なくとも既存の秩序に対する部分的調整と改善を必要とする。例えば、1970 年代に、当時最も発展していた西洋国家によって組織された G7 が依然として存在しているが、しかし、世界経済に対する影響力と決定力は既に大きく低下し、その大部分の機能は既に 1999 年に現れた 20 カ国財務相・中央銀行総裁会議および、2008 年に更に G20 サミットに発展したメカニズムによって取って代わられた。

中国は新たなグローバル化の実際の参加者として、このグローバル化の恩恵をうけると同時に、グローバル化の発展に貢献した。すなわち、中国はまさに世界各国との経済的つながりを徐々に深める中で、巨大な経済発展を獲得したのである。特に1990年代中期からのさらなる対外開放と市場経済の実施および2001年12月WTO加盟後に、中国経済は高速発展を手に入れた。同時に、中国の巨大な経済規模も周辺ないし世界経済に欠かせない影響をもたらした。中国は世界各国との経済的つながりおよび相互依存の度合いを更に深め、特に周辺国家との間の相互依存の度合いは、既に不可分の関係になった。このような状況において、もはや中国は二度と鎖国することが出来ず、この変化した世界にどのように溶け込み続け、それに対応するかを考えなければならない。国際情勢がいかに変化するか、そして国際秩序はいかに運営されるかは、中国にとってより強く感じられるようになり、より切実な利害関係をもつようになった。

　まさにこの背景のもとで、中国外交も変化し始めた。すなわち、鄧小平時代の経済発展を引き続き強調すると同時に、豊富な経済資源を利用し、大国強国の目標の実現を一層追求するようになった。前述の通り、中国の国家規模および悠久の歴史と深い文化が、もともと、中国人に一種の大国意識や大国の心情をもたらしていた。ただ、近代以降の国力衰退によって、この意識と心情が、現実には実現し得ないものとなった。しかし、改革開放以来二十数年にわたって得られた巨大な経済的成功は、中国人にこのような大国意識の回復を促した。中国人により多くの自信をもたらした。すなわち、この世界から遠ざかることが出来ないなら、必ずこの世界で大国強国の地位を再建しなければならない。

　つまり、大国意識は中国の新時代外交の主な判断要素になった。かつてのいわゆる「韜光養晦」はより一層「有所作為」[8]に取って代わられた。特に2008年以降、アメリカを始めとする西洋国家の経済に問題が生じ、まず、アメリカにおいてサブプライムローン危機が勃発し、その後ヨーロッパの国々のソブリン債務危機が生じ、そして、日本経済が二十数年の間、相対的

に停滞している状態にあった。これらの先進国の状況と対照的に、中国の経済は一人勝ちし、迅速に発展した。同様に、2008 年に北京で開催された第 29 回夏季オリンピックの開催は、中国の大国意識の外交に国内の愛国主義という社会的基礎を新たに加えた。2010 年に中国の GDP は日本を越え、世界第 2 位の経済大国になった。しかも、その後の数年間において、第一の経済大国であるアメリカとの経済格差は迅速に縮小した。これらは、中国外交の大国意識を一層強化すると同時に、中国の外国外交に、より強固な物質的基礎をかためることとなった。

具体的に言うと、この時期に中国が実施した大国外交の政策は主に次のとおりである。

(1) 主要国家との各種パートナーシップの樹立を求め、自ら国際社会に溶け込み、多国間の枠組みやその活動に積極的に参加する。例えば、ロシアとの戦略的パートナーシップ関係（1996 年）、日本との戦略的互恵関係（2006 年）、アメリカとの新型大国関係（2012 年）をはじめとして、その他の国々と多種多様なパートナーシップ関係を次々と結んだ。他にも、WTO（2001 年加盟）、国際人権規約（1997 年と 1998 年にその中の二つの規約に署名）、核不拡散条約（1992 年批准）、包括的核実験禁止条約（1996 年署名）など、多国間組織または多国間条約に加入した。また、国連平和維持活動などの国連規模の活動（統計によると中国は現在国連安全保障理事会常任理事国 5 カ国中、国連平和維持活動の派遣人数が最も多い国である）、アジア太平洋経済協力（APEC）、20 カ国財務相・中央銀行総裁会議および G20 サミットなど、国際的な多国間組織、またはメカニズム内における活動に積極的に参加している。

(2) 積極的に国際問題に介入し、国際秩序の改善を主導しようとする。例えば、上海協力機構（2001 年に中国、ロシア、カザフスタン、キルギス、タジキスタン、ウズベキスタンの 6 カ国）の設立に主導的に関わり、六者会合（2003 年に中国、アメリカ、韓国、北朝鮮、ロシア、日本の 6 カ国）の成立を促し主催した。さらに、BRICs サミット（2009 年に中国、ロシア、

インド、ブラジルによって設立、その後南アフリカが参加）などを開催する。さらに、「新安全保障観」（2002 年 7 月に ASEAN 地域フォーラム（ARF）外相会議にて打ち出され、その核心的内容は、相互信頼、互恵、平等、協力による共通の安全保障）と、「新アジア安全保障観」（2014 年 5 月に習近平がアジア信頼醸成措置会議（CICA）の第 4 回サミットの基調講演で提起し、その核心的内容は、共同、総合、協力、持続可能な安全保障）などを主張し、中国を中心とし、自らに有利な東アジア新安全保障メカニズムの構築を試みた。

（3）　国際経済と政治の影響力を拡大して、一部の歴史的な利権を回復しようとする。例えば中国内外の理論界の一部の学者が、いわゆる「中国模式」、「北京コンセンサス」[9]などの中国の独特な発展過程と発展モデルの観点と主張を提起する。そして、世界各地で大々的に「孔子学院」（最初期に 2004 年に設立されたものを始め、目下の統計によると、全世界において、およそ 500 箇所程度の「孔子学院」が存在している）を設立し、中華の文化を普及させ、中国の文化的ソフトパワーを増強させている。また、「一帯一路」（習近平が 2013 年 9 月と 10 月に、それぞれ中央アジアと東南アジアに訪問したときに提起された）の提起と、「運命共同体」（習近平が 2015 年 9 月に国連総会の演説の中で提起した）という概念を提案し、中国の過剰生産を輸出し、経済の持続的発展を維持すると同時に、周辺国家との経済政治関係を維持しているということを示し、アメリカや日本による経済と政治の圧力を緩和させようとしている。さらに、アジアインフラ投資銀行（AIIB、2013 年 10 月に習近平が設立を提案し、2014 年 10 月に 21 カ国による調印により設立が決定し、後に 57 カ国に増加し、2015 年 12 月 25 日に正式に成立した）、BRICS の新開発銀行（2014 年 7 月成立）と上海協力機構開発銀行（2010 年 11 月成立）等の国際金融機構を設立し、西洋国家主導の国際金融機構への依存とそのコントロールの軽減を狙い、金融危機のリスクを下げ、さらに自らの経済大国の国際地位を確立させ、強固なものにしようとしている。また、陸海が並行する大国戦略を確立し、東シナ海と南シナ海海域にお

いて大規模な歴史的主権の保護と実効支配の拡大および資源開発活動を展開し、同時に、それに相応する軍事能力も強化している。

　大国外交の実施と足並みをそろえるために、中国政府は内外世論においても十分に力を入れた。例えばいわゆる「平和的崛起」、「中華振興」、「中国の夢」などのスローガン[10]を相次いで提起している。2006年に中国中央テレビ局は12回にわたるテレビ政論ドラマ「大国の台頭」（The Rise of the Great Powers）を放映し、近代以来、世界政治構造に相次いで巨大な影響を及ぼした9つの国、ポルトガル、スペイン、オランダ、イギリス、フランス、ドイツ、ロシア、日本、アメリカを取りあげ、その台頭、あるいは没落の過程を描いた。その目的は、世界的な大国の台頭、あるいはその衰退の法則を総括するためであり、中国が台頭し、世界的な大国となるための世論をつくり、準備をするためであった。さらに、その具体的な外交政策を打ち出し、各種世論と宣伝を通して、中国の大国、強国の夢は既に内から外へと世界中の人々から注目されるようになった。中国社会においても、中国の大国、強国の夢も浸透し、確立されてきたのである。

　概して言えば、日増しにグローバル化が進む国際社会において、中国政府はその日に日に増大する経済の実力をたよりに、アメリカや日本などといった西側の大国との既存の関係を出来るだけ安定させ、改善しようとしている。同時に、より広く、深く国際社会に溶け込み、全方位と全領域においてその政治的影響力を拡大し、ある一定の範囲内においては、軍事力をもって歴史的権利を保護、あるいは回復させ、可能な限り自らの利益に基づき、中国にとって不利な既存の国際規則や国際秩序に適宜変更を加え、最終的に平和的に台頭し、世界的な大国、強国になろうとするのである。当然、これらの外交の設計あるいは政策の内容は現在もなお構想を練っているか、または実施中であり、最終的に期待したような展開が実現するかどうかについては、やはり中国内外における多くの要素の共同作用によって制約されている。

3　新世紀中国外交に対する基本分析と評価

　どの国家もこの国際社会というマクロな環境のなかにおいて、自らの伝統と利益に基づき自らを発展させるという権利をもっており、当然、中国も例外ではない。それゆえ、中国外交が追求する大国、強国の目標は中国自身にとっては極めて当然のことである。しかも、たとえ他の国家にとってもそれは問題になることはないはずであり、ひいては、歓迎されてしかるべきだとすら考えているのである。しかし肝心なのは、中国の大国外交構想あるいは政策は、その路線図は依然としてあまり明瞭ではないということである。すなわち、どのように実現するか、および、どの程度まで実現出来るか明らかでなく、さらに外から見ればその実態には非常に多くの矛盾する箇所が存在する。それゆえに、中国政府の目下の外交に関して、国際社会の一部の国家、特に中国周辺の国家は自然と各種の疑念と懸念を抱き、拒むことすらあるのである。

　中国自身からしてみれば、既存の秩序のもとでさらなる自己発展を習得しなければならないと同時に、自らの利益に基づき既存の国際秩序を改革する必要があるのである。例えば、2016年2月12日から14日までドイツで行われた第52回ミュンヘン安全保障会議上で、中国全国人民大会渉外委員会主任の傅瑩は「中国と国際秩序」の特別討論会の基調演説で、アメリカが主導する世界秩序には三つの柱があり、一つにはアメリカの価値観、二つにはアメリカの軍事同盟体系、三つには国連をはじめとする国際組織である、との考えを示し、次のように議論を展開した。中国はこの秩序を全面的に受け入れることは不可能であり、中国の言う「国際秩序」が指すのは、国連を中心とした一連の国際メカニズム、法律体系と原則規範である。中国には既存の国際秩序に帰属意識がある。中国は既存秩序の創建者の一人であり、受益者と貢献者でもあり、また、同時に改革の参与者でもあるのである[11]。

　しかしながら、中国外交が直面している実際の状況から見ると、中国外交

が追求し、実現させようとする大国、強国目標は、依然として多くの不鮮明な箇所、あるいは不確定な要素がある。当然、中国の総合的な国力は増大しており、中国の国際的な影響力も高まっている。特に国連などの多国間の領域と世界経済領域において、中国はますます大きな、——しかもそれは世界に受け入れられるような——影響力を発揮している。しかし同時に否定出来ないのは、中国の一部の外交行為は決して成功しておらず、中国に実際の利益をもたらしてないばかりか、逆に中国の国際的なイメージにも悪影響を及ぼしているものもある。その中で、例えば、中国は多くの国家との間でいわゆるパートナーシップ関係を築いているが、実際のところそれはあまり安定しておらず、一種の外交の態度でしかないことも多い。特にアメリカ、日本などといった大国との間においては、摩擦と競争といったものは共同利益よりも大きい。今日に至るまで、中国内部には依然として論争が存在している。すなわち、中国とアメリカや、日本などの西側諸国との間におけるパートナーシップ関係、あるいは安定した関係の追求は、果たして戦略なのか策略なのかということである。しかも、たとえ中国がアメリカや日本などと理想どおりパートナーシップ関係を結ぶことを望んだとしても、双方とも譲歩したくないとの前提の下で、果たして本当に実現することが可能なのかは未知数である。

　加えて、中国が追求する国際秩序と西側国家の理解も全てが全て同じではない。すなわち、中国はいっそう、自らが主導していくグローバル・ガバナンスと協力メカニズムの形成を望んでいる。例えば、上海協力機構や六者会合といったようなメカニズムである。しかし、これらのメカニズムは、すでに完成、あるいは成功したという域には至っていない。いわゆる「新安全保障観」も同様であり、原則からして、確かに明確に反対する国家はないが、しかし、あまりに理想の目標を追い求めすぎると、かえって原則以上のものとはならず、本当の実現は難しくなるのである。そのうえ、その中の「新アジア安全保障観」は、一部の国家からすると、アメリカを排斥するための「アジア・モンロー主義」の意図があるように思われることすらあるのであ

る。

　経済の拡大と政治的影響力については、中国は目下の経済力の増大を利用し、他国との経済連携や対外援助を拡大しており、さらに国際金融機構を主導して設立することで、当然、多くの国家の歓迎を受けることとなった。例えば、「一帯一路」の提起とAIIBの設立は既に多くの国家の賛同と歓迎を受けた。これによってその経済的影響力は自然と拡大し、同時に中国自身の経済成長にも利することになる。しかし一方で、これらの大規模な経済活動はアメリカなどの西側諸国の疑いを招くことにもなる。この経済的影響力が政治的影響力に転換され、そこからアメリカ等西側諸国の政治権力を侵食するのではないかと懸念するのである。特に中国が実力に基づきいくつかの歴史的権利を回復させようとする行動、例えば東シナ海尖閣諸島海域の活動や、南沙諸島および付近の海域の活動について、アメリカ等西側諸国にとっては一層受け入れることは出来ないことであり、かえって、中国は国際秩序を破壊していると考えるのである。これらの問題においては、すでに直接的な摩擦と衝突すら発生しているのである。

　それゆえに、中国外交が直面している主要問題は、上記のような矛盾をやわらげ、かつ、自らの願いに基づき大国、強国になれるかどうか、というところにある。すなわち、国際社会の大部分の国家が受け入れられる方法で自らの外交目標を実現できるかどうか、ということになる。中国が大国、強国の道のりを歩む上において、そこには二つの選択肢しか存在しない。一つは、既存の国際秩序に対して、挑戦ではなくこれに順応することを主とし、引き続き国際社会に溶け込み、既存の国際規則と法治を遵守し、世界に貢献する、責任ある大国となることである。もう一つは既存の国際秩序の改変を主とし、ひいては大国の権力拡張と資源の争奪を求め、そのために重大な国際的な対抗と衝突を引き起こすことすらためらわないことである。明らかに、一つ目の方式は平和的な台頭となり、そして二つ目の方法は国際社会に衝突と、果ては戦争までをももたらすことになる。どのようにして大国、強国目標を追求し実現させると同時に、平和的な責任を負う国家となるか、い

いかえれば「中国の夢」の実現と既存の国際秩序の間においていかにバランスをとるか、といったことが中国外交において必ず考えられなければならない問題であり、中国の指導者の、外交的叡智を試すものでもある。

　概して言えば、既に巨大な発展を獲得した中国の外交は今まさに岐路にある。中国の指導者がもし正確に時機を判断し、適度に強大な資源を運用して、国際社会の平和および国際社会により多くのより良い国際公共財を提供することができるならば、中国は国際社会の大部分の国家の共感を得られ、徐々に平和的に一定の国際的な権力を擁する大国、強国となるであろう。さもなければ、大国、強国になれないばかりか、かえって国際社会の大部分の国家の反感と抵抗を引き起こし、最終的に自らの国際イメージと国際政治権力に一層大きな制約がかかることとなるだろう。

注

1　すなわち、中華人民共和国中央人民政府を中国の唯一の合法政府として承認、国民党政府とは関係を断絶することが必須である。さらに、双方に対して、承認を表明し正式な外交関係へと発展させてはならない。石志夫 主編『中華人民共和国対外関係史』北京大学出版社、1994年6月、12-13ページを参照。
2　韓念龍主編『当代中国外交』中国社会科学出版社、1988年3月、339-340ページを参照。
3　これは一つの比較的論争が起こりやすい四字熟語であり、もとの意味からすると、自己の実力が足りていないときにおいては、矛先を隠し、それを露わさないようにする、ということである。ここで提起された背景としては、1980年代末において、中国が西側諸国からの制裁を受けたときに、西側諸国との対抗およびそれによってもたらされる中国の経済損失を軽減させるために、故意に低姿勢でいた、というところにある。しかし、このような戦略の目的が、将来の対抗あるいは覇権争いのためであるか否かは人によって異なる解釈がなされている。
4　1979年2月に勃発した中越国境紛争および80年代を通して継続された両国国境地帯における武装衝突のことを指している。
5　1982年8月17日中米共同のコミュニケ（対台湾武器売却問題について）の「八.一七コミュニケ」のことを指している。

6　例えば、中国の対ベトナム援助の減少と中ソそれぞれにおける対ベトナム関係およびベトナムによるカンボジア侵攻等の問題と関係している。

7　すなわち、16世紀末の大航海時代後における西欧国家による対外植民地拡張政策がもたらした第一次グローバル化の歩みのことである。

8　この概念は、本来は同じく1980年代末におけるいわゆる「韜光養晦」とともに提起されたものであり、その意味は、たとえ西側諸国からの制裁に直面して、低姿勢でいるとしても、同時に選択的に、自らの役割を積極的に発揮するべきである、ということである。しかし、当時の中国外交の基本は、受動的に、西側諸国との関係改善を図ることで自らの政治と経済圧力を緩和させることにあった。そのため、積極的に役割を発揮する、などといったことは非常に困難であった。

9　中国経済が巨大な成長を経た後、中国内外の一部の学者は、中国の発展が一種の独特な発展モデルを形成したと考えた。すなわち、西側社会経済発展モデルに全て則るのではない、一種の中国ならではの社会主義発展モデルであり、このモデルが「中国モデル」あるいは「北京コンセンサス」と呼ばれ、「西洋モデル」あるいは「ワシントン・コンセンサス」と区別される。

10　たとえ、これらのスローガンの具体的内容及びその実現への道程が十分ではなかったとしても、疑う余地が無いのは、中国は大国と強国たらんとすることであり、しかもこの目標は基本的に殆どの中国国民の賛同を得ることが出来る、ということである。

11　搜狗百科：第52回ミュンヘン安全保障会議「中国と国際秩序」特別会議、http://baike.sogou.com/v138702885.htm　参照。

第4章　グローバル・アクター中国の対外政策とマルチラテラリズム

佐藤　壮

1　問題の所在

　大国として興隆する中国は、国際秩序に対していかなる影響を与える存在なのか。国際政治学のリアリズムによるパワー・トランジション論は、台頭する新興大国と既存の大国との間に抜き差しならない対立が生じ戦争に至ると論じる。大国化する中国に対して周辺国はもとより、専門家、外交実務家が向ける眼差しは、パワー・トランジション論に見られるような秩序変動が生じることへの不安を表しているとも言える。果たして、中国はアメリカや周辺国との決定的な対立へのエスカレートを回避して平和的に秩序変動を乗り切ることは可能なのだろうか。

　本章の目的は、国際政治経済分野での世界的なプレゼンスを増大させた中国をグローバル・アクターとして位置づけ、中国が多国間枠組みにおいて「学習」と「実践」を往来しながら展開する対外政策をマルチラテラリズム（multilateralism、多国間主義）の観点から分析することである。

　本章は、グローバル・アクターとしての中国の多国間枠組みにおける対外政策が実質的な効果を上げるか否か評価するためには、マルチラテラリズムの観点に立って分析する必要があることを説き、中国にとっては「仲間づくり」をいかに実現するか、つまり、共有できるもの（価値、目的、方法、利害）をすり合わせる場として多国間枠組みが機能するか否かが問われていることを論じる。すなわち、「多元性を通じた普遍性の共有」が理念としても

プロセスとしても受容できるかどうかが中国の多国間外交の要点となることを明らかにしたい。

2　パワー変動期の国際秩序

　台頭する新興国は国際秩序にどのような影響を与えるのか。紀元前5世紀、歴史家トゥキディデスは、古代ギリシアのペロポネソス戦争の原因をアテナイとスパルタの対立に求めた。現代国際政治学の研究者や外交実務家も、21世紀の中国の台頭と国際秩序の動向に強い関心を抱き、アテナイとスパルタの角逐になぞらえて「トゥキディデスの罠（the Thucydides Trap）」と称する議論もある（Allison 2017）。21世紀を「アジアの世紀」と称揚する一方で、アジアを紛争と対立の火種を抱えた不安定な地域と見なす見方も少なくない（Friedberg 2011）。第一次世界大戦勃発から100周年を迎えた2014年には、現代のアジア国際政治の状況を第一次世界大戦前夜のヨーロッパの状況と比較して、アジアの将来はかつてのヨーロッパのように国家間対立が激化するとの懸念が広がった（Canadian Broadcasting Corporation 2014）。

　国際政治学の理論的観点から言えば、パワー・トランジション論は、既存の国際秩序に対する新興大国の外交戦略を現状維持志向と修正主義志向に区分し、パワー移行の変動期に、現状の秩序に不満を持つ修正主義志向の挑戦国と現状維持勢力との間で戦争発生の可能性が高まると指摘する（神谷2013）。

　パワー・トランジションが必ずしも戦争に帰結しないことは歴史的にも実証研究的にも示されているが、台頭する中国が国際秩序においていかなる存在になるか、いまだ不透明である。国益を重視するリアリズムは国家安全保障の確保と国家経済の発展を重要視する観点から、中国とアメリカの伯仲関係を描く。一方、中国は現状維持国家であるとの評価も一定の支持を得ている（Johnston 2003）。現状維持志向にせよ、修正主義志向にせよ、中国外交が既存の国際秩序とどのように折り合いを付けながら展開されているのか明

らかにする必要があるだろう。

　21世紀の世界政治が過渡期にあるとして、国際秩序のあり方がどのようなものになりうるかという点に関して、米中関係の観点からはおよそ３つの見方が提示できるだろう。第一は、アメリカが主導する既存の国際秩序が継続的に維持されるというものである。いわば、経済的には新自由主義的な市場経済運営を至上命題とするワシントン・コンセンサス、安全保障では、とくに東アジアにおいては、アメリカを中心とする二国間同盟を基軸とするハブ・アンド・スポークス体制を維持するというものである。これに対して、アメリカを凌駕するほどの国力を身につけた中国が中心となって国際秩序を形成するという見方がある。この第二の見方は、中国が今後も経済成長を続け、それに伴う軍事力の拡大により、秩序形成の主導者としての中国の到来を予想するものである。第三は、米中間のグランド・バーゲンの実現を見込み、国際秩序を米中二国で共同管理するG2時代を予測するものである。

　どのシナリオが妥当な21世紀国際秩序のあり方なのか、今のところ不透明であるが、次節では、アジア地域における国際秩序のパラダイムを整理してその特徴を描き出すことにより、今後のアジア地域の国際秩序の方向性を考察することとする。

3　地域秩序のパラダイム：
　　安全保障と経済秩序の観点から

（1）アジアにおける地域主義のパラダイム

　アジアにおける地域的な国際秩序には、これまで、中核となる地域概念を反映した地域主義のパラダイムが複数存在した。ここで地域主義とは、「地理的近接性が存在しているという認識を共有し、またそこでの共存共栄を目指そうとする複数の諸国家が、政策協調や地域協力を推進し、一つのまとまりたる「我々」としての「地域」を現出させようとする政治的志向性、および実際に政策協調や地域協力を進めている状態」を指すとする（大庭 2010,

pp. 67-68)。ここでは、「アジア太平洋」パラダイムと「（拡大）東アジア」パラダイムというふたつの地域秩序のパラダイムに着目して、アジアにおける地域的国際秩序の様態を整理することを試みる。その際、アメリカをはじめとして日本、中国などの主要国の地域戦略がパラダイムの様態に強く作用しており、安全保障と経済協力の枠組が相互に関連しながら、地域秩序構想が練り上げられてきたことに留意することとする。

（2）「アジア太平洋」パラダイム

「アジア」や「太平洋」という地域概念は19世紀末〜20世紀初頭以来国際政治に登場していたが、「アジア太平洋」という地域概念は1980年代から盛んに言及され始め、1989年のアジア太平洋経済協力（APEC）が発足したことにより定着したといえる。

「アジア太平洋」パラダイムには、いくつかの特徴がある。第一に、「開かれた地域主義」を標榜しつつ、ヨーロッパにおける単一市場形成の動きに刺激を受ける形で地域経済の統合推進を視野に入れていた。第二に、成長センターとしてのアジアの経済発展と経済的相互依存により域内各国が結びつくことが強調され、自由貿易拡大を目指した。第三に、多角的安全保障枠組みへの期待が膨らんだ。これは、東南アジア諸国連合（ASEAN）を母体とするASEAN地域フォーラム（ARF）が1994年に設立されてアジア太平洋地域の安全保障上の課題について信頼醸成構築が目指され、また、1993年にはアジア太平洋安全保障協力（CSCAP）が設立され、トラックⅡ（非政府チャネル）による安全保障対話の機会増大が期待されたことによる。しかしこの多国間安全保障枠組みは、あくまでもアメリカを中心とする二国間軍事同盟を補完する存在として位置づけられた（渡邉 2010）。

以上を勘案すると、「アジア太平洋」地域主義のパラダイムは、アメリカが主導する「自由で開かれたルールを基盤とする」リベラルな地域経済秩序とハブ・アンド・スポークスといわれる二国間同盟が基軸となる安全保障秩序構想であるといえるだろう。

（3）「（拡大）東アジア」パラダイム

地域概念としての「東アジア」は、1990年代前半にマレーシアのマハティール首相から提出されたEAEG／EAEC（東アジア経済グループ／東アジア経済協議体）構想に現れている。「東アジア」は、「北東アジア」と「東南アジア」を包含した地域概念で、当時、保護主義的傾向を示していたアメリカに対する報復的要素を含んでいた（寺田 2013, p.108）。「東アジア」地域主義は、1993年の世界銀行報告書『東アジアの奇跡』で賞賛されたNIEsやASEAN先発国の経済成長実績を梃子にして、「東アジア」諸国で一体化を醸成する志向性を持っており、そこには「アジア的価値」や「アジア的人権」を声高に主張することも含まれていた（大庭 2014, p.118）。

「東アジア」地域概念が有効性を持ち得たのは、1997年アジア金融危機後に進展した金融・通貨協力がきっかけであった。アジア金融危機に際して日本が設立に動いた「アジア通貨基金」（AMF）はアメリカの反対で頓挫したが（Lee 2008）、ASEANプラス3（日中韓）が合意したチェンマイ・イニシアティブを通じた通貨・金融協力は、「東アジア」地域における協力を実質化し、「東アジア」地域概念の定着に貢献したと言える（寺田 2013, p.124）。

ASEANを中心とする地域協力の枠組みとして出発した「東アジア」パラダイムは、ASEANプラス3にオーストラリア、ニュージーランド、インドを加えた東アジア首脳会議の開催へと拡大され、2011年以降はアメリカとロシアも加わることとなった。このように「東アジア」パラダイムは、東南アジア諸国連合（ASEAN）を中心にそこから派生する地域的制度に重きをおく「（拡大）東アジア」パラダイムへと広がりを見せ、重層的な地域秩序を形成している（寺田 2013）。

（4） 中国の台頭と「インド太平洋」地域概念の登場

2000年代に入り新興国としての存在感を著しく高め、2010年には世界第2位の経済規模をもつに至った中国の台頭に対応するようなかたちで、2011

年頃からアメリカを中心に「インド太平洋」なる地域概念が登場している。太平洋からインド洋まで包摂するこの地域概念は、東シナ海・南シナ海の海洋安全保障、広範囲の自由貿易圏、自由と民主主義の価値観の共有、インドを含む大国間政治の動向を包括的に視野に入れている。オバマ政権が「アジアへの回帰」を唱え、「アジア太平洋地域へのリバランスの必要性」を説いたように、アメリカは軍事戦略上の軸足をアジアにシフトし始めている。

しかし、米国国防総合大学のフィリップ・ソーンダースによれば、リバランスという用語は、「勢力均衡（バランス・オブ・パワー）」に由来するものではなく、財政的ポートフォリオで投資効率を高める目的で使われる資産管理の「リバランス」に相当する意味で用いられており、中国や他の諸国との均衡を想定したものではないという（Sanders 2013）。とはいえ、リバランスに伴いアメリカが主導する軍事安全保障同盟のネットワーク化の強化、自由貿易・投資の拡大（環太平洋経済連携協定：TPP）、自由・民主主義・人権の促進などが進められており、「インド太平洋」という地域概念は、「アジア太平洋」パラダイムの延長線上にあると考えてよいだろう。

4　新興大国の国際的地位とパワー変動期の国際秩序

（1）　国際政治における地位（status）の問題

2000年代に入り、中国を筆頭にロシア、インド、ブラジル、トルコなどの「新興市場」（emerging markets）が国際経済分野および国際安全保障分野において存在感を増している。台頭するこれらの新興国の存在により、国際秩序はどのように変化するのかという問題関心が国際政治・国際関係の研究者や実務者のあいだで共有されている。国家が国際関係においてどのような地位（status）を占めるのか、また国際政治場裏における地位の向上が、その国の対外行動や国際秩序の動向にどのような影響をおよぼすのか、という論点は、国際政治学における古典的な現実主義者の中心的な課題であり、おもに大国（great power）や超大国（super power）、地域大国（regional power）への関心が払われてきた（Gilpin 1981, Morgenthau 1985, Buzan 2004）。

　国際政治学では、このように、卓越した軍事的能力や経済的繁栄を備えた国家を（超）大国や覇権国（hegemon）、あるいは極（polar）と呼び、勢力均衡論、覇権安定論、パワー・トランジション論などの理論を構築してきた。他方、冷戦終結に直面した1990年代初頭には、こうした現実主義的国際政治理論に対して大国中心主義との批判が寄せられ、ミドル・パワー論やシビリアン・パワー論などが盛んに論じられた（添谷2005, Maull 1990/91,「21世紀日本の構想」懇談会2000, Telo 2006）。

　たとえば、シビリアン・パワー（civilian power）という議論が登場した際、シビリアン・パワーとは国際関係において民生化（civilizing）を推進する国家とされ、軍事的な強制力に基づく支配から社会的に受容された規範や正統性を基盤とする統治への転換を目指す存在と位置づけられた。ハーニッシュとマウルは、シビリアン・パワーとは役割の概念であるといい、第1に国際関係を民生化する意欲と能力を持つこと、第2に集団安全保障を推進する超国家的制度への主権の委譲を視野に入れ、単独主義的行動に異議を唱えること、第3に民生化した国際秩序の実現を目指すこと、という3つの本質的な規範をもつとした（Harnisch and Maull 2011, p.4）。1990年代初頭に、冷戦後の新国際秩序の中でドイツと日本が追求する国家モデルを提示したのがこのシビリアン・パワー論だった。2000年代には、欧州連合（the European Union）の外交様態をめぐる論争のなかでも、シビリアン・パワー論は言及されている（Telo 2006）。

　こうしてみると、国際政治・国際関係において国家はいかなる地位を占め、どのような特徴や性格を帯びるのかという論点が、国家アイデンティティと対外政策の強い関連性への関心を呼び起こしてきたことが分かる。

　T.V. ポール（T.V. Paul）らは、国際政治における地位は、集団的な信条（collective beliefs）を反映した、主観的（subjective）で、相対的（relative）なものであるという（Paul et al. 2014, pp.8-9）。すなわち、国家

が国際政治に占めるある一定の地位は、他国との社会的関係のなかで承認されたものであり、主観的な相互認識によって構築された相対的な立場ともいうべきものである。したがって、経済的発展による経済的資源を軍事力強化に転化させ急速に台頭する新興大国は、国力の向上に伴い国際政治上の地位もそれ相応のものへと変化することが予測できる。しかしながら、国際政治における地位の確立には、大国意識という自己規定のみならず、他国からの承認や相互認識の構築という過程を経なければならず、その過渡期には地位をめぐる認識のギャップが生じ、そのギャップが国家間関係にも影を落とすことになる。

（２）　グローバル・アクター

　本章は、グローバル・アクターとは、さしあたって、「物質的あるいは非物質的パワーの源泉増大に伴い、その対外政策が国際政治経済における特定分野で国際的なプレゼンスを有する国家」と定義する。他方、国際安全保障・地域紛争から地球規模の人類的課題への対処に至るまで、関与／不関与・作為／不作為が国際秩序の動向を左右しうるグローバル・パワーと区別する。つまり、グローバル・パワーは、軍事力をはじめとしてあらゆる影響力の源泉を駆使して、国際秩序のあり方そのものを左右する存在であるが、グローバル・アクターは、ある制度の枠組みの中で優勢な地位を築き、自国に有利なように制度を設計したり、既存制度の軌道修正をねらったりするという違いがある。

　本章で中国をグローバル・アクターと位置づけるには次の理由がある。まず、中国の軍事能力は経済成長に伴い向上しているが、軍事的な戦力投射能力はアジア地域に限定されている。アジア域外の中国の軍事的な海外拠点は、2015 年末に東アフリカ地域のジブチに国連の海賊取り締まり活動に従事する中国海軍の補給拠点として設置を発表したものが最初である（New York Times 2015）。また、南シナ海・東シナ海を中心に展開されている物質的なパワーの源泉に依拠した地政学的対外政策・海洋進出は、次節で示すように、

周辺諸国とのユニラテラル、バイラテラルな関係で効果を発揮するにとどまる。もちろん、これを中国版モンロー・ドクトリンとみなし警戒する議論もある（Holmes 2012）。しかし、ユニラテラルおよびバイラテラルな地政学的対外政策は、その時点での物質的パワーの相対関係・非対称性に依存するのであり、急激な国力上昇期には影響力行使・国益実現に効果があるが、オーバーストレッチに陥るといずれ限界に直面することはソ連やアメリカの過去の過剰な対外関与の結末が示す通りである。

（3）　単独主義、二国間主義、多国間主義

　いうまでもなく、単独主義は、国際的な課題に対応に迫られた国家が、自国の政策や立場を優先して単独で行動する外交様態を指し、多国間主義とは対極にあるだけでなく、そこから離脱する傾向をみせるものである。ブッシュJrアメリカ大統領の時期のアメリカ外交が、対イラク戦争の遂行や気候変動枠組条約における京都議定書離脱などをもってして、単独主義の典型であると見なされたことが想起されるだろう。二国間主義は、国家が国際的な課題に対応する際に、同盟国など特定の国との外交関係を重視するものである。

　これに対して、多国間主義は、ジョン・G・ラギーによれば、「行動の一般化された原則に基づいて、3カ国以上の国家間の関係を調整する制度的形態」である（Ruggie 1993）。すなわち、多国間主義が重視するのは、3カ国以上の国が、共通の政策課題に直面するという場合に、それぞれの国が共通の（あるいは一般化された）理念や規範、ルールに基づいて共同行動をとってその政策課題に対処する協調行動である。さらに重要なのは、この3カ国以上の協調行動が国際的あるいは地域的な制度によって促されるという点である。多国間主義が重視する行動原則・規則・協議の場・手続きなどを備えているのが国際的・地域的制度であり、各国はその制度的枠組みの中で協調行動をとることが促されるのである。そしてその枠組みの強制力・拘束力は、法的に強化されたハードなものから、暗黙の慣行に留まるソフトなものまで

幅広く、多様な制度の存在がある。

　多国間主義が重視する制度的枠組みに基づく協調行動には、国益の不可分性と拡散的相互主義の2点が不可欠な要素とされる。つまり、各国の国益が、個別的な追求では実現できないほどに分ちがたく結びついており、国益を獲得・実現するには共同行動を通じた互恵的関係を拡大していくことが中長期的に求められるというのである（大矢根 2009, pp.17-18）。

　単独主義的外交や二国間主義的外交は、その時点での物質的パワーの相対関係・（非）対称性に依存する。急激な国力上昇期には影響力行使・国益実現に効果があるが、いずれ限界を迎える場合がある。典型的なのは、オーバーストレッチであり、ベトナム戦争期のアメリカ、ソ連によるアフガニスタン侵攻など、大国の国力衰退の契機となる。

表　2000年代の中国外交における単独主義・二国間主義・多国間主義

	優勢	対等	劣勢
単独主義	南シナ海における「核心的利益」、海洋強国		
二国間主義	日本、韓国、北朝鮮、東南アジア	インド、ロシア　　　　　　　　　　アメリカ（米中戦略的互恵関係）	
多国間主義	G20、AIIB	EU、BRICS	IMF、WTO

筆者作成

（4）　グローバル・アクター中国とマルチラテラリズム

　本章がマルチラテラリズム（多国間主義）における外交実践を重視する理由は、多国間枠組における国際制度のなかで大国がどのように振る舞うかが、国際秩序の維持・継続・運営に影響が大きいとされてきたからである。国際政治学では、国際・地域制度の成立には大国による指導的役割が重視されてきた。ネオ・リアリズム（新現実主義）は、他国を圧倒する総合的国力を有する超大国が創りあげる多国間秩序に関心を払い、超大国が提供する多国間秩序だからこそフリーライダー（ただ乗り）や相対利得の問題があっても秩序が安定するとの論陣を張った。国際制度論者のアイケンベリーも、国

際制度を創設する覇権国自らが立憲主義的な制度による相互拘束のなかで力の行使を抑制し、秩序の長期的な継続を図ると指摘する（Ikenberry 2001）。

　ある特定の分野であれ、国際的課題に対応するにあたって、グローバル・アクターとしての中国は、どのように多国間枠組のなかで振る舞い、共同行動に基づく互恵関係の拡大による国益の獲得、国際制度内の地位確立、正統性の確保を実現するのだろうか。

5　中国のマルチラテラル（多国間主義的）外交における「学習」と「実践」

（1）　マルチラテラリズムへの接近：「学習」

　中国は、1990年代初頭までは、多国間枠組への参入に必ずしも積極的ではなかった。もちろん、国連安全保障理事会常任理事国ではあるものの、1990年代に入ってアジア地域で活発化した安全保障分野や経済・自由貿易分野での多国間枠組には消極的な姿勢であった。しかし、1990年代半ば以降、中国はその外交姿勢を転じ、ASEAN地域フォーラム（ARF）や上海協力機構（SCO）など、地域における協調的安全保障対話や信頼醸成メカニズムの枠組に参画するようになった。

　ジョンストンによれば、中国は、ARFやCSCAPに参加することを通じて、地域協力の慣行や多国間主義の理念を習熟・受容することにより多国間主義の「学習」を重ね、現実主義的国際政治観一辺倒ではなく、多国間主義的な外交を展開するに至ったという（Johnston 2008）。この背景には、この時期に中国が採用した「新しい安全保障観」、中国脅威論沈静化のねらいがあったとされる（浅野 2009）。

　しかし一方で、中国はARFを通じてASEAN諸国に対する影響力を強めるきっかけをつかみ、着実に中国―ASEAN関係を優位に構築するに至ったとする見解もある（Ba 2006, pp. 157-179）。つまり、中国の多国間主義外交は、リベラルな側面と実利的、現実主義的側面を融合させる「実践」へと展

開しているといえるのである。

　中国は、国際金融分野においても、近年の経済成長を背景に国際組織内部での発言力強化を望むようになった。世界銀行における加重議決権制度の投票権比率向上に加えて、国際通貨基金（IMF）の特別引出権（SDR）の構成通貨とその比重が、IMF理事会により2015年11月に見直され、2016年10月から中国人民元を5番目の自由利用通貨とすることが決定された。特別引出権（SDR）の構成通貨比重のうち、中国人民元（RMB）は10.92％を占め、アメリカ・ドル41.73％、ユーロ30.93％に次いで3番目に大きく、日本円の8.33％、イギリス・ポンド8.09％を上回っている。これらは、国際経済・金融分野での中国の地位向上を実質化させるうえでも重要であったといえる。

（2）　新国際組織の創設：「実践」と「学習」の新段階

　さらに中国は、世界的なプレゼンスの源泉としての経済力に依拠しながら、アジアインフラ投資銀行（AIIB）や新開発銀行（BRICS銀行）といった多国間金融組織創設に関わり、シルクロード基金と共に「一帯一路」構想の具体化に着手しつつある。この新国際金融組織を通じて中国は、世界銀行やアジア開発銀行など既存の国際組織を補完しつつ、アジア地域や途上国のインフラ開発に深く関与すると同時に、供給過剰や投資低迷といった国内的課題打開策としての効果を見込んでいるとされる。

　AIIBに2015年3月末の参加申請期限までに参加表明した創設メンバー国は57カ国、同年12月25日には17カ国が設立協定を批准し出資比率が50％を超えたためAIIBが正式に発足し、2016年1月16日に開業した。初代総裁にはJin Liqun、2月5日は5人の副総裁（イギリス、韓国、インド、ドイツ、インドネシアから1名ずつ）が任命された。また、ブラジル、ロシア、インド、南アフリカとともに、BRICS5カ国が拒否権なしの対等な議決権を保有する新開発銀行（BRICS銀行）を2015年6月に開業させ、上海に本部をおいた。

こうした国際経済分野における新しい国際組織の創設は、2008年のリーマン・ショック以後、国際金融・経済分野での存在感を増した中国の多国間枠組みにおける影響力行使拡大の新たな「実践」であり、1990年代からの多国間国際制度への参入経験が反映されている。

（３） 中国の多国間主義外交の評価

　中国は、1990年代半ば以降、アジア地域での多国間枠組への参画を皮切りに多国間主義の「学習」と「実践」を蓄積し、2010年代に新たな国際組織・制度を主導的に構築するに至った。中国の多国間枠組みにおける対外政策が、実質的な成果を上げるか否か評価するには時期尚早であるが、マルチテラリズムの観点にたって分析する必要があるだろう。多国間主義の要点は、制度的な枠組のなかでの互恵的関係性を構築し、共同行動により多国間枠組に参加する諸国にとって不可分な国益獲得を実現するというものである。中国が設立に深く関与したAIIBやBRICS銀行が、今後このようなマルチテラリズムの原則を実現できるかどうか、また、中国が国際制度の中で、自己抑制的な制度的拘束を受け入れていくのか、注視する必要がある。

5　おわりに：
　　対外政策における「学習」と「実践」

　本章は、グローバル・アクターとしての中国の多国間枠組みにおける対外政策をマルチテラリズムの観点から分析することを議論してきた。果たして、中国は今後、国際関係の特定分野において存在感をもつグローバル・アクターという地位から、さらに国際秩序そのものの方向性に影響を与えるグローバル・パワーになり得るのだろうか。

　AIIB、BRICS銀行、シルクロード基金、「一帯一路」構想が、それらに参加する国々と中国との間で、目的・方法・価値・利害など共有できるものを提供できるかどうか、さらに、マルチテラリズムの原則に基づいた共同行

動が実践できるかどうか、検証する必要がある。たとえば AIIB の参加国のあいだで利益の配分に賛同が得られるのかどうか（結果の論理への支持）、運営方法への支持を得るために正統性をどのように調達するのか（適切さの論理への支持）などを議論する必要があるだろう。

また、本報告では十分に検討できなかったが、ここまで述べてきた対外政策の「学習」と「実践」を理論的に整合性のある形で分析の俎上にのせるためにも、国際実践理論（international practice theory）の精緻化を試みる必要があると考える（Adler and Pouliot 2011）。今後の課題としたい。

いまや米国に次ぐ大国の地位を占めつつある中国の目指す地域的な国際秩序構想は、先述の地域主義パラダイムとどのような関係にあるのだろうか。2010 年代に入り、中国は、多国間枠組みの創設や発展を通じて独自の秩序形成を目指している。西欧諸国も参加するアジアインフラ投資銀行（AIIB）、シルクロード基金、新開発銀行（BRICS 銀行）、上海協力機構、アジア相互協力信頼醸成措置会議（CICA）などがその代表例である。中国が主導し積極的に関与するこれらの安全保障および経済協力の枠組みは、新しい地域秩序のパラダイム構築とみなすことができるだろうか。

米中関係を今後どのように構築するかが焦点となっており、競合が対立へとエスカレートするのを注意深く回避しながら共存できるような信頼醸成を築き上げることが必要である。アメリカ、日本が進める「インド太平洋秩序」は、東シナ海や南シナ海などの海洋安全保障分野における中国の核心的利益と折り合いをつけるためにはどのようなメカニズムが必要だろうか。習近平主席は、CICA において、「アジアの安全は、アジアの人民の手で守るべきである」という趣旨の「アジアの安全保障観」を披露している。これはアジアに軸足を置くアメリカの安全保障戦略への牽制以上の意味をもつのだろうか。

経済分野では、中国は、2014 年の APEC でアジア太平洋自由貿易圏（FTAAP）に向けた北京ロードマップの作成を主導したが、今後 TPP や東アジア地域包括的経済連携（RCEP）との駆け引きが激しさをますだろう。

アジア・インフラ銀行やシルクロード基金の構想を含めて「一帯一路」は中国版マーシャル・プランとも言われているが、マーシャル・プランが果たしたような国際公共財的機能を持ちうるのか、中国にとって過剰な負担とならないのか、見極める必要があるだろう。

　日本は、第二次安倍政権発足後、軍事安全保障上の対米関係を一層強化し、防衛協力関係もオーストラリア、インド、ASEAN 諸国との間で連携を強めている一方、TPP 成立の見通しが不透明となるなど、「アジア太平洋」（もしくは「インド太平洋」）パラダイムに過度に依存することが外交上の選択肢を狭めている可能性がある。中国との関係改善を進めるのであれば、「拡大東アジア」パラダイムのなかでの、非伝統的安全保障分野・環境分野・金融・経済分野での協力を進める必要があるだろう。

参考文献

浅野亮「中国の多国間主義：現実主義的リベラリズム？」大矢根聡編『東アジアの国際関係——多国間主義の地平』有信堂。

大庭三枝（2014）『重層的地域としてのアジア—対立と共存の構図』有斐閣。

——（2010）「アジア太平洋地域主義の特質」渡邉昭夫編『アジア太平洋と新しい地域主義の展開』千倉書房。

大矢根聡（2009）「序章　アジア地域協力の転回——多国間主義の視点による分析へ」『東アジアの国際関係——多国間主義の地平』有信堂。

神谷万丈（2013）「東アジア地域秩序の動向—リアリズムの立場から」日本国際問題研究所編『国際問題』No. 623（2013 年 7・8 月合併号　電子版）。

添谷芳秀（2005）『日本の「ミドルパワー」外交——戦後日本の選択と構想』筑摩書房。

寺田貴（2013）『東アジアとアジア太平洋—競合する地域統合』東京大学出版会。

「21 世紀日本の構想」懇談会（2000）『日本のフロンティアは日本の中にある——自立と協治で築く新世紀——』「21 世紀日本の構想」懇談会報告書。

日本国際問題研究所（2014）『「インド太平洋時代」の日本外交—Secondary Powers / Swing States への対応—』（平成 25 年度外務省外交・安全保障調査研究事業（総合事業）報告書）。

渡邉昭夫編（2010）『アジア太平洋と新しい地域主義の展開』千倉書房。

Adler, Emanuel and Vincent Pouliot eds.(2011) *International Practices* (Cambridge University Press)

Allison, Graham (2017) *Destined for War: Can America and China Escape Thucydides's Trap?* (Houghton Mifflin Harcourt)

Ba, Alice (2006) "Who's Socializing Whom? Complex Engagement in Sino-ASEAN Relations," *Pacific Review* 19:2.

Buzan, Barry (2004) *The United States and Great Powers: World Politics in the Twenty-First Century* (Cambridge: Polity Press).

Canadian Broadcasting Corporation (2014) "The 1914 debate: Is Europe's past really Asia's future? The Japan-China provocations show no sign of letting up." (February 8, 2014) http://www.cbc.ca/news/world/the-1914-debate-is-europe-s-past-really-asia-s-future-1.2527625 (Accessed March 3, 2016).

Friedberg, Aaron L. (2011) *A Contest for Supremacy: China, America and the Struggle for Mastery in Asia* (W. W. Norton).

Gilpin, Robert (1981) *War and Change in World Politics* (Cambridge: Cambridge University Press).

Harnisch, Sebastian and Hanns W. Maull (2011) *Germany as a Civilian Power? The Foreign Policy of the Berlin Republic* (Manchester (Manchester University Press).

Holmes, James R. (2012) "China's Monroe Doctrine," *The Diplomat*, June 22. Available at http://thediplomat.com/2012/06/chinas-monroe-doctrine/. (Accessed March 3, 2016).

Ikenberry, G. John (2001) *After Victory: Institutions, Strategic Restraint, and the Rebuilding of Order After Major Wars* (Princeton, NJ: Princeton University Press).

Johnston, Alastair I. (2003) "Is China a Status Quo Power?" *International Security*, Vol. 27, No. 4.

―― (2008) *Social States: China in International Institutions, 1980-2000* (Princeton, NJ: Princeton University Press).

Lee, Yong Wook (2008) *The Japanese Challenge to the American Neoliberal World Order: Identity, Meaning, and Foreign Policy.* (Stanford University Press).

Maull, Hanns W. (1990/91) "Germany and Japan: The New Civilian Powers," *Foreign Affairs*, Vol.69, No.5.

Morgenthau, Hans J. (1985) *Politics Among Nations: The Struggle for Power and Peace*, Six edn. (New York: Alfred A. Knopf).

New York Times (2015) "China Retools Its Military With a First Overseas Outpost in Djibouti," November 26.
Available at http://www.nytimes.com/2015/11/27/world/asia/china-military-presence-djibouti-africa.html?_r=0 (Accessed March 3, 2016).

Paul, T.V., Deborah Welch Larson, and William C. Wohlforth eds. (2014) *Status in World Politics* (Cambridge: Cambridge University Press).

Ruggie, John Gerald. ed. (1993) *Multilateralism Matters: The Theory and Praxis of an Institutional Forum* (New York: Columbia University Press).

Saunders, Philip C. (2013) "The Rebalance to Asia: US-China relations and Regional Security," *Strategic Forum* 281.

Telo, Mario (2006) *Europe: A Civilian Power? European Union, Global Governance, World Order* (Palgrave Macmillan).

＊本研究は、平成28年度島根県立大学学術教育研究特別助成金（個人研究分）「国際秩序をめぐるグローバル・アクター中国の単独主義・二国間主義・多国間主義―中国外交の国際実践理論分析―」の研究成果の一部である。

第 2 部　中国外交の国内政治社会基盤とガバナンス

第5章　現代中国外交における国内政治の根源

雷　少　華

はじめに

　利益を核心とする実用主義の原則を堅持し、他国内政に干渉せず、中国の国家利益と無関係の国際道義責任への関与、あるいは引き受けるのを避けることが中国外交の基本原則である。現代中国外交は一貫して、いかに政権党としての中国共産党の権力基盤を揺るぎなくするかに尽きる。過度の国際道義責任と過度の国内道義責任を負うことを避けるのは、中国外交と中国政治の特殊な関係を構成している。現代中国外交は一つの受動的なプロセスであり、国内政治は中国外交を推し進めるか、あるいは牽制しているのである。現代中国は決して完全な国際戦略を形成しているわけではない。中国もグローバル大国としての責任を負う準備ができているわけではないのである。

1　中国社会構造の変遷

　中国社会構造の変遷は、国家と社会の関係に変革をもたらしただけでなく、さらに国家と社会それぞれの内部の関係——とくに中央と地方の関係、国家と社会の関係——にも重大な変化をもたらすこととなった。そしてこの種の変化の根源は、中国経済模式の変遷が引き起こしたものなのである。

（1）　経済高速発展の中国モデル：「中国共産党による一元化領導＋市場経済」

　中国外交を理解するためには、まず中国国内政治から手を付けなければな

らない。1978年の改革開放以来、中国は徐々に計画経済から市場経済へと転換した。中国経済改革は決して順風満帆ではなかったが、その成果は世界の注目を集めた。特に中国がWTOに加盟し、正式に世界貿易システムの一部となった後、中国のグローバル化のプロセスはいっそう加速し、2011年に中国のGDP総量は日本を超え、世界第二位の経済体となった。中国経済改革の成功は中国モデルの議論を巻き起こした。本章では、中国改革開放の巨大な成功の核心的な源は「中国共産党による一元化領導＋市場経済」といったモデルにあると考える。中国改革の成功は二つの面にわけられる。一つには経済の高速発展、もう一つは社会の安定の維持である。社会の安定が経済発展に保障を提供し、経済発展もまた社会に安定をもたらしている。

　中国共産党の一元化領導は改革開始から40年にわたって、社会の安定を保障してきた政治的基礎である。天安門事件とソ連・東欧諸国の集団的崩壊の教訓を総括する中で、中国指導者は、中共一元化領導は中国の政治的安定を保障する核心であり、高効率の政策決定メカニズムや、強力な行政執行能力と厳密な社会管理機能は中国をいっそう改革へと推し進める基礎であることをますます認識するようになった。そこから政治上の一元化と経済上の市場化といった、独特の中国模式が形成された。

　江沢民時代から、中国共産党は徐々に党の絶対的領導権威を強化し、党の「核心」としての地位を強調しはじめ、80年代の「党政分離」政治改革の試みを漸次終結させていった。1989年の後、さらに明確に「党の総書記、国家主席と軍事委員会主席」の三位一体の権力構成を確立し、文革後の中央分権の改革の試みを改変し、再び全国で党の権威と地位と党委員会領導の伝統を回復させた。この趨勢は徐々に増強され今日に至り、党の絶対的領導権威の地位をさらに強化している。

　このような政治模式のもとで、中国経済改革は安定した政治環境を獲得し、鄧小平の「論争しない（不争論）」の思想指導のもと、中国は上から下まで整然と経済改革を推し進めたのである。1990年代初頭、中国は価格改革を完成させ、全面的市場経済改革のため肝心の基礎を固めた。その後の分

税制改革は、中央と地方の関係を徹底的に改変した。中央はそこから地方財政に頼ることに別れを告げ、安定独立した財政収入源を確保できるようになり、中央が政治経済上における絶対の領導地位を一段と固めた[1]。1990年代末、中国は広い範囲において企業労働者が失業していた中で、国有企業の改革、再編合併の歴史的責任を完成させた。党の一元化領導と社会に対する効果的なコントロールにより、大規模な失業でも全国的な社会危機と無秩序の出現を引き起こすことはなかった[2]。

21世紀初頭、都市部では国有企業改革が完成され、農村の郷鎮企業も閉鎖、生産・営業の停止、合併・転業・移転（「関停并転」）が実施され、市場経済に適応する郷鎮企業は一層発展し、市場経済に適応できない企業は自然消滅した[3]。2003年、中国政府は正式に農村内における農業税の撤廃を宣言した。段階的に農民合作医療と社会保障システムを構築し、農村の全面的安定を築くための基礎を作り、巨大な農村労働力を解放した。WTO加盟後、中国は農村労働力の優勢を活かしてグローバル化分業システムと貿易システムに融け込むスピードを早めた。比較優位によって、中国のGDPは10年連続で8％成長を維持し、短期間にしてアメリカの最大の債権国と外貨準備高第一位の国家となった。このような政治一元化と経済市場化という矛盾したようにみえる組み合わせは、かえって中国経済改革の巨大な成功の標識となり、中国模式の特徴ともなっている。

（2）　中央と地方関係の変革：事実上の連邦構造と地方「政治選手権大会」

1994年に始まった分税制改革は、中央と地方の関係を根本的に変えた。中国の財政税収システムは、中央と地方の関係を決定しているのである。分税制改革前、中国は幾度もの税収改革を経験していたが、一貫して中央財政は地方財政に頼っていた。請負制はもちろん、代理受取制であっても、中央と地方は毎年割り当ての比率について駆け引きしなければならず、中央は財政と税務の体制において劣勢の地位に置かれていた。改革開放後、沿海発達地域の地方財政が迅速に増大し、しかし中央財政は年を追って回らなくな

り、「頭が小さく、足が大きい」という不均衡な構造が形成された。最も困難な時期において、中央財政は基本的な軍事費の支出を負う力もなく、軍隊が商売を営むことを通して自活するのを黙認するしか無かった[4]。

中国共産党第13回代表大会三中全会は、分税制を改革の目標として確立し、1990年から1993年の価格改革の成功後、1994年に正式に分税制改革を始めた。中央と地方との根気強い交渉の末、改革は全国にわたって全面展開された。中国の歴史上、初めて中央が独立した税収システムを実現し、そこから中央財政は安定した収入源を得た。さらに、中央は地方との関係の中で主導的な地位を占めるようになり、発達地域は財政と税務の代収を通して中央を制約することができなくなった一方、中央は財政転移支払いを利用して発展途上地域に影響をおよぼすことが可能となった。

分税制改革がいっそう中央の絶対権威の地位を強化した。分税制を通じて中央と地方の関係に巨大な変化が発生した。中央が絶対権威の地位にあることによって、そこから権力の下放改革が進められた。権力委譲（decentralization）の本質は「職権を下に委譲、財政権を下から取り上げる」ことである[5]。このような状況下において、地方政府が負担する改革と経済発展の責任はますます大きくなり、それに対して中央政府は全面的なマクロコントロール能力を発揮する。中国では中央と地方の関係は「事実上の連邦制」（de facto federalism）なのである[6]。地方政府は地方の政治、経済、社会の発展を管理する重責を負うだけでなく、中央のマクロ経済改革がもたらすマイナス面の反応を受け持つ「スケープゴート」とならざるをえず、中央政府を社会抗議活動の渦中から遠ざけさせ、中央政府が社会抗議活動の主要目標にはならないようにする役割を果たさなければならなくなった。例えば、1998年に東北で生じた企業の破産に伴った労働者の失業が大規模抗議活動を引き起こした。その標的は一貫して地方政府であり、中央政府は社会抗議活動の中心から遠く離れているだけでなく、ひいては同情する役割を担った。そのことは共産党領導の合法性をより強固にした[7]。「事実上の連邦制」は中央政府にマクロコントロールと全面的な外交活動の展開に

力を集中させることができた。中国のグローバル化への素早い融け込みと中国の中央地方関係の変革とは同時に進行されたものである。

　一方で、中央政府は人事任命権を地方から全面的に取りあげ、「党が幹部を管理する」（党管幹部）の人事原則を強化した。中共中央組織部は人事任命権を県レベルまでに拡大した。それによって全面的な幹部任用、抜擢、交代の人事システムを実現させた。これは総合的な人事評価システムであり、地方幹部の昇進はその業績次第で決まる。つまりはGDP成長決定論である。各地の官僚は昇進のため、あらゆる方法を考え尽くし、経済発展を維持しないわけにはいかないのである。「GDP高速成長、企業誘致と資金導入（招商引資）」は地方官僚の昇進の主要なルートとなった。各地の官僚は競技場におけるアスリートと同じように、全国で「政治選手権大会」が形成された。これが中国社会の経済活力の原動力となった[8]。同時に中国地方政府が国際経済貿易一体化のプロセスに自発的に参加することをも促し、省から県に至るまでの中国の地方政府は、全世界から企業誘致と資金導入を行い、あるいは対外経済進出の方式を採用した。中国の対外業務は全天候型、全方位型であり、これは世界の他の国家には無い一種の経済発展を動力とする国際経済外交活動である。中央と地方の関係に巨大な変化が生じ、中央は地方政府をコントロールする力を持つことができており、外交分野では、中央は安心して大胆に地方政府や企業と個人に海外への経済進出を促し、中国外交の実施者の一員に仕立てあげているのである。

　そして中央政府のレベルでは、異なる部門において異なる外交的役割を担っている。本質的には、中国発展と改革委員会、商務部、国防部、果ては教育部、対外漢語事務所に至るまで、外交部よりもさらに具体的な実際の外交の仕事を受け持っている。こうした他の国家と異なる中国の外交方式をもたらしたのも中国国内の政治構造である。そのため、中国外交は多層構造であり、様々な利益が相互に入り混じって、政治、経済、文化等の多元化要素を含み、かつ中央、地方、民間等多岐に分かれたという総合的外交ルートとモデルを形成しているのである。

（3） 国家と社会関係の変革：単位体制崩壊と原子化社会

　中国経済改革は国家と社会の関係を大きく改変させた。それは主に都市部での単位体制、農村の集団制の全面崩壊に現れている。毛沢東時代の中国は、社会は国家により完全にコントロールされており、構造上における国家と社会のはっきりとした境界線を探すことは難しかった。この時期において、中国は高度な中央集権制と単一性国家権力構造であり、中央政府はしっかりと国家のすべての資源をコントロールしており、地方政府は自らの地域の利益を追求することは難しかった。国家と国家権力実施者は事実上「依頼‐代理」（principal-agent）構造を形成していた。この構造内において、国家とは権力の掌握者（power-holder）である。都市において、代理者（agent）は「単位」であり、農村では代理者とは郷政府およびそれ以下の集団（集体）組織である。都市部の「単位」と農村での「集体」は国家と社会の最重要の結合部である。国家とはまさにこれらの代理者を通じてしっかりと社会をコントロールしていたのである。

　こうした構造の中において、権力掌握者たる国家およびその「単位」は「一蓮托生」の共生関係にある。国家は「単位」を通して社会をコントロールする権力を実行するだけでなく、さらに重要なのは、単位を通じて社会に資源を配分することであり、単位は重要な資源分配の役割を担っているのである。都市において、単位は従業員に仕事の場所を与えるだけでなく、終身福利厚生をも提供するのである[9]。国家の公共福利は単位体制を通じて実行と分配を行っている。農村において、集団経済は基本的物質と福利保証を提供した。国家は単位体制と集団経済および戸籍制度を通じて、個人と家庭をしっかりと限定された区域において管理することとなった。たしかに個人の自由が制限され、物質生活の水準は低いが、しかし単位と集団は国家の代わりとして基本的な公共福利および公共安全の役割を果たした。そのため、個人の帰属意識が強い。住居、医療、子供の教育等の後顧の憂いを心配する必要はなく、個人と家庭は単位と集団に強くアイデンティファイされていたの

である。

　改革開放政策実施後、中国の国家と社会関係には根本的な変革が発生した。農村においては、世帯生産請負責任制が実施されるとともに、中国農村集団所有制は解体され始め、やがて崩壊に至った。都市においては、計画経済が次第に市場経済体制に取って代わられるに伴い、「単位」体制も徐々に崩壊し、中国の国家と社会関係は構造上において重大な変化が起こった。国家と社会の結合部にある「単位」と「集団」の瓦解後、個人と国家の間の緩衝地帯は消失し、国家と社会の関係は以前のような「国家 - 単位／集団 - 個人」から「国家 - 個人」の関係に変わったのである。

　単位と集団組織の崩壊により、中国社会は国家と社会の間の橋渡しをする組織構造を失った。国家が社会をコントロールする能力と手段は弱体化の傾向にあり、社会には次第に大きな自由空間が出来ていった。それに伴い、もともと単位と集団体制がもっていた国家の代わりに公共福利を実施するという機能も瓦解したが、しかし新公共福利体制がまだ構築されていない。「社会コントロールと公共福利」の同時瓦解がもたらしたのは、社会の巨大なエネルギーを一度に放出しながらも、個人は決して新たな社会自治機構によって組織されてはおらず、国家と社会の間に中層組織が欠如し、それにより国家が赤裸々に個人の前へとさらけ出された、という結果だった。個人もまた、元あった単位・集団体制を失ったことにより、「単位人」から「社会人」へと変化した。かつてはもとの単位によって管理と組織されていた「集体人」から原子化されたヒトへと変化した。このような国家と社会構造の変遷および個人の社会原子化の結果は、中国の外交に大きな影響を及ぼしたのである。

2　現代中国政治が直面している課題

　現代中国は国内と国際において二重の挑戦に直面している。そこには政治、経済、社会、伝統的安全保障と非伝統的安全保障などの領域が含まれて

（1） 政治：指導者の交代

　政治の領域において、指導者の入れ替わりは依然として中国政治の核心の問題の一つである。Susan Shirk は「1989年天安門事件」が中国共産党に残した教訓の一つは、党内上層部の不一致が大衆の前に曝露されるのを避けることであったと考えている[10]。江沢民時代から、中国は最高指導者の有限任期制が実現され、さらに指導者の入れ替わりも制度化された[11]。しかしながら 2012 年の「重慶事件」はある程度このような制度化される交代に挑戦したものであった[12]。この事件は中国共産党の党内推薦制（selectorate）が重大な挑戦を受けたといったように考えられている。さらに、その後の一連の党内上層部の不祥事および腐敗という大義名分の下で行われた前共産党高級官僚に対する司法裁判は、事実上、1989 年以降、二十数年の長きにわたって堅持されてきた党内における高度な団結といった局面を打ち破り、上層部の矛盾が大衆の面前にて公開されることとなった。

　戦争年代に形成された「魅力型リーダー」の不在に伴い、党内推薦制度から生じた「法理型」指導者は、その個人権威は党内における異なる派閥、軍隊、行政組織、果ては地方指導者からきわめて大きく牽制、制約される。これは中国共産党の独特の党内チェック・アンド・バランスメカニズムである。中国共産党の歴史発展のロジックによると、どの最高指導者が就任したとしても、もっとも重要な仕事は自己の領導権威を強化することであり、さらには中国共産党の領導核心地位を強固なものにすることになるのである。これが最高指導者になった者の、一つ目の任期における最重要課題の要である。

　2016 年 11 月に開催された中国共産党第十八期六中全会では、「習近平同志を核心とする党中央」が提起された。江沢民元総書記の後に「核心」という表現が再び提起されたのである。中共中央宣伝部副部長の黄明坤は記者質問に回答した際に以下のように指摘した。「一つの国家、一つの政党、領導核心が極めて重要である。これは我々の党の貴重な経験であり、我々の党が

一貫して強固で力強いマルクス主義政党であることを保証し、一貫して中国の特色ある社会主義の偉大な事業の強固な領導の力量のため、必ずや一つの核心がなくてはならない……習近平総書記の核心の地位を明確にするのは、我々の党と国家の根本利益であり、党の領導を堅持、強化する基本的保証であり、これは新たな歴史的特徴をもつ偉大な闘争を敢行し、中国の特色ある社会主義の偉大な事業を堅持と発展させる上で差し迫った必要なものである[13]。」

　中国は現在、全国で全面的な反腐敗キャンペーンを行っている。反腐敗は必然的に多くの個人または部門の利益に影響を与え、各方面からの抵抗も大きい。2013年以来、全国で101万人を超える党員が処分された[14]。そのため、多くの学者は「習近平は彼の執政理念と構想を貫徹させるためには、強力な権威、権力資源の支えが必要である。さもなければ、彼は多くの良い考えや政策を推し進めることができない」と考えている[15]。中国共産党第十八期六中全会は今一度党の「核心」と「党内引き締め（「従厳治党」）」を明確にしたことは、四年ほど経て、新しい指導者は事実上個人および党の権威を強化したが、依然として多くの厳しい挑戦に直面しており、また、国内の各種の困難な改革への抵抗に対応するために、引き続き個人の権威を強化する必要がある。この特殊な時期において、抵抗を排除し反腐敗を推し進めることのできるより力のある指導者が求められており、そのため、一定程度の権力集中は必然的な要請なのである。

　外交面では、中国共産党指導者は国家利益をしっかりと守るという自己像を打ち立てなければならない。そのため、国家安全保障の面においては、必ず一種の強者のイメージとやり方が必要となる。趙鼎新氏は、中国共産党の合法性は政治的実績を基礎にしているものであり、そして、国家の実績の合法性は三つの尺度から図られると考えている。すなわち経済面でのパフォーマンス、道徳模範と国家防衛である[16]。中国共産党の共産主義イデオロギーは徐々に薄まっているなかで、腐敗により道徳模範という合法性が挑戦を受けるようになったあと、中国共産党の実績合法性には経済パフォーマンスと

国家防衛のみが残されたということになる。とくに国土や、国家の安全保障と関係する外交意思決定や、力強い外交姿勢は最も民衆の支持を得やすい方式である。これは、アメリカ、日本、韓国、ロシア、中国であろうとも、指導者すべてに通用する国家統治方式である。中国の特殊な指導者交代制度のもと、このような国家統治方式はさらに重要さを増し、さらに効果を増している。強力な外交イメージと権力の一時的集中は、中国最高指導者の権威を強化する核心的手段であり、客観的な政治環境の実際の要請でもある。

（2） 経済：経済成長の鈍化

　中国が目下、直面している最大の挑戦は経済成長の勢いの鈍化であり、具体的に言えば、国際貿易輸出の成長率の下降、国内大型プロジェクトへの投入の不足、膨大な不動産の在庫という圧力、都市化（城鎮化）という困難な課題、株式市場のストップ安、インフレのリスク、などの課題が併存しているという局面にある。このような挑戦の根源には国際と国内の二重の要因がある。そのため、国内生産能力の過剰を取り除き、安定した輸出増加を維持するために、経済領域において全方位経済外交を展開し、積極的に国際経済と国際貿易に参加することが目指された。「一帯一路」、「BRICS銀行」など、各種国際経済発展の提唱はまさにこのような背景のもと進められたものである。中国が日本とインドや東南アジア諸国において新幹線のプロジェクトで競争を行っているのも、このような国内政治要素による影響である。

　2016年12月の中共中央経済工作会議において、実体経済を振興させ、金融リスクに備えることを2017年の経済工作の重点にすることを明らかにした。経済成長の鈍化の持続は目下の中国経済に対して厳重な挑戦をもたらしている。国内経済鈍化と輸出を急ピッチに拡大する必要がある中で、新たに当選したアメリカ大統領ドナルド・トランプが今後貿易や、為替などの問題について中国に難題を突きつけるだろうと予測できよう。これは一定程度において中国の国際貿易に影響を与えることになる。今後数年のうち、米国とはこの領域において絶えず摩擦が続き、中国経済成長は相変わらず楽観出来

ず、国内圧力は引き続き増加することとなろう。

（3） 社会：原子化社会の利益多元化

　既述のように、中国単位体制の崩壊後、国家と社会の関係には天地がひっくり返るような変化が発生した。単位体制は個人が必要とする各種の福利を提供しただけでなく、同時に国家にとって代わって個人をコントロールする重要な組織でもあったのである。単位体制のもとでは、個人の利益は往々にして集団と、単位および国家利益とともにしばられていた。しかしながら単位体制の崩壊後、個人は原子化され、原子化の社会特徴のひとつは利益の多元化であり、ひいてはイデオロギーの多元化を導いたのである。個人はもはや単位の束縛を受けない。国家はまた、かつての単位と向き合い、単位を通し個人をコントロールするという構造から直接に社会と向き合うものになり、異なる利益を要求する個人に向き合うことになった。これが中国において個人と社会が外交に影響を及ぼす根本的原因である。

　単位体制の崩壊前、個人、社会イデオロギーの外交に対する影響はとるに足らないものであった。なぜなら単位は教育説得の仕事を請け負っていたからである。単位体制崩壊後、国家は突然原始化した個人と向き合うことになった。国家はかつて単位が請け負っていた教育、説得と政策の宣伝と説明の職責を担う方法はなかった。そのため、社会イデオロギーは多元化が生じ、民族主義的思潮が興りはじめた。中国は一定程度において観衆コスト（audience cost）の圧力は無いものの、最高指導者の権威と与党の合法性を強化するために、一定程度民意に順わない訳にはいかず、それゆえ中国外交はいくつかの面において、このような原子化社会がもたらした民意の圧力に制限を受けているのである。

　原始化した社会が中国政府にもたらしたもう一つの巨大な圧力は、現代社会ガバナンスという難題である。中国共産党は一つの革命党から政権党に転向した後、現代公共行政が直面する全ての問題に向き合わなければならなかった。特に中国社会は既に2.25億人が中産階級に足を踏み入れており、

中国政府に巨大な挑戦と圧力をもたらしている。中国改革の総設計師鄧小平は改革開放の当初「先に一部分を富ませる」戦略を提起した。鄧小平の真意は、「先に富んだ人は後の人に手本を示すことができ、最終的に一緒に豊かになるという目標を実現する」であった。しかしながら現実は、富んだ人はしっかりと現有財産とチャンスを維持し、さらには巨大なネットワークを形成し、事実上あとから富を求めようとする人々の上昇する道を塞いでいるのである。雑誌『エコノミスト』はこう指摘している。「（中国社会は）権力と利益との交換の中において、中産階級はその道がきわめて狭いことに気づかされたのである」[17]。

都市部における不動産価格の高止まり、非常に高価な医療と教育支出は給料の上昇とはほとんど比例しない。北京、上海、広州、深圳の不動産価格は給料を頼りに「自分の家を持つ」という若い世帯の夢をほぼ破滅させた。北京、上海と深圳に全国の資源が過度に集中され、一方で住居、教育、医療から来る圧力に押しつぶされて、新しい世代の大学生がもはやこれらの大都市では足を留めることは出来ない。これは新世代の大学卒業生が科学革新の予備的人材となることを制限している。中国社会は一定程度の階層の固定化があらわれ、中国伝統の「たとえ田舎者でも一夜にして官僚になりえる（朝為田舎郎、暮登天子堂）」という階層間流動メカニズムを打ち破り、「父親頼み（拼爹）」は「知識頼み（拼知識）」[18]に取って代り、ますます多くの若い人たちが一種の絶望的な状態に置かれているのである。

中国共産党の巨大な社会圧力とは、中産階級による生活の質に対する要求が外交政策への関心をはるかに上回っていることである。中産階級は空気の質や、コミュニティ（社区）サービスに関心を持ち、自らの財産が価値を保持できるか、などに危機感を抱いている。2016年5月、北京で発生した「雷洋事件」は、さらに都市の中産階級の敏感な神経を逆なでにした[19]。一部の政府内部の人を含めた中国のエリート層は、この事件によって政府に対して公開批判を行い、中産階級は自らの権益の保護に対し大きな懸念を抱くようになった。北京市公安局は空前の世論の圧力に直面した。また、この事件は

間接的に中国共産党の現代社会ガバナンス能力に対しても疑問と挑戦を提起したのである。

　中産階級の利益多元化の結果は、中国の外交決定に対して一定の影響を与えた。本質において、中産階級は一つの比較的利己的な集団であり、個人生活の質に対する関心は外交と国際問題への関心よりもはるかに高い。同じ外交争点の問題に対し、中産階級と下層の庶民の関心と態度は異なるのである。社会的価値観がひどく分断されている。「中国において、南シナ海問題が引き起こした愛国熱は、中産階級と下層の民衆との明らかに異なる価値観を導いた。草の根の民衆が声高に愛国を唱え、『一つも欠けてはいけない』という画像を転送するときに、中産階級、特に知識人階層からの嘲笑を受けた。彼らは文章を書くなどといった方式でそのような『愛国者』が『救いようのないバカ（脳残）』であると皮肉っている。同様に、彼らも草の根の民衆の包囲攻撃に遭い、『漢奸』と罵られるのである。我々がその中から見えたのは中国の異なるコミュニティの間における引き裂かれた価値観である」[20]。引き裂かれた社会価値観は中央政府の対外政策の制定に一定の影響を及ぼしたのである。

（4）　伝統的安全保障：周辺の安全保障環境の変革

　冷戦時代と比較して、中国の周辺安全保障環境は良い方向に大きく変化した。しかし依然として不確定要素が存在しており、とくに近年、日本政府が「普通の国家」の道のりを加速させ、安全保障の領域において中国に挑戦し続け、中日関係を行き詰まらせた。北朝鮮の核問題、南シナ海問題、台湾問題等、周辺領域の安全保障問題が入り混じり、中国周辺の安全保障に影響を及ぼしている。日本の一部の政治家が釣魚島等の問題で深刻な戦略的過ちを犯したために、両国の対立が公にされ、それは新世代の政府と最高指導者を妥協不可能な境地にまで追い込んでしまい、さらなる強硬姿勢と立場をとらざるを得ないことにさせたのである。

　筆者は、中日関係は中国の周辺安全保障の核心であり、中日は戦略的なレ

ベルにおいて友好を実現するべきだと考えている。しかし、一部の日本の政治家は中国政治に対する理解と判断が欠けており、戦略問題にて中日関係を行き詰まらせた状態に責任を負うべきである。また、北朝鮮の核問題により、韓国はTHAADミサイル防衛システムを配置し、大いに中国の対米戦略抑止力を削ぎ、長きにわたった良好な中韓関係を低迷させた。このような膠着しながら戦うことはないという局面がまさにアメリカの喜ぶところであり、逆に、中日関係、中韓関係に対して害をなすものである。

　中国は本質的に依然として地域の大国であり、グローバル大国ではない。中国と日本、韓国との関係は協力の方向へと向かうべきである。しかしながら、アメリカの「アジア回帰戦略」が、東アジアの均衡の局面を打ち壊し、中国政府が長期にわたり知恵を絞って維持してきた中日韓間の友好関係を行き詰まらせたのである。この頃の中国政府は、外部に対して「韜光養晦」外交戦略を改め気勢激しく迫るようになった、という印象を与えているが、一定程度において、それは中国自身の外交政策の改変によるものではなく、外部の安全保障環境の変化が中国の国家安全保障に重大な脅威をもたらし、中国政府はそのような局面への対応を強いられたからである。

（5）　非伝統的安全保障：国内テロリズムと民族関係

　中国社会が直面するもう一つの巨大な挑戦は国内におけるテロリズムの出現である。例えば2009年の新疆における「7・5」事件や、2013年「10・28」北京天安門広場暴力テロ事件、2014年「3・1」昆明鉄道駅暴力テロ事件、等の一連のテロ事件である。これは主に国際イスラム原理主義の影響を受けたもので、主な実行者は東トルキスタン独立運動に影響を受けた個人である。これらの国内暴力テロ事件は中央政府に対して新たな挑戦を形成させた。中国社会は空前の反テロリズム圧力に直面している。特に新疆の南疆において、反テロリズムの情勢は非常に厳しいものがある。そして中国内地もこのような情勢に一定の影響を受けている。国内テロリズムの萌芽はいくつかの面において一部民族関係に影響を与え、さらには中国の外交戦略と意思

決定に影響を及ぼした。特にアフガニスタン、中東問題において、中国は薄氷を踏むように慎重にならざるを得ない。

3　中国政治と中国外交

（1）　中国の外交理念：利益を核心とする実用主義

　以上の分析を通じて見てとれるのは、現在の中国は既に毛沢東時代のような外交がイデオロギーの影響を受けるという状況を捨て、利益を核心とする実用主義へと転換したことである。特に中国は最大限に中国の経済利益の拡大を追求している。経済発展は直接に与党の合法性と緊密に関連しているからである。国際経済貿易システムと規則を生かして、中国の経済発展を促進することは、利益を核心とする中国の実用主義外交理念である。

（2）　中国外交の核心：他国内政に干渉せず、中国国家利益と無関係の国際道義責任の負担や介入を避けること

　利益を核心とする実用主義の指導のもと、中国外交の行動の指針は他国の内政に不干渉であること、中国国家利益に無関係の国際道義主義の責任を負うことや、介入することを避けることである。中国はなるべく中東問題に陥ることを避け、イスラム国への攻撃に直接介入することを避け、国際反テロリズム問題においてリーダーを務めず、直接に巻き込まれることを避ける。ヨーロッパにおける難民といった中国国家利益とは全く関係のない問題については、有限の道義援助の方式を採るということである。これは一種の短期的な戦略であり、長い目で見ると、中国は大国の立場に応じた責任を負うべきである。王逸舟教授が提起する「創造的介入」は、実は戦略レベルにおいて中国の大国としての責任を提起しており、これは中国の未来の外交戦略に符合し適応しているのである[21]。事実からわかるように中国は一つの世界的な大国となるのにはまだほど遠く、未だ世界の発展のためにより多くの公共財を提供することはできない。中国はグローバル大国（global player）になる準備はまだ出来ていないのである。

（3） 中国外交における国内政治の原動力：政治、経済、社会の挑戦

　中国国内政治の分析から見てとれるのは、中国最高指導者および中国共産党が直面する最大の挑戦は国際からではなく、国内政治圧力から由来するということである。経済発展の利益（紅利）によって中国共産党の合法性を強化することは中国政府のもっとも重要な責任である。中国社会の中国政府に対する巨大な圧力は、本質的には経済成長と富の増加への渇望に由来する。このように、たくさんの国内問題に直面しているため、発展は依然として中国共産党執政の核心的目標なのである。中国は全ての外交は必ず、ゆるぎなく「経済発展」という核心を取り込まなければならない。経済利益は中国外交が追求する根本的な目標であり、持続した経済発展を維持することだけが、最大限に中国共産党執政の合法性を強化することを可能とするものである。

　実際に、筆者が長く仕事をするにあたって、各種政策研究や政策決定機構と少なからぬ交流があり、総じて感じたのは、当代の中国には首尾一貫した完全な国際政治と外交戦略が欠如し、常に受動的に各種国際政治と外交課題に対応している、ということである。「一帯一路」は中国が近年自ら提起した国際協力計画であるが、しかしながら具体的な着地にはまだ長い複雑で困難に満ちた努力が必要である。しかも「一帯一路」が提唱していることそのものは、やはり中国国内の経済発展の角度から出発しており、決して安全保障領域に触れているわけでもなく、「一帯一路」にかかわる周辺国家の軍事と安全保障に関連する公共財を負担する能力と意図も無いのである。

　中日、中米関係問題において、中国はこれまで自ら進んでまたは意図的に日本の国家安全保障やアメリカのグローバル戦略利益に公然と挑戦しようとする意思を持たない。反対に、中国はこのような脆弱な均衡関係を極力維持しようとしており、基本的には受動的にアメリカと日本の各種の挑戦に対応している。中国はやはり防御的な外交手段によって、国家安全保障を維持し最大限に共産党の執政の合法性と権威を守っており、攻撃的なリアリズムの戦略的意図と打算を全く実施していない。グローバル大国の象徴の一つはグ

ローバル公共財を提供できるだけでなく、同時に自らのグローバル利益の保護が出来ること、かつ、全世界において戦争遂行能力と攻撃能力を備えることである。厄介な国内問題と日増しに緊張を増す国家と社会関係に直面しながら、中国最高指導者および中国政府自身の課題の重心は依然として自身の権威と政権党の合法性を維持することであり、対外拡張など全く考える余裕はない。中国政府はこのような意思を持たないばかりか、このような能力も持ち得ないのである。いかなる対外政策に問題が生じる場合でも、共産党の合法性に大きな脅威を及ぼすだろう。「現状維持」は中国政府の地縁政治における根本原則である。この点について、アメリカと日本はともに一定の戦略的判断ミスを犯した。まさにSusan Shirkが考えるように、「中国は一つの脆弱な大国（China: Fragile Superpower）」なのである。

（4） 中国政治における「仁政」統治の伝統と中国外交

　中国には古来より「仁政」という統治の伝統がある。外交領域で体現されるのは、グローバル化の過程において中国は海外中国人の人身と財産の安全をいかに守るかという巨大な挑戦に直面するときである。2011年の「エジプト撤僑」（危険地域から華僑を退避させること）を皮切りに、中国は「リビア撤僑」、「イエメン撤僑」などのかつて経験したことのない仕事を何度も経験した。アメリカの有料方式と比べて、中国の「撤僑」は完全に無料であり、国家財政により負担している。これは中国の仁政統治という伝統理念に基づいているからである。先に述べたように、中国にはオーディエンスコストという選挙圧力はないが、しかし、中国には仁政統治の伝統があり、しかもこのような仁政統治の伝統は中国外交に新たな挑戦を提起している。それもまた、中国が「外洋海軍」の能力を発展させざるを得ないという国内政治からの要請である。それゆえ、中国には完全な「外洋海軍」戦略があるわけではなく、攻撃的な「外洋海軍」計画も無いのである。しかもこのような仁政統治の伝統の圧力を受動的に受けているため、依然として防御的な外交であり、攻撃的ではないのである。

4　結論

　以上のことをまとめると、我々が見てとれるのは、まず、現代中国外交は一貫していかに中国共産党の政権党としての権力基礎を固めることに重心を据えていることである。もしこの角度から中国外交を理解していけば、中国外交の国内原動力を探しあてることができることになり、中日関係の行き詰まり状態をほどく最終的な解決方法を見つけることも出来るだろう。

　次に、現代中国外交は一つの受動的なプロセスであり、国内政治が中国外交を推進、あるいは、逆に牽制している。中国外交は国内の諸々の利益集団の影響を受けざるを得ない。特に仁政の統治伝統は、必然的に中国政府に巨大な国内道義責任を背負わせているのである。

　第三に、現代中国はまだ完全な国際戦略を形成しておらず、また、グローバル大国としての責任を負う準備も出来ていない。中国は依然として国内政治に関心を寄せており、国際責任、とりわけ自己の利益と全く関係のない道義的国際責任を負う意思も能力もなく、ひいては攻撃的なリアリズム外交戦略を採ることも無いのである。

　したがって、「統治権威の維持、実際の経済利益を追求すること、受動的に外部の挑戦に対応すること」、この三つの中国国内の政治要因が中国外交を理解する上で重要な要素であり、中日関係の膠着状態を融解させるのに必要な戦略的根拠でもある。

注

1　周飛舟「分税制十年」『中国社会科学』、2006年第6期、114頁；Barry Naughton, *The Chinese Economy: Transitions and Growth*, Massachusetts: The MIT Press, 2007, p.108.
2　Elizabeth J. Perry and Mark Selden ed., *Chinese Society: Change, conflict and resistance*, London: Routledge, 2010, Introduction.

3　潘維『農民と市場：中国末端政権と郷鎮企業』、北京：商務印書館、2005 年、366 頁。
4　張震『張震回顧録』、北京：社会科学文献出版社、2006 年、410 頁。
5　Pierre Landry, *Decentralized Authoritarianism in China*, Cambridge: Cambridge University Press, 2008.
6　Zheng Yongnian: *De Facto Federalism In China: Reforms and Dynamics of Central-Local Relations*, World Scientific Publishing Co. Pte. Ltd., 2007.
7　Elizabeth J. Perry and Mark Selden ed., *Chinese Society: Change, Conflict and Resistance*, London: Routledge, 2010, Introduction.
8　周黎安『転換中の地方政府』上海人民出版社、2008 年、pp.87-89。
9　Kenneth Liberthal, *Governing China*, New York: W.W.Norton & Company, Inc, 1995, pp. 167-168.
10　Ibid,p.39.
11　Susan Shirk: *China: Fragile Superpower*. Oxford University Press, 2007, pp.40-42.
12　2012 年の重慶事件は重慶市前公安局長王立軍によるアメリカ駐成都総領事館で引き起こした一連の党内スキャンダルのことを指しており、重慶市委員会前書紀薄熙来が長期にわたって中央政治局常務委員会に入るための競争の努力の失敗とも考えられる。
13　蔡如鵬，徐天「六中全会：制度反腐新起点」『中国新聞週刊』、2016 年 11 月 17 日、19 頁。
14　同上
15　同上
16　趙鼎新『社会と政治運動教材』、北京：社会科学文献社、2006 年、130 頁。
17　*The Economist*, "China's Middle Class: 225m Reasons for the Communist Party to Worry," July 9th, 2016.
18　「拼爹」は中国インターネットの一つの流行語であり、意味は若い人の成功はもはや自身の努力と教育にあるのではなく、家庭のバックグラウンドによって決まる、ということである。
19　雷洋事件は 2016 年 5 月に、北京市民雷洋が空港へ行く途中にアクシデントで亡くなったことを指している。北京市警察の説明は、雷洋が買春の疑いをかけられ、警察に逮捕された際に逃亡し、警察は法を執行したのであり、不適切に死亡をもたらしたわけではないとし、北京警察の声明は大変に疑問視された。

20　*The Economist, op. cit.*
21　王逸舟『創造性介入：中国外交新取向』北京大学出版社、2011年版。

参考文献

中国語：

蔡如鵬，徐天「六中全会：制度反腐新起点」『中国新聞週刊』、2016/11/07。

潘維『農民と市場：中国末端政権と郷鎮企業』、北京：商務印書館、2005年。

王逸舟『創造性介入：中国外交新取向』北京大学出版社、2011年版。

周飛舟「分税制十年」『中国社会科学』、2006年第6期。

張震『張震回顧録』、北京：社会科学文献出版社、2006年。

趙鼎新『社会と政治運動教材』、北京：社会科学文献社、2006年。

周黎安『転換中の地方政府』上海人民出版社、2008年、87–89頁。

英語：

Barry Naughton, *The Chinese Economy：Transitions and Growth*, Massachusetts: The MIT Press, 2007.

Elizabeth J. Perry and Mark Selden eds., *Chinese Society: Change, Conflict and Resistance*, London: Routledge, 2010.

Kenneth Liberthal, *Governing China*, New York: W.W.Norton & Company, Inc, 1995.

Pierre Landry, *Decentralized Authoritarianism in China*, Cambridge: Cambridge University Press, 2008.

Susan Shirk: *China: Fragile Superpower*. Oxford University Press, 2007.

The Economist, "China's Middle Class: 225m Reasons for the Communist Party to Worry," July 9th, 2016.

Zheng Yongnian: *De Facto Federalism In China: Reforms and Dynamics of Central-Local Relations*, World Scientific Publishing Co. Pte. Ltd., 2007.

第6章　習近平政権における国内政治の諸動向と対外政策へのインプリケーション：
「人民」統合の過程を中心にして

江 口 伸 吾

1　はじめに：
　　問題の所在

　21世紀の初頭の中国は、東アジアにおける地域大国であるばかりでなく、グローバル・アクターとして国際政治に与える影響力を急速に拡大しつつある。それは、国連の安全保障理事国、核保有国といった政治大国であるとともに、2010年のGDP世界第二位への躍進にみられるように経済大国としての地位を獲得し、さらには中国が従来に代わる新たな国際秩序をつくろうとしているのか否かという関心も高まり、2009年の建国60周年を頂点に関心が集まった「中国模式（中国モデル）」論が中国国内外で盛んに論議されるまでに至ったことなどに示された[1]。また、これと並行して、中国の東アジアにおける安全保障政策も積極化し、東シナ海、南シナ海における近隣諸国との摩擦、対立は常態化した。

　このような中国の台頭の過程において、2012年11月の第18回党大会において、習近平が党総書記に就任した。しかも、習近平は、同大会における党中央軍事委員会主席、翌2013年3月の第12期全人代第1回会議において国家主席と国家中央軍事委員会主席に就任し、政権発足当初から党、国家、軍の三権を掌握して出発した。また、習近平は党総書記就任後の2012年11

月29日、「中華民族の偉大なる復興」を掲げた「中国の夢」を唱えて、対内的にナショナリズムを高揚させる一方、対外的にはその実現を図るように、2013年9月のカザフスタンでの「シルクロード経済ベルト」構想、並びに同年10月のインドネシアでの「21世紀海上シルクロード」構想の表明を契機に両者を合わせた「一帯一路」構想を始動させ、2016年1月には57ヵ国を創設メンバーとするアジアインフラ投資銀行も開業し、国際秩序の変化を促し続けた。

　他方、中国国内に目を転じると、対外的な強靭性とは対照的に、中国の政治社会の脆弱性が顕著となる。すなわち、格差問題、腐敗問題、環境問題、恣意的な司法制度と未熟な法治などの諸問題、そして、これらに対する大規模抗議運動の頻発化や政治社会の亀裂の深刻化といったように、国家・社会関係における統治の脆弱性に起因する国内的諸問題が顕在化し、国際社会における非伝統的安全保障上のリスクとして捉えられるまでになった（川島、2014: 167-169; 2015: 11-13）。習近平は、これらの脆弱性に対峙して対内的な統治能力を回復するため、反腐敗運動（2013年1月）、党と大衆の関係を再構築する大衆路線（同年4月）、「国家ガバナンス体系とガバナンス能力の現代化」（同年11月）、四つの全面（「小康社会の全面的建設」「改革の全面的深化」「全面的な法による国家統治」「全面的な厳しい党内統治」、2014年12月）などの方針、政策を次々と打ち出し、対外政策と同様、むしろそれ以上に強力なリーダーシップを発揮した。

　対外関係と国内政治の対照的な様相は、両者が自律的な領域として展開するのではなく、むしろ相互に影響を及ぼし合っていると捉えられる。外交政策はそれ自体主権国家間の自律的なシステムとして展開する側面がある一方、リンケージ・ポリティクスの立場に立つならば、国内政治との相互影響の結果として決定されることが重視され、これまでにも Zhao (1996)、青山 (2007)、青山・天児 (2015)、国分 (2017) などの多くの中国外交に関する研究が公表された。習近平政権において、深刻化する国内問題とそれに対応した国内政治の果断なとりくみは、必然的に対外政策に与える影響力を強

め、この結果、外交政策の決定過程における国内政治の要因を考察する必要性は従来にないほど高まった。

　本章は、以上の問題関心を踏まえて、リンケージ・ポリティクスの視点を踏まえながら、習近平政権における国内政治の諸動向とそれが外交政策に与える影響を考察する。とくに、権威主義体制が維持、強化される習近平政権において、習近平が進める国内改革が対外政策に与える影響力を強め、それは他国よりも相対的に大きな比重を占めるのではないかという問題関心の下、2013年4月から本格化した大衆路線を事例としてとりあげ、「人民」統合に基づく中国型の国民国家形成の過程を跡付けるとともに、それが外交政策に与える影響とインプリケーションを考察する。

2　中国外交と国内政治の関連性をめぐる諸論議：
対外的な積極化を契機として

（1）　中国外交の積極化と国内政治の諸要因

　近年、中国の対外的な積極化が目立つようになり、その原因が何かをめぐる論議が盛んに行われた。とくに、2008年9月のリーマン・ショックを契機にして国際社会における中国の存在感が急速に高まるなか、2009年7月には鄧小平以来の「韜光養晦、有所作為」の外交政策に「堅持」、「積極」が加わり、従来通りに覇権を唱えないことを確認する一方、国力の増大に伴った積極的な外交を展開する方針転換が示された。この結果、自己主張的な（assertive）外交も目立つようになり、2010年1月の米国オバマ政権の台湾への武器輸出、それに続く同年2月のダライ・ラマの訪米とオバマ大統領との初会談に対する批判といった従来型の自己主張に加えて、同年3月の戴秉国国務委員による南シナ海を「核心的利益」とする発言、また同年9月の尖閣諸島（中国名は釣魚島）の沖で起きた中国漁船と日本の海上保安庁巡視船の衝突事件にみられる民衆ナショナリズムに後押しされた領土問題の先鋭化といった新たな傾向も顕在化した[2]。

このような中国外交の積極化と強まる自己主張は、国際社会における影響力の拡大に伴って変化する国益の合理的な追求に起因するだけでなく、むしろ国内政治の動向に大きく左右されていることが広く論議された[3]。たとえば、台湾の中央研究院政治学研究所の張廖年仲は、2008年以降の中国外交の積極化の原因に関して、国際政治のシステム・レベル、国内政治のユニット・レベル、指導者や政治エリートの認識や選好を対象とした個人レベルのそれぞれの観点から考察し、中国外交の政策決定に影響を与える諸要因の関係性を体系的に分析した（Chang Liao、2016）。すなわち中国の自己主張的な外交が、中国の領土への脅威の拡大や海外における経済的利益に対する国際政治のシステム・レベルの反応としてのみ捉えるのではなく、むしろ①官僚政治の競合、②権力継承期間における国内の政治エリート間の権力闘争、③ナショナリズムの興隆といった国内政治のユニット・レベルの反応として、また、④支配的なエリートの認識変化という個人レベルの反応として捉えられる側面を考察した。以下に、国内政治の要因に関する4つの論点を整理し、本章のアプローチを位置づける。

　第一に、官僚政治の競合が対外政策に影響を与える側面は、中国の政策決定過程の多元性と複雑性から、政府アクターや各種の利益集団の果たす役割、影響が大きいことに注目した。すなわち党の中央政治局常務委員会が最終的な政策決定の権限を有し、中国外交の方向性を提示する一方、党と国家の二重の政策決定の下、具体的な政策の実施については、外交部をはじめとして商務部、国家発展委員会、財務部、国家安全部、公安部、中国人民銀行などの各種の国家機関に委ねられる余地があるだけでなく、人民解放軍、地方政府、国有企業といった政治的影響力を有する機関・組織、さらにはメディア、オンライン・コミュニティにおけるネチズンといった新時代の社会的勢力の影響力も加わり、国内の各アクターの影響力によって外交政策の断片化が課題としてとり上げられた（Jakobson、2016: 137-145）。これは、国内のアクターの多元性、重層性に基づく重複した権威構造と脆弱な調整機能によって、外交政策において中央政府の意思決定が必ずしも貫徹されること

はない状況を示している。

　第二に、国内の政治エリート間の権力闘争があげられ、政治エリートは、権力継承の時期において、自らの正統性を強化するために愛国主義に依存する傾向があり、それが対外的に好戦的な行動をとらせるという論点である。すなわち、21世紀の情報革命が外交政策に対する民衆の意見を表明する機会を飛躍的に拡大させ、それは一党支配の権威主義国家であっても無視することができないばかりか、むしろその支持を獲得することによって政治指導者たちが自らの正統性を競い合う構図も生まれ、権力継承の政治闘争の過程で展開される（Goldstein、2012: 48-52）。とくに中国のナショナリズム問題と密接に結びつく対日関係においてこの傾向は強く、1990年代以降の日中関係の歴史問題の深刻化と両国関係の悪化の過程において、江沢民による「反日」の姿勢の強化、対日融和を図る胡錦濤政権の主流派に対する「反日」を手段とした江沢民派の攻撃といった国内の権力闘争が対日関係に大きな影響を及ぼした（国分、2017: 181-233）。

　第三に、ナショナリズムの興隆があげられ、その対外政策に対する影響力に大きな注目が集まった。中国は、そもそも毛沢東時代から民族独立とイデオロギー的なナショナリズムが対外政策に影響を与えていたが、改革開放期の市場経済化や天安門事件を契機にして、ナショナリズムが共産党の統治の正統性を担保する中核的な役割を担うようになった。また、その後の愛国主義教育運動を契機としたナショナリズムの民衆への浸透、デジタル・コミュニケーション技術の発達によるナショナリズムの拡散などにより、民衆ナショナリズムが外交の政策決定過程への影響力を急速に強めるという新たな局面がもたらされた。とくに中国の経済社会が不安定化した2008年のリーマン・ショック後の対外政策にその傾向が顕著となり、2010年3月26日の韓国の哨戒艇が黄海で沈没した事件を契機にして、同年7月に米国の原子力空母も参加した大規模な米韓合同軍事演習に対する中国人民解放軍の馬暁天副総参謀長の反対表明とそれに続くメディアの加熱した米国批判、さらには同年9月7日、尖閣諸島付近で操業中の中国漁船と日本の海上保安庁の巡視

船との衝突事件を契機にして中国国内で巻き起こった日本批判において、その傾向が顕著にあらわれた（Ross、2013: 78-87）。

　第四に、支配的な政治エリートの認識変化があげられる。この視点は、政治変動は政治エリートの認識の変化に基づくという仮定の下、とくに非民主的な権威主義国家である中国において、政策立案集団を形成する政治エリート、独占的な権限を有するトップ・リーダーの選好の変化が対外政策の変化を促す主たる要因であることに着目する（Chang Liao、2016: 827-831）[4]。

　ただし、指導者の影響力に全てを起因させることはできず、指導者による政策決定への誘因と制約それ自体が、その時々の国内的、国際的な環境の変化によって形成されることにも留意しなくてはならない（Chang Liao、2016: 831）。これは、たとえトップ・リーダーが中国のような独占的な権限を握る一元的な権威主義体制にあっても、政策決定過程に大きな影響力を与える政治指導者の認識変化は、自律的であると同時に、認識そのものが政治社会や国際環境の変化によって形成される構造化のプロセスの産物でもあり、それら諸要因を連関づける多層的な分析が求められることを示している。

（2）　習近平政権の対外政策と国内政治の諸動向

　習近平政権の対外政策の動向をみると、胡錦濤政権に顕在化した自己主張的な外交は継続した。たとえば、習近平が総書記に就任した2012年11月の党18回全国代表大会の政治報告において初めて「海洋強国」が明示され、それ以降、2013年11月23日の東シナ海における防空識別圏の設定、2014年5月3日の中国によるベトナム沖での掘削作業開始の表明とその後のベトナムで巻き起こった反中デモ、同月14日のフィリピン外務省による中国の南シナ海、南沙諸島の暗礁埋め立てへの批判を契機にした中国と近隣諸国との深まる対立などがあげられる。また、これらの動向の背景には、国内の各組織、すなわち党の中央宣伝部、人民解放軍、海警、石油部門や漁業部門などが各組織の利益確保のために外交を無視した既成事実をつくる行動に出る行動第一主義の台頭も顕著になり、それを促す要因としての国内政治や政治

社会の変化との関連性を解明することがより一層重要となった（高原、2016: 130-131）。

　しかも、これと並行として、中国は、国際政治におけるグローバル・アクターとしての地位を上昇させた。すなわち、2013年6月の習近平の訪米と米中首脳会談において、習近平は「新しい大国関係」を提起して中国の存在感を誇示する一方、同年10月には「周辺外交工作座談会」が開催され、近隣諸国との友好関係を築くための「周辺外交」の重要性を示すとともに、さらに2014年11月の北京で開催されたAPEC首脳会談において「一帯一路」の経済圏構想を大々的に提唱し、「大国外交」と「周辺外交」を織り交ぜた習近平が描く中国外交のグランド・ストラテジーも明らかとなった。この中国外交の指針と内在的に連関する自己主張的な外交は、中国の影響力の拡大と相まって、国際社会の行方の不透明化を加速させた。

　他方、国内政治に目を向けると、腐敗問題や格差問題といった国内社会の脆弱性が課題であり続ける一方、習近平のリーダーシップの強化が顕著な特徴としてあらわれた。とくに、2012年の政権発足当初から開始した反腐敗運動によって、有力な政治家が次々と失脚し、習近平の権力基盤が固められていった。また、GDP成長率の低下、民衆の抗議活動の広まり、正統性の根拠を提供するイデオロギーの不在などによる中長期的にわたる経済的、社会的不安化に直面して、「中国の夢」を掲げてナショナリズムを発揚するとともに、毛沢東期に起源をもつ大衆路線を再び打ち出し、「人民」に基づいた国民統合の推進による政治社会の亀裂の修復と党の正統性の再調達が図られた。習近平政権は、このように権力基盤、国民統合などの各レベルで集権的な体制の構築を進め、この結果、2017年10月に開催された党19期全国代表大会において、党規約の指導思想として「習近平による新時代の中国の特色ある社会主義思想」が明記されるまでに至り、第二期目の盤石な政権基盤を築いた[5]。

　これらの諸動向は、習近平政権における外交政策の国内要因の特徴を考察する際、習近平のリーダーシップの強化の過程に着目しながら、習がリー

ダーシップを発揮する政治改革の動向が、如何なる国内状況を生み出し、それが外交政策にどのような影響を与えうるか否かを検討することが課題となることを示している。

3 習近平政権における大衆路線と国内政治の諸動向：
党・国家主導の「人民」統合の過程を中心にして

　習近平政権におけるリーダーシップの強化は、単に党内の派閥力学に基づいた政治闘争の結果もたらされたのではなく、むしろその過程において、「人民」の支持を再調達することを重視しながら、党の指導力を高めたことに特徴がある。以下に、習近平政権における大衆路線の動向を跡付けながら、党・国家が主導する「人民」統合とそれがもたらす政治的、社会的影響を考察する。

（1）習近平政権における大衆路線の政治過程

　習近平による国内政策の特徴の一つとして、市場経済化の拡大、深化が進んだ改革開放期の近代化のプロセスと一線を画するように、再び社会主義的な側面を強化する路線が打ち出されたことがあげられる。それを最もよく象徴する出来事の一つとして、2013年4月19日に決定された党の大衆路線教育実践活動の提起とそれに関連する諸政策の実施がある。すなわち、「党の先進性と純潔性を保持し、全党が人民のために実務に励み、清廉であること」を内容とする大衆路線教育実践活動を実施し、「人民に誠心誠意で服務することが党の根本主旨である」「大衆路線は党の生命線と根本的な工作路線である」ことを再確認しながら、党と大衆との関係、ひいては「人民」のなかから生まれた党の正統性を再構築しようとした[6]。

　大衆路線の推進は、2012年11月、習近平が党の第18回全国代表大会において総書記に選出されて以降、胡錦濤政権とは異なる政策の変化のなかで形成された。とくに、就任直後の記者会見において、党が直面する深刻な課

題として「腐敗問題、大衆との乖離、形式主義、官僚主義」をあげながら、「人民は歴史の創造者であり、大衆は真の英雄である」ということを強調して、大衆との関係性を再構築し、党の改革を進める姿勢を明確に打ち出した[7]。その後、大衆との結びつきの強化と規律引き締めにとりくみ、同年12月4日、中央政治局が「八項規定（①視察の簡素化、②会議活動の簡素化、③短信の簡素化、④訪問活動の規範化、⑤警備活動の簡素化、⑥新聞報道の簡素化、⑦草稿発表の厳格化、⑧勤勉・倹約・節約の励行）」を決定し、また翌2013年1月17日、習近平が「勤倹・節約を厳格に実行し、派手な浪費に反対する」ことを明示し[8]、さらに同月22日には「虎と蝿を共に叩く」として、廉清建設と反腐敗を進めることが強調された[9]。これらの諸政策を推進する過程において、同年4月に大衆路線教育実践活動が提起された。

　具体的には、2013年6月18日、党の大衆路線教育実践活動工作会議が開催されたことに始まった。とくに習近平は、①党の大衆路線教育実践活動の展開の重大な意義を充分に認識すること、②その指導思想と目標の要求することを正確に把握すること、③大衆路線教育実践活動に対する領導を強化することを指摘し、翌2014年7月の基本的な完成に向けて、全党をあげて教育実践活動を推進することを強調した[10]。また、習近平の重要講話を受けて、劉雲山がその精神を貫徹するための組織的な教育実践活動に関する8つの提言を行い、そのなかで、習近平の重要講話を統一思想としながら、毛沢東期の延安整風運動時に提唱された「照鏡子、正衣冠、洗洗澡、治治病（鏡に照らし、身なりを正し、身を清潔にし、病を治す）」により党員の思想、精神を正すことを強調するとともに、それを効率的に実施する方法として、「学習教育と意見聴取」「問題発見・修正と批評の展開」「整理・改革の実行と規則・制度建設」の3つの要素の相互連携・相互促進、「督導組」による督促検査の強化などをとり上げ、教育実践活動の組織的、制度的なとりくみの重要性を指摘した[11]。

　大衆路線教育実践活動の一つとして、全国的に展開した民主生活会の開催がある。これは、2013年8月27日、「関于在党的群衆路線教育実践活動中

開好専題民主生活会的通知（党の大衆路線教育実践活動において特定テーマの民主生活会を開催することに関する通知）」が出されたことにより始まった[12]。民主生活会は、そもそも1929年12月に開催された古田会議で提出された「履行集中指導下的民主生活（集中指導下の民主生活を厳格に実施する）」において、党内民主と批評・自己批評の方法を用いて党内矛盾を解決することが決定されたことに始まり、さらに改革開放期に入った1980年の党第11期5中全会で「関于党内政治生活的若干准則（党内政治生活に関する若干の規範）」、並びに1981年8月の中央組織部の「関于進一歩健全県以上領導干部生活会的通知（県以上の領導幹部の生活会を一層健全にすることに関する通知）」によってその制度化、規範化が進められた（欧・于、2014: 5-10）。習近平政権ではこの政治手法が再び多用され、2013年9月以降、大衆路線教育実践活動の第一期として、省部級の領導機関と副省級の都市機関、及びその直属の単位、中央が直接管轄する金融企業・企業・大学の274単位、100万余りの党組織、1,700万人余りの党員を対象にした活動を展開した[13]。第一期の活動では、習近平が河北省（2013年9月23〜25日）、李克強が広西壮族自治区（同月3〜5日）、張徳江が江蘇省（同月12〜13日）、兪正声が甘粛省（同月27〜28日）、劉雲山が浙江省（同月28〜29日）、王岐山が黒竜江省（同月23〜25日）、張高麗が四川省（同月27〜29日）といったように、党中央政治局常務委員会メンバーが各省の党常務委員会で開催された民主生活会に参加して、大規模に展開した（表1）。

さらに、2014年1月20日、習近平が北京で開催された大衆路線教育実践活動第一期の総括、並びに第二期の部署会議において重要講話を行い、第一期において「四風」の蔓延に歯止めをかけることに成功し、第二期はその成果を延伸、深化させると強調した[14]。第二期は、省以下の各級機関で、330万余りの基層党組織、6,900万人余りの党員を対象にした活動を展開し[15]、とくに第一期と同様、習近平が河南省蘭考県（2014年3月17〜18日）、李克強が内蒙古自治区赤峰市翁牛特旗（同月27〜28日）、張徳江が福建省上杭県（同月24〜26日）、兪正声が雲南省武定県（同月23〜25日）、劉雲山

第 6 章　習近平政権における国内政治の諸動向と対外政策へのインプリケーション　133

（表 1）大衆路線教育実践活動第一期における省部級領導機関の民主生活会の開催（2013 年 9 〜 10 月）

日時	実施機関（主宰者）	党中央政治局常務委員の参加
9 月 3 〜 5 日	広西壮族自治区党常務委員会（彭清華）	李克強
9 月 12 〜 13 日	江蘇省党常務委員会（羅志軍）	張徳江
9 月 23 〜 25 日	河北省党常務委員会（周本順）	習近平
9 月 23 〜 25 日	黒竜江省党常務委員会（王憲魁）	王岐山
9 月 26 〜 27 日	海南省党常務委員会（羅保銘）	
9 月 27 〜 28 日	甘粛省党常務委員会（王三運）	兪正声
9 月 27 〜 28 日	湖南省党常務委員会（徐守盛）	
9 月 27 〜 28 日	遼寧省党常務委員会（王珉）	
9 月 27 〜 28 日	河南省党常務委員会（郭庚茂）	
9 月 27 〜 28 日	安徽省党常務委員会（張宝順）	
9 月 27 〜 28 日	貴州省党常務委員会（趙克志）	
9 月 27 〜 28 日	江西省党常務委員会（強衛）	
9 月 27 〜 29 日	四川省党常務委員会（王東明）	張高麗
9 月 27 〜 29 日	重慶市党常務委員会（孫政才）	
9 月 28 〜 29 日	浙江省党常務委員会（夏宝龍）	劉雲山
10 月 9 〜 10 日	山東省党常務委員会（姜異康）	
10 月 9 〜 10 日	新疆ウイグル自治区党常務委員会（張春賢）	
10 月 10 〜 11 日	広東省党常務委員会（胡春華）	
10 月 10 〜 11 日	吉林省党常務委員会（王儒林）	
10 月 11 〜 12 日	北京市党常務委員会（郭金龍）	
10 月 11 〜 12 日	上海市党常務委員会（韓正）	
10 月 11 〜 12 日	天津市党常務委員会（孫春蘭）	
10 月 14 〜 15 日	内蒙古自治区党常務委員会（王君）	
10 月 14 〜 15 日	福建省党常務委員会（龍権）	

出所：「詳解 24 省（区市）党委常委領導班子民主生活会」『新華網』2013 年 10 月 17 日、http://news.xinhuanet.com/2013-10/17/c_125516269.htm、2017 年 11 月 25 日最終閲覧。

が陝西省礼泉県（同月 23 〜 24 日）、王岐山が山東省蒙陰県（同月 24 〜 25 日）、張高麗が吉林省農安県（同月 26 〜 27 日）といったように、党中央政治局常務委員会メンバーが基層党組織の視察調査を実施した[16]。また、習近平は、同年 5 月 9 日、河南省蘭考県を再訪して同県党常務委員会の民主生活

会に参加し、大衆路線教育実践活動の成果を基層社会全体に広めることを強調し[17]、それ以降、各省の党書記が基層党組織の民主生活会の視察、指導を一斉に実施した[18]。このような大衆路線教育実践活動の大規模な展開は、習近平政権の大衆路線を重視する姿勢を鮮明にした。

この活動の結果、党員のなかで日常化されていた浪費、贅沢、腐敗の温床となる習慣、大衆の利益侵害などの改善、矯正が進められた。たとえば、2013年6月～2014年9月までに、下記のような各方面にわたる成果が報告された[19]。

① 13.7万余りの行政審査項目を取消し、5万件余り、6万人余りの「吃拿卡要（宴席・賄賂）」「庸懒散拖（消極的な生活態度）」問題を処分した。
② 公務活動と祭日の期間における贈り物、礼金、各種有価証券、支払証書の贈呈・授受の問題が1.3万件余り、4,024人、また公費での飲食、過度の消費問題が3,083件、4,144人を処分した。
③ 公用車11.4万台余りを削減し、事務所の2,227.6万㎡、2,580箇所の大型建設が停止された。
④ 「三公（政府関係者の海外出張、公用車の購入・運用、公務招待）」経費の530.2億元（9,013.4億円／1元あたり17円で換算、以下同様）の圧縮、公務での海外臨時出張の2.7万回余り、9.6万人余りを減少させた。
⑤ 「形象工程（イメージアップのための過度で派手な建物の建造）」「政績工程（領導幹部の個人、あるいは特定の利益団体のためのプロジェクト）」663件の停止要求、虚偽による不正問題436件、418人を処分した。
⑥ 土地収用と立ち退き、農民の利益、法的権利、安全生産、食品や薬品の安全、生態環境、教育、医療衛生などの方面における大衆利益への侵害問題が38.6万件余り、20万人を超えた。
⑦ 大衆に服務する「最後的一公里（積極的に民衆の困難や悩みを解消し、民意に従い、大衆への服務と良い関係を作るための"最後の1キロメートル"を解決するという習近平の重要講話に基づく）」を貫徹し、県、

郷、村において 49.7 万箇所余りの大衆服務センターが建設され、19 万を超える単位が事務手続きを公開、簡素化し、大衆にとって煩雑な典型的事務手続き 3,685 事例を処理し、3,761 人が処分された。

⑧ 「乱収費、乱罰款、乱攤派（不適正な費用徴収、罰金、制度外の分担金）」の 3.1 万余りの項目を減少させ、「三乱」問題 1.1 万件余りを処理し、その金額が 15.1 億元（256.7 億円）に及び、8,519 人を処分した。

⑨ 都市、農村の最低生活保障に関する 151.1 万人余りの給付の誤りや漏れの発見、農村の危険家屋の改造、都市・農村の定収入者向け住宅の違反納入者 5.4 万人余りの処分、近親者・友人への優遇政策を適用し、権力で私利を図った問題 5,545 件、6,494 人を摘発した。

⑩ 標準価格に照らさずに支払われた土地収用と立ち退きの補償金、各種補助資金の横領問題 6,499 件を調査・処置し、3,968 人を処分し、その金額が 21.7 億元（368.9 億円）となった。

⑪ 大衆に対する借金未払い、債務の未返済、「打白条（空手形）」、理不尽な債務の問題 1.6 万件、5 万人余りを処分した。

⑫ 歴史的建築物・公園のなかの施設 457 件のモデルチェンジを停止した。

⑬ 「吃空餉（水増し報告して支給された人件費の着服）」をした 16.2 万人余りの人員を徹底的に処分した。

⑭ 10 万人余りが自発的に「紅包（赤い紙でお金を包んだ祝儀）」や商品カードを上司に渡し、その金額が 5.2 億元（88.4 億円）に上り、その内 2,550 人、金額 2.5 億元（42.5 億円）が処分された。

⑮ 非常に高額な訓練費を要求する領導幹部 2,982 人をローラー作戦で摘発し、7 つの訓練グループ、735 人を停止処分した。

⑯ 党・政府の領導幹部による企業兼職 6.3 万人余りを処分した。

　2014 年 10 月 8 日、党の大衆路線教育実践活動の総括大会が開催され、およそ 1 年半にわたって展開した活動が終結した。習近平は、総括大会の重要講話において、①党員の大衆路線に関する自覚の増強、②形式主義、官僚主

義、享楽主義、贅沢三昧の"四風"の矯正、③自己批評の優良伝統の回復、④制度体系の改善と執行能力の向上、⑤党の執政基盤の強化、といった成果がもたらされたことを強調した[20]。

　大衆路線教育実践活動は、単に党員への教育活動ばかりでなく、むしろ毛沢東時代に重視された社会主義建設の原点に立ち返りながら党内ガバナンスの改革を推し進める習近平政権の中軸的な役割を担った。それは、2014年12月13-14日、江蘇省を視察した習近平が、同年11月の福建省視察の際に提唱した「三つの全面(「小康社会の全面的建設」「改革の全面的深化」「全面的な法による国家統治」)」に大衆路線、反腐敗運動によって重視された「全面的な厳しい党内統治」を加えた「四つの全面」を提唱し、改革開放と社会主義現代化建設の新段階に入ったことを強調したことに端的に示される[21]。これは、グローバル化によって激しさを増す社会変動に対応した現代的なガバナンスを構築する際、改革開放以来の自由化路線への移行過程ではあまり強調されることのなかった大衆路線のガバナンスの方法が新しい時代の中核的な政治手法の一つとなったことを明らかにした。

(2) 大衆路線と党・国家による政治的、社会的ガバナンスの再編の諸特徴

　習近平によって再強調された大衆路線は、中国の政治的、社会的ガバナンスにある一定の変化を促した。

　第一に、党による支配の正統性を再調達する根拠として、「人民」を最重視し、社会主義建設が党の死活的なアイデンティティとして再自覚化されたことである。たとえば、習近平は、2012年11月15日の党総書記就任後の記者会見の講話で、「我々の人民は偉大な人民である。・・・(中略)・・・我々の人民は生活を心から愛し、さらに良い教育、安定した仕事、満足のいく収入、信頼できる社会保障、高水準の医療衛生サービス、快適な居住条件、優美な環境を待ち望み、子供たちがさらに良く成長し、仕事がさらに良く、生活もさらに良くなることを待ち望んでいる。人民が素晴らしい生活に思いをはせることが、我々の奮闘目標である」と「人民」を全面的に強調した[22]。

これを一つの契機にして大衆路線を実施することとなるが、改革開放期において市場経済化による自由化路線、とりわけ江沢民時代には「3つの代表」論において私営企業家の共産党への入党を容認したことに象徴される従来の路線とは異なり、社会主義路線に回帰する傾向を示した[23]。

また、2017年10月18日の党19期全国代表大会において、習近平は、「新時代の中国の特色ある社会主義」を打ち出し、その内容として、①全ての工作に対する党の領導、②人民中心、③改革の全面的な深化、④新しい発展理念、⑤人民を主人公とする、⑥全面的な法治、⑦社会主義核心価値体系、⑧民生の保障と改善、⑨人と自然の調和的共生、⑩総体的な国家安全観、⑪党の人民解放軍に対する絶対的な領導、⑫"一国両制"と祖国統一、⑬人類運命共同体の建設、⑭「全面的な厳しい党内統治」を示し、中国の独自性を主張する傾向性が一層強まった（習、2017a: 18-27）[24]。さらに、これを踏まえて、2035〜50年までに「社会主義現代化強国」を達成するという目標を据えるまでに至った（習、2017a: 29）。

第二に、現代のグローバル化が進んだ時代における「人民」の再強調と大衆路線の実践は、毛沢東期のような階級闘争の過程として位置付けられるのではなく、むしろナショナリズムに基づく国民統合の試み、ひいては中国型の国民国家建設の試みと密接に関係している。2012年11月29日、習近平は「中華民族の偉大なる復興」を掲げた「中国の夢」を唱え、今後の党の統治理念を示した[25]。この「中国の夢」の追求は、大衆路線による中国型の国民統合を進めることによって初めて現実的な政策実施の基盤を提供すると位置づけられる。たとえば、中央党校元副校長の李君如は、「大衆路線による党の先進的なモデル作用によって広大な大衆を魅了して、強大な中国の力量を凝集させ、人民大衆が『中国の夢』を実現するために奮闘することを促す」「『十八大』『中国の夢』『大衆路線教育』の三つは内在的な連携をもつ」として、党の事業全体における大衆路線の意義を強調した（李君如、2014: 4）。この指摘は、改革開放期の近代化のプロセスで生じた腐敗、格差問題に伴う政治社会の亀裂の深刻化に対峙して、大衆路線による党と大衆との関係

性を再構築し、「人民」を中心に据えた国民統合を進めることにより、習近平政権が掲げた「中国の夢」を現実化する国内の政治的、社会的基盤が提供されることを示唆している。

　ただし、大衆路線に基づく「人民」に根差した国民統合は、欧米諸国の歴史経験から生まれた国民統合とは異なり、その効果は限定的である。すなわち、欧米諸国の国民統合は、一般的に自立的な市民の制度的な政治参加に基づいて形成されたが、中国では、むしろ党の指導の下、民衆の制度的な政治参加を限定的に運用する一方、非自立的な「人民」の民意を、陳情として非制度的領域において積極的に汲み上げることによって醸成するに止まる。たとえば、2013年8月1日、最貧困地域の一つで少数民族の居住地域でもある貴州省黔西南布依族苗族自治州において、大衆路線教育実践活動が展開したことを受けて、党の「民心建設」の方針の下、民衆から州党書記・州長への直通電話回線「12345」とその電話窓口、調査ウェッブサイト、「民意直通車」、微信、ショートメール、実地調査といった多岐にわたる方法で民意を聴取する「民意調査中心」が設立された[26]。これは、党の「民心」への関心の高さ、「民心」の動向を注視しながら施策を行う姿勢、さらには民生問題、生産発展、幹部の作風、社会情勢、政策決定などに対する民衆からのさまざまな意見に党・政府が迅速に対応するシステムを作ったことを示す一方、党・政府への陳情システムの効率化を図ったに過ぎないとも捉えられよう。

　第三に、大衆路線は、党と大衆との関係性の再構築を図るばかりでなく、むしろそれを用いて党領導層の再建設を進めることこそが重要な目標であった。すなわち、2014年10月の大衆路線教育実践活動の総括を受けて、習近平は、同年12月に「四つの全面」の一つとして「全面的な厳しい党内統治」を主張するようになり、また2015年4月の「関于在県処級以上領導干部中展開"三厳三実"専題教育方案的通知（県処級以上の領導幹部のなかで"三厳三実"をテーマとする教育を展開する計画に関する通知）」に始まる「三厳三実（厳以修身、厳以用権、厳以律己、謀事要実、創業要実、做人要実／厳しく身を修め、厳しく権力を使い、厳しく自己を律し、確実に事をはか

り、確実に創業し、確実に身を持する)」、2016 年 2 月に始まる「両学一做（学党章党規、学系列講話、做合格党員／共産党の党章・党規を学び、習近平総書記の一連の重要講話の精神を学び、党員の格に相応しい行動をする）の学習教育」の各運動に継承され、党員、党幹部の教育が徹底された[27]。また、習近平政権では、2012 年 12 月の「八項規定」の制定を基点として、反腐敗運動による「廉清建設」と連動した「整風」を徹底し、2017 年 10 月 24 日、党 19 期全国代表大会における党 18 期中央紀律検査委員会の活動報告において、2012 年以降、全国の紀律検査監察機関で延べ 1,218 万 6 千件の申し立てがあり、267 万 4 千件を処置し、154 万 5 千件を立件、153 万 7 千人を処分、そのなかで庁局級の幹部 8,900 人余り、県処級の幹部が 6 万 3 千人におり、また犯罪の嫌疑で司法機関に 5 万 8 千人が送致されたことが報告され、綱紀粛正が末端組織まで浸透した[28]。

　しかも、これは、表裏一体の関係として激しい権力闘争を伴い、結果として習近平政権を強化した。すなわち、2012 年の政権発足当初から開始した反腐敗運動によって、徐才厚（2014 年 6 月、党籍剥奪）、周永康（2015 年 6 月、無期懲役）、郭伯雄（2015 年 7 月、党籍剥奪）、令計画（2015 年 7 月、党籍剥奪）、孫政才（2017 年 9 月、党籍剥奪）といった主として江沢民派を中心とする有力者が次々と失脚し、習近平の権力基盤が固められていった。

　また、何よりも、これらの政治家の検挙、失脚は、「民心」に適う行動として広く報道された。たとえば、2015 年 7 月 30 日、郭伯雄が党籍剥奪と最高人民検察院に移送されたことを伝える翌 31 日の『人民日報』では、「党中央の腐敗を懲罰する強い意志を表明している」「断固とした腐敗の懲罰は、便宜的なものではない」「党内には腐敗分子を隠す地は許さず、軍中央も腐敗分子を隠す地を許さない」「腐敗反対は党心、民心が向かうところであり、強力な反腐敗は党心、民心を凝集することができる」といったことが指摘された[29]。これは、習近平政権が進めた権力闘争が、政治家の各グループや各種利益団体によって戦術的に展開されるという現実政治の側面ばかりでなく、むしろ政権発足当初から強調した「人民」に正統性の根拠を求めること

によって初めて理念的にも強力に推進され、現在に至る習近平政権の基盤強化につながったことを示している[30]。

　第四に、大衆路線とそれに続く「全面的な厳しい党内統治」は、国内社会にさまざまな反響をもたらした。一つは、中国の一般の人々は、習近平政権に対して、今まで誰も手をつけることができなかった腐敗問題に大胆にとりくみ、一定の成果を上げたことを背景にして、比較的好感を抱いているとみられる。たとえば、2017年10月の党19期全国代表大会は世界中の関心を集めたが、中国のグローバル経済への統合過程を研究しているシドニー大学の社会学者サルバトーレ・バボネスは『フォーブス』誌に寄稿し、中国で政権運営に関する世論調査や支持率調査が行われることはないと断わりながら、習近平は、中国の一般の人々に人気があり、共産主義の中国において最初のポピュリストの総書記であると指摘した[31]。これは、習近平の大衆路線や反腐敗運動にみられる強いリーダーシップによるだけでなく、総書記就任からおよそ1年後、北京の庶民的な外食チェーン店である慶豊包子舗において、お忍びで包子を買って食べる姿が報道され、また「習大大（習おじさん）」と親しみを込めた呼び方で民衆に寄り添うやさしいリーダーを演出するといったメディア戦略によるところも大きい[32]。

　他方、「全面的な厳しい党内統治」は綱紀粛正の雰囲気を国内社会の隅々までもたらし、従来よりも広範な領域にわたって市民的活動の自由が制限されるようになった。たとえば、2013年4月、「西側の憲政民主、普遍的価値、市民社会、新自由主義、西側の報道観、歴史的ニヒリズム、改革開放への疑念」を喧伝することに対する警戒を示した中共中央弁公庁の「関于当前意識形態領域状況的通報的通知（当面のイデオロギー領域の情況に関する通報の通知）」（9号文件）、そして翌5月、党が中国各地の大学に「普遍的価値、報道の自由、市民社会、市民の権利、党の歴史の誤り、権貴資産階級（権力者・資産階級）、司法の独立」を授業でとり上げることを禁じた「七不講（七つの語ってはいけないこと）」を通達したと広く報道された[33]。また、2015年7月、中国各地の人権派弁護士らおよそ50人がかつてない規模で一斉に

検挙され、抑圧が強まることも深く憂慮されるようになった[34]。さらに2017年6月1日、データの海外持ち出しに制限をかけた「インターネット安全法」が施行され、とくに外国企業の経済活動にとって公平な競争を阻害する懸念が次々と表明された[35]。

　第五に、このような肯定的、否定的な国民感情の矛盾を孕んだ現実が生まれた一方、なぜ習近平政権が維持、強化されているのかを考えた場合、中国が歴史的に蓄積してきた「人民」に根差した大衆路線の社会関係資本を活用して、社会の底辺層を含む一般の人々の同意を再調達し、ポピュリスト的な権威主義体制（populist authoritarianism）を構築することにある程度成功した側面がある。すなわち、①中間的な組織や制度への最低限の干渉を通した国家と社会の直接的なつながり、②大衆動員を通した政治参加、③国家への政治的支持を与える見返りに、エリートが大衆の利益に奉仕する暗黙の社会契約、という政治的、社会的機能を果たす大衆路線を中国独自の政治文化として捉え、その社会関係資本を活用することによって、精巧な制度、統治者と被治者によるルールによって作られたリベラル・デモクラシーとは異なる独自の民衆参加の方法を担保するとともに、国家による社会の全体的なコントロールを可能とする全体主義とは異なる国家と社会の全面的な相互作用の上に成立する「全体的な政治（totalist politics）」を実現しようとした（Tang、2016: 5-9）[36]。

　また、近年は、普遍的価値観よりも中国独自の価値観が強調される傾向が強まり、とくに「中国模式」を唱える北京大学国際関係学院の潘維は、「民本」「官民一体」「国民一体」から成る「人民性」を強調するとともに、「新時期の大衆路線」において自然社区の伝統的な人間関係ネットワークを組み入れた中国独自の「社稷体制」を構想しており、より内在的な視点からポピュリスト的な権威主義体制を構築する理論的考察を進めていると捉えられ、今後の展開が注目される（潘、2017: 175-188; 潘・尚、2012b: 112-136）。

4　対外政策へのインプリケーション：
日中関係を参照して

　習近平政権における対内政策をみると、「中国の夢」によるナショナリズムの称揚とともに、大衆路線に端的に示されるように、「人民」を全面的に強調することにより党と大衆との関係性を再構築しようとした。さらには「人民」の凝集力を高めながら、そこに自らの権力の正統性の基盤を置くことによって、党の統治能力を高め、それと表裏一体の関係として権力闘争を推進した。このような国内政治のダイナミックな変化は、対外政策に対しても一定の影響を与える。

　第一に、習近平の強いリーダーシップの確立、強化により、習近平政権は外交問題をより安定的にコントロールすることが可能になった。習近平政権では、反腐敗運動を始めとする「全面的な厳しい党内統治」によって権力集中を進めるとともに、2017年10月の党第19期全国代表大会では、江沢民に近い関係にあった張徳江、劉雲山、張高麗の各氏が政治局常務委員を退任する一方、習近平に近い栗戦書が政治局常務委員、同様に丁薛祥（党中央弁公庁主任）、劉鶴（党中央財経指導小組弁公室主任）、李希（広東省党委書記）、李強（上海市党委書記）、李鴻忠（天津市党委書記）、陳希（党中央書記処書記、中央組織部部長、中央党校校長）、陳敏爾（重慶市党委書記）、黄坤明（党中央書記処書記、中央宣伝部部長、中央精神文明建設指導委員会弁公室主任）、蔡奇（北京市党委書記）らが政治局員として党中央、地方の要職に就任したことにより、習近平の国内政治の権力基盤が強化された[37]。これは、中国の対外政策に与える国内要因の一つとしてあげられる権力継承期間における政治エリート間の権力闘争の影響力が低下し、国内政策ばかりでなく、対外政策においても習近平政権のコントロール能力を高める効果をもたらしたことを意味する。

　また、2013年11月の党第18期三中全会で「国家安全委員会」が新たに

設置され、国家安全保障政策の中核的な役割を担う一方、同時に設立された「中央全面深化改革領導小組」とともに集権的な意思決定システムの構築と「頂層設計」によるトップダウンの国家建設が進められたことは、対外政策に与える国内要因の一つである官僚政治の競合にも影響を与え、官僚組織間の組織的利害をめぐる競争を制限する変化を部分的にもたらすと考えられる[38]。習近平政権における日中関係をみると、2014年11月の北京におけるAPEC首脳会議において、4つの合意の下、安倍首相と習近平国家主席との初めての首脳会談が実施されたことに始まり、2017年11月にはベトナムのダナンで開催された同会議において6回目の日中首脳会談を実施した。2012年9月の尖閣諸島の国有化問題で悪化して以来、両国間の問題をコントロールしながら相対的に漸進的な改善が進められたことは、これと並行して外交政策における国内要因のリスクが低下する傾向にあったことが関係していると捉えられよう[39]。

　第二に、習近平の権力集中のプロセスは、支配的なエリート、とりわけ習近平の個人的な認識が外交政策に与える影響力を強め、対外的に中国の独自性を主張する傾向を高めた。とくに習近平政権では、その発足当初から大衆路線を強調し、反腐敗運動から「全面的な厳しい党内統治」の実施に至るなか、2013年12月11日の「社会主義核心価値観の育成と実践に関する意見」、2016年7月1日の「道路、理論、制度、文化」に関する「4つの自信」の提唱、2017年10月18日の「新時代の中国の特色ある社会主義」が強調され、従来よりも社会主義路線への揺れ戻しの傾向が強まった。また、2013年4月の9号文件、同年5月の「七不講」に象徴されるように、西側諸国の憲政民主などの普遍的価値観との矛盾も深まった。さらに、「中国の夢」によるナショナリズムの発揚（2012年）、「文化強国」（2011年）、「海洋強国」（2012年）、「社会主義現代化強国」（2017年）、「新時代の強軍目標」（2017年）といったさまざまな領域における独自の強国路線も明示された。この結果、中国の独自路線が鮮明となるなか、自己主張的な外交の継続によって、既存の国際秩序との軋轢、不協和音も目立つようになり、国際社会との協調

関係が今後も両立可能なのか否かが問われ続けるであろう。

　このような視点からみると、2013年10月、周辺諸国との軋轢を回避するために進められた「周辺外交」、また2014年11月、ユーラシア大陸全域にわたる巨大経済圏の建設を大々的に提唱するに至った「一帯一路」構想は、2015年5月、北京で開催された国際協力会議において、「和平合作（平和協力）」「開放包容（開放的で寛容）」「互学互鑑（互いに学び、互いを鑑とする）」「互利共贏（互いを利し、共に勝利する／ウィン・ウィン）」といった国際協調の理念を高く掲げた一方、実態として、中国の独自性を容認する国際協調システムを再構築する試みへと転化する可能性も否定できない[40]。「一帯一路」構想について、日本はこれまで慎重な姿勢を示してきたが、中国が「一帯一路」を推進する過程において、世界第3位の経済大国の地位にあり、且つ民間企業の国際競争力の向上、国際的な投資協力、金融市場の建設などで豊富な経験を有する日本との協力の可能性は、中国には依然として魅力的に映った（楊・劉、2016）。2017年11月11日、ベトナムのダナンで行われた日中首脳会談では、両国関係の改善を加速させることで一致し、その後、日本政府は、「一帯一路」に関連して、①省エネ・環境協力、②工業団地の建設や産業の高度化支援、③アジアから欧州を横断する物流の制度改善の3分野において、日中企業の協力を促進する指針をまとめた[41]。中国が日本に見出す魅力を日中両国の戦略的互恵関係を構築する重要な政治的資源として活用し、日本が掲げる「自由で開かれたインド太平洋戦略」とともに「一帯一路」構想をより開かれた国際公共財へと発展することができるかどうかが試されている。

　第三に、習近平政権における「人民」の再強調によるポピュリスト的な権威主義体制の特性として、「民心」を重視する政治手法をとることにより、民衆レベルのナショナリズムをコントロールするよりは、むしろそれが対外政策に与える影響力を増す可能性を高めた[42]。この点に関して、とくに日中関係は本来的にナショナリズムに直結する歴史問題、領土をめぐる対立といった不可避の課題を抱えている。たとえば、2017年10～11月、日本の

言論 NPO と中国国際出版集団の両国民を対象にした世論調査では、「中国人の日本人に対する印象」について、改善傾向にある一方、「良い」（31.5％、前年 21.7％、前年比＋9.8％）、「悪い」（66.8％、前年 76.7％、前年比－9.9％）となっており、「悪い」が「良い」を大きく上回る状況が続き、その理由として「中国を侵略した歴史についてきちんと謝罪し反省していないから」（67.4％）、「日本が釣魚島を『国有化』し、対立を引き起こしたから」（63.0％）、「米国やその他の国と連携して中国を包囲しようとしているから」（53.2％）という結果が出た[43]。しかも、「日中関係と歴史問題の関係」について、中国人は「歴史問題はほとんど解決しておらず、日中関係にとって決定的に大きな問題」（56.3％）と捉え、「ある程度解決したが依然大きな問題」（30.9％）を加えると 87.2％までに達し、歴史問題が日中関係の根深い障害となっていることがうかがわれる[44]。

また、2011 年に中国社会科学院が北京、蘭州、上海、広州、昆明、長春、成都、長沙で実施した世論調査では、「中国人のロシア、米国、EU、日本に対する印象」について、「とても良い」「比較的良い」は、①ロシア（48.6％）、②EU（43.1％）、③米国（32.8％）、④日本（14.7％）となる一方、

（表2） 中国人のロシア、米国、日本、EU に対する総体的な印象

	ロシア		米国		EU		日本	
	人数	％	人数	％	人数	％	人数	％
とても良い	292	10.8	191	7.1	278	10.3	93	3.4
比較的良い	1022	37.8	695	25.7	889	32.8	307	11.3
ふつう	1180	43.6	1213	44.8	1214	44.8	990	36.6
比較的悪い	77	2.8	357	13.2	133	4.9	640	23.6
とても悪い	18	0.7	137	5.1	26	1.0	553	20.4
（小計）	2589	95.6	2593	95.8	2540	93.8	2583	95.4
わからない	91	3.4	89	3.3	133	4.9	85	3.1
回答なし	27	1.0	25	0.9	34	1.3	39	1.4
（小計）	118	4.4	114	4.2	167	6.2	124	4.6
【総計】	2707	100.0	2707	100.0	2707	100.0	2707	100.0

出所：李慎明（2014: 9）。

「とても悪い」「比較的悪い」は、①日本（44.0％）、②米国（18.3％）、③EU（5.9％）、④ロシア（3.5％）となり、日本は、ロシア、米国、EUと比較して、最も印象が悪い（表2）。これらは、中国の民衆レベルにおける日本に対する印象の悪化や日本の存在感の相対的な低下を示すと同時に、歴史問題、領土をめぐる対立が政治問題化した場合、民衆ナショナリズムを惹起しやすい状況が常態化していることをあらわしている。しかも習近平政権にみられる政治体制の特性の要因が加わることにより、両国関係の脆弱性を高める可能性があることも示唆していよう。

5　結論

　習近平政権の国内の政治過程、とりわけ大衆路線の実施とそれに続く「全面的な厳しい党内統治」のプロセスをみると、習近平のリーダーシップが強まったことが明らかとなった。しかも、その政治手法は、「人民」を権力の源泉に再定位して国民統合を図るとともに、それを梃にして党指導者層を引き締め、権力の一元化を推進する政治手段として機能した。しかし、それは毛沢東期のような階級闘争に収斂することはなく、むしろ大衆路線が「中国の夢」と連関性を有するように、「中華民族の偉大なる復興」の理念に基づくナショナリズムの発揚の下、国民統合を目指す過程で、社会的凝集力を担保する政治的、社会的資源として活用された。

　このような国内政治の変化は、対外関係において党中央の指導者層のコントロール能力を高めると同時に、逆説的に民衆ナショナリズムに影響を受けやすい体質も政治体制に内包させた。すなわち、大衆路線に基づく反腐敗運動の展開とそれに伴う権力闘争の結果、対外政策に影響を与える国内要因の一つである権力継承期間にみられる国内の政治エリート間の対立を収束させ、対外政策へのコントロール能力を高める一方、大衆路線が「人民」に根差すように、その過程で権力を掌握した習近平政権は、「人民」の動向に束縛されやすい側面も抱え込んだ。

また、グローバル化が進む現代中国において選択された大衆路線に象徴される国内の政治的方向性は、従来のような改革開放以降の自由化路線に基づきながら、協調的な国際環境のなかで経済発展と漸進的な国内政治改革を経て、より開かれた政治社会が現出するというシナリオとは異なることを示した。とくに、2017年10月の党19期全国代表大会では、「新時代の中国の特色ある社会主義」「社会主義現代化強国」が謳われ、中国の独自の発展に自信をみせるまでに至った。

　習近平政権期の中国は、東アジアの地域大国であるに止まらず、グローバル・アクターとして国際政治への影響力を拡大させ、ひいてはグローバル・パワーとしての道程を歩みつつある。他方、国内政治に目を向けると、それとは対照的な政治社会の脆弱性に対峙しながら、ポピュリスト的な権威主義体制の再編、強化が目指された。このような動向は、今後も中国の政治体制の独自性が強調され続けるばかりでなく、それが対外政策にも波及した場合、国際社会の共通ルールの形成との齟齬が構造的に深まることも示唆している。

注

1　「中国模式」論について、宇野ほか（2016）を参照。
2　2009年以降の中国の新たな自己主張的な外交を論じたものとして、Christensen（2011）、Johnston（2013）などがある。
3　国際社会における中国の影響力の拡大が自己主張的な外交の主たる要因と捉えた論議として、He and Feng（2012）がある。また、王（2015: 99-112）は、中国外交の社会基礎として、「超大社会（巨大社会）」「紅色社会（社会主義社会）」「動感社会（躍動的な社会）」「転型社会（転換期の社会）」の4つの類型をとり上げ、中国の政治社会の特徴と外交との連関性を指摘した。
4　中国は、権威主義国家であるだけでなく、政治文化の側面からみても、トップ・リーダーの影響力は大きい。たとえば、高原明生は、中国語の「領導」について、日本では「指導」と訳されるが、日本語にはない命令－服従関係の意味が含まれ、その絶対的な政治的影響力の大きさが現代中国政治を理解する鍵と指摘した（高原・前田、2014: iii-iv）。

5 「中国共産党第十九次全国代表大会関于『中国共産党章程（修正案）』的決議（2017 年 10 月 24 日中国共産党第十九次全国代表大会通過）」『人民日報』2017 年 10 月 25 日。

6 「中共中央政治局召開会議／研究部署在全党深入開展党的群衆路線教育実践活動工作／中共中央総書記習近平主持会議」『人民日報』2013 年 4 月 20 日。

7 習近平「人民対美好生活的向往，就是我們的奮闘目標（2012 年 11 月 15 日）」習（2014: 5）。

8 習近平「履行勤倹節約，反対鋪張浪費（2013 年 1 月 17 日、2 月 22 日）」中共中央文献研究室（2014: 119）。

9 習近平「依紀依法厳懲腐敗，着力解決群衆反映強烈的突出問題（2013 年 1 月 22 日）」中共中央文献研究室（2014: 135）。

10 習近平「在党的群衆路線教育実践活動工作会議上的講話（2013 年 6 月 18 日）」中共中央文献研究室（2014: 307-321）。

11 劉雲山「以高度的政治責任感、良好的精神状態和扎実的工作作風，把教育実践活動組織好、開展好（2013 年 6 月 18 日）」中共中央文献研究室（2014: 322-335）。

12 「開好専題民主生活会／教育実践活動領導小組印発《通知》要求中央紀委、中央組織部、中央党的群衆路線」『人民日報』2013 年 8 月 28 日。

13 「党的群衆路線教育実践活動取得実実在在成效／形式主義、官僚主義、享楽主義和奢靡之風得到有効整治」『人民日報』2014 年 10 月 8 日。

14 「習近平総書記在党的群衆路線教育実践活動第一批総結暨第二部署電視電話会議上的講話 2014 年 1 月 20 日（根据録音整理）」『中華人民共和国民政部／民政部職業技能鑑定指導中心』2014 年 2 月 21 日、http://jnjd.mca.gov.cn/article/zyjd/dzbjs/201402/20140200590479.shtml、2017 年 12 月 1 日最終閲覧。

15 「党的群衆路線教育実践活動取得実実在在成效／形式主義、官僚主義、享楽主義和奢靡之風得到有効整治」『人民日報』2014 年 10 月 8 日。

16 「中共中央政治局常委到第二批教育実践活動聯系点調研指導工作」『共産党員網』2014 年 3 月 30 日、http://news.12371.cn/2014/03/30/ARTI1396156834102175.shtml、2017 年 12 月 5 日最終閲覧。

17 「習近平在指導蘭考県委党委班子専題民主生活会時強調：作風建設要経常抓深入抓持久抓不断強固拡大教育実践活動成果」『共産党員網』2014 年 5 月 9 日。http://news.12371.cn/2014/05/09/ARTI1399637530448481.shtml、2017 年 12 月 5 日最終閲覧。

18 「31 個省区市党委書記指導聯系点領導班子専題民主生活会：大胆使用批評和自

19　「党的群衆路線教育実践活動取得実実在在成効／形式主義、官僚主義、享楽主義和奢靡之風得到有効整治」『人民日報』2014 年 10 月 8 日。

20　習近平「在党的群衆路線教育実践活動総結大会上的講話（2014 年 10 月 8 日）」中共中央文献研究室（2016: 85-88）。

21　「習近平首談"四個全面"強調従厳治党」『新華網』2014 年 12 月 16 日。http://news.china.com/domestic/945/20141216/19113857_all.html#page_2、2017 年 12 月 25 日最終閲覧。

22　習近平「人民対美好生活的向往，就是我們的奮闘目標（2012 年 11 月 15 日）」習（2014: 4）。

23　ハーヴェイ（2007: 169-211）は、鄧小平による改革開放政策を、党・国家による権威主義的な政治を維持しながら、経済のグローバル化の動向を国内社会の発展に結び付ける新自由主義的改革であったと評価した。

24　2013 年 11 月 12 日、党第 18 期中央委員会第 3 回全体会議（三中全会）において提起された「国家ガバナンス体系・能力の現代化」を受けて、「人民」について再考した研究として、梁（2016）を参照。

25　習近平「中国夢，復興路（2012 年 11 月 29 日）」中共中央文献研究室（2014: 83-84）。

26　「新時期的群衆路線和中国共産党－民心為導向密接聯系群衆"的基層党建探索－」黔西南州民意調査中心（2017: 342-358）。「民意調査中心」の工作目標として、「党と人民大衆の共生」が掲げられ、大衆参加を通して「共商（協議）」「共識（コンセンサス）」「共建（共同建設）」「共享（共に享受する）」「共担（シェアリング）」を実現することが謳われた。「黔西南州民意調査中心工作流程」黔西南州民意調査中心（2017: 388）。なお、調査ウェブサイトは、『黔西南州民意調査中心網／社情民意、招商安商、千部監督平台』、http://asw.qxn.gov.cn/、を参照。

27　李君如は、「全面的な厳しい党内統治」の最も重要な政治的目標は、中央指導者層の建設であると指摘した。李（2016: 99-116）。近年、呉（2015）のような、幹部の育成に関する本も多く出版された。

28　「十八届中央紀律検査委員会向中国共産党第十九次全国代表大会的工作報告」『新時代中国共産党第十九次全国代表大会』2017 年 10 月 29 日、http://cpc.people.com.cn/19th/n1/2017/1029/c414305-29615051.html、2017 年 12 月 20 日最

終確認。

29　「鉄腕反腐凝聚党心民心」人民日報社評論部（2016: 5-6）。

30　他方、「人民」を正統性の根拠に置いた政治運動は、法治の枠組みを超えて極端化する危険性が内在する。この点に関して、江口（2016: 173-177）は、徳治主義の観点から大衆路線の特徴と問題点を論じた。

31　Salvatore Babones, 'Xi Jinping: Communist China's First Populist President', *Forbes*, October 20, 2017, https://www.forbes.com/sites/salvatorebabones/2017/10/20/populism-chinese-style-xi-jinping-cements-his-status-as-chinas-first-populist-president/#76df6c94152e、2017 年 12 月 15 日最終閲覧。

32　「習近平在北京慶豊包子鋪，叮嘱把食品安全放在第一位」『中国青年網』、2013 年 12 月 28 日、http://news.youth.cn/wztt/201312/t20131228_4455081.htm、2017 年 12 月 15 日最終閲覧、「図解：習大大"暖心"的 10 句話」『中国青年網』、2015 年 1 月 25 日、http://news.youth.cn/wztt/201501/t20150125_6431622.htm、2017 年 12 月 15 日最終閲覧。

33　海外で報道された記事として、Chris Buckly, 'China Takes Aim at Western Ideas', *The New York Times*, August 19, 2013, http://www.nytimes.com/2013/08/20/world/asia/chinas-new-leadership-takes-hard-line-in-secret-memo.html?_r=0、2017 年 12 月 15 日最終閲覧、がある。また、2014 年 5 月、その内容を海外メディアに流したとして著名ジャーナリストの高瑜氏が刑事拘留され、2015 年 4 月 17 日、北京市第 3 中級人民法院において、国家機密漏洩の罪で懲役 7 年の実刑判決が言い渡され、国際的な関心を集めた。Chris Buckly, 'Chinese Journalist Sentenced to 7 Years on Charges of Leaking State Secrets', *The New York Times*, April 16, 2015, https://www.nytimes.com/2015/04/17/world/asia/china-journalist-gao-yu-gets-7-year-sentence.html、2017 年 12 月 15 日最終閲覧。他方、高瑜氏の刑事拘留に関する欧米諸国からの人権侵害の批判は当たらないとした反論として、「社評：境外伝機密文件犯法，這是常識」『環球網』2014 年 11 月 22 日、http://opinion.huanqiu.com/editorial/2014-11/5211818.html、2017 年 12 月 15 日最終閲覧、がある。

34　「人権派弁護士ら 50 人連行／中国全土異例の規模」『朝日新聞』2015 年 7 月 12 日。

35　「中国のデータ持ち出し制限『競争阻害も』」『朝日新聞』2017 年 11 月 23 日。

36　大衆路線の歴史的展開については、羅（2013）を参照。なお、近年の世界的な潮流の一つとしてポピュリズムの興隆があげられ、異なる政治的文脈ではある

が、大衆の影響力が強まる政治状況に関する比較考察の課題が残る。ポピュリズムに関しては、水島（2016）、ミュラー（2017）を参照。
37 「中共十九届中央領導機構成員簡歴」『新時代中国共産党第十九次全国代表大会』2017年10月25日、http://cpc.people.com.cn/19th/n1/2017/1025/c414305-29608953.html、2017年12月17日最終閲覧。
38 「国家安全委員会」については、高木（2017）を参照。
39 国分（2017: 231）は、2014年6月末の徐才厚の党籍剥奪、同年7月末の周永康の収賄事件の立件が、習近平が江沢民派に対して決定的な勝利を遂げた時期とし、これと重なるように、同年末、福田康夫元首相と谷内正太郎国家安全保障局長が訪中し、同年11月の4つの合意を確認し、対日関係の転換点となったことを指摘した。
40 習近平「携手推進"一帯一路"建設（2017年5月14日）」習（2017b: 506-508）。
41 「日中企業協力促進／『一帯一路』で指針／政府、省エネなど3分野」『朝日新聞』2017年12月5日。
42 Ross and Li（2016: 249-250）は、習近平政権においても民衆ナショナリズムが外交に影響を与え続けることを指摘した。
43 「『第13回日中共同世論調査』結果」『特定非営利活動法人　言論NPO【「議論の力」で強い民主主義をつくり出す】』2017年12月12日、http://www.genron-npo.net/world/archives/6837.html、2018年1月20日最終閲覧。なお、「中国人の日本人に対する印象」ばかりでなく、「日中関係の現在」についても、「良い」（22.8％、前年14.0％、前年比＋8.8％）、「悪い」（64.2％、前年78.2％、前年比－14％）と改善しており、今後の日中関係に対する悲観論は徐々に後退している。
44 同上。

参考文献

日本語
青山瑠妙・天児慧（2015）『超大国・中国のゆくえ2／外交と国際秩序』東京大学出版会。
宇野重昭・江口伸吾・李暁東（2016）『中国式発展の独自性と普遍性―「中国模式」の提起をめぐって』国際書院。
江口伸吾（2016）「現代中国の国家建設と『公民社会』のガバナンス―市民社会・ボトムアップ型国家コーポラティズム・人民社会をめぐって」宇野ほか（2016）、

157-185 頁。

川島真（2014）「問題としての中国」遠藤誠治・遠藤乾責任編集『シリーズ日本の安全保障1／安全保障とは何か』岩波書店、147-176 頁。

──責任編集（2015）『シリーズ日本の安全保障5／チャイナ・リスク』岩波書店。

国分良成（2017）『中国政治からみた日中関係』岩波書店。

高木誠一郎（2017）「『中央国家安全委員会』について」『平成28年度外務省外交・安全保障調査研究事業／国際秩序動揺期における米中の動勢と米中関係／中国の国内情勢と対外政策』公益財団法人日本国際問題研究所（http://www2.jiia.or.jp/pdf/research/H28_China/）、7-19 頁。

高原明生（2016）「習近平政権の外交と日米中関係」天児慧・李鐘元編『東アジア和解への道──歴史問題から地域安全保障へ』岩波書店、123-138 頁。

──・前田宏子（2014）『シリーズ中国近現代史⑤／開発主義の時代へ 1972-2014』岩波書店。

ハーヴェイ, デヴィッド／渡辺治監訳／森田成也・木下ちがや・大屋定晴・中村好孝訳（2007）『新自由主義──その歴史的展開と現在』作品社（原書：Harvey, David（2005）*A Brief History of Neoliberalism*, New York: Oxford University Press）。

水島治郎（2016）『ポピュリズムとは何か──民主主義の敵か、改革の希望か』中央公論新社。

ミュラー, ヤン＝ヴェルナー／板橋拓巳訳（2017）『ポピュリズムとは何か』岩波書店（原書：Müller, Jan-Werner（2016）*Was ist Populismus?*, Berlin: Suhrkamp Verlag；English Edition,（2016）*What is Populism?*, Philadelphia: the University of Pennsylvania Press）。

（新聞）
『朝日新聞』

（ホームページ）
『特定非営利活動法人　言論NPO【「議論の力」で強い民主主義をつくり出す】』
　http://www.genron-npo.net/

英語

Chang Liao, Nien-Chung (2016) 'The sources of China's Assertiveness: the System, Domestic Politics or Leadership Preferences?', *International Affairs*, 92: 4, pp. 817-833.

Christensen, Thomas J. (2011) 'The Advantages of an Assertive China: Responding to Beijing's Abrasive Diplomacy', *Foreign Affairs*, 90: 2, pp. 54-67.

Goldstein, Avery (2012) 'China's foreign policy and the leadership transition: prospects for change under the 'fifth generation'', in Gilbert Rozman (ed.), *China's Foreign Policy: Who Make it, and How is it Made?*, New York: Palgrave Macmillan, pp. 39-64.

He, Kai and Huiyun Feng (2012) 'Debating China's Assertiveness: Talking China's Power and Interests seriously', *International Politics*, 49: 5, pp. 633-644.

Jakobson, Linda (2016) 'Domestic Actors and the Fragmentation of China's Foreign Policy', in Ross and Bekkevold (eds.) (2016), pp. 137-164.

Johnston, Alastair Iain (2013) 'How New and Assertive is China's New Assertiveness?', *International Security*, 37: 4, pp. 7-48.

Ross, Robert S. (2013) 'The Domestic Sources of China's "Assertive Diplomacy," 2009-10', Rosemary Foot (ed.), *China Across the Divide: The Domestic and Global in Politics and Society*, New York: Oxford University Press, pp. 72-93.

────── and Jo Inge Bekkevold (eds.) (2016), *China in the era of Xi Jinping: Domestic and Foreign Policy Challenges*, Washington, DC: Georgetown University Press.

────── and Mingjiang Li (2016), 'Xi Jinping and the Challenges to Chinese Security' in Ross and Bekkevold (eds.) (2016), pp. 233-263.

Tang, Wenfang (2016) *Populist Authoritarianism: Chinese Political Culture and Regime Sustainability*, New York: Oxford University Press.

Zhao, Quansheng (1996) *Interpreting Chinese Foreign Policy*, New York: Oxford University Press.

(ホームページ)

Forbes, https://www.forbes.com/
The New York Times, https://www.nytimes.com/

中国語

李君如主編(2014)『"三個代表"重要思想研究会暨中国特色社会主義理論体系研究会 2013／党的群衆路線与中国特色社会主義理論』中国社会科学出版社。

───(2016)『弁好中国的事情，関鍵在党』中国人民大学出版社。

李慎明主編(2014)『中国社会科学院国情調研叢書／中国民衆的国際観(第4輯)』社会科学文献出版社。

梁孝(2016)『推進国家治理体系和治理能力現代化叢書／人民是国家的真正主人』国家行政学院出版社。

羅平漢主編(2013)『中国共産党群衆路線思想史』人民出版社。

欧黎明・于建栄主編(2014)『様開好民主生活会』紅旗出版社。

潘維(2017)『信仰人民─中国共産党与中国政治伝統』中国人民大学出版社。

───・尚英(2012a)「維穏与久安之道─変"覆盖"為"参与"的"新時期群衆路線"」(上)、『研究報告』総第 61 号、No. 2012-07、北京大学中国与世界研究中心、1-78 頁。

───・尚英(2012b)「維穏与久安之道─変"覆盖"為"参与"的"新時期群衆路線"」(下)、『研究報告』総第 62 号、No. 2012-08、北京大学中国与世界研究中心、79-137 頁。

黔西南州民意調査中心(2017)『民心的傾聴』中国社会科学出版社。

人民日報社評論部編(2016)『民心是最大的政治─全面従厳治党新観察』人民日報社。

王逸舟(2015)『"創造性介入"三部曲之三／創造性介入 - 中国外交的転型』北京大学出版社。

呉黎宏編著(2015)『好干部是如何煉成的』北京聯合出版公司。

習近平(2014)『習近平談治国理政』外文出版社。

───(2017a)『決勝全面建成小康社会奪取新時代中国特色社会主義偉大勝利─在中国共産党第十九次全国代表大会上的報告(2017 年 10 月 18 日)』人民出版社。

───(2017b)『習近平談治国理政』第二巻、外文出版社。

楊伯江・劉瑞主編(2016)『"一帯一路"推進過程中的日本因素』中国社会科学出版社。

中共中央文献研究室編(2014)『十八大以来重要文献選編』(上)、中央文献出版社。

───編(2016)『十八大以来重要文献選編』(中)、中央文献出版社。

（新聞）
『人民日報』

（ホームページ）
『共産党員網』http://www.12371.cn/
『環球網』http://www.huanqiu.com/
『黔西南州民意調査中心網／社情民意、招商安商、千部監督平台』http://asw.qxn.gov.cn/
『群衆路線網』http://qzlx.people.com.cn/
『新時代中国共産党第十九次全国代表大会』http://cpc.people.com.cn/19th/GB/index.html
『中国青年網』http://www.youth.cn/
『中華人民共和国民政部／民政部職業技能鑑定指導中心』http://jnjd.mca.gov.cn/

※本章は、日本学術振興会科学研究費補助金基盤研究（C）「現代中国の大衆路線と政治的・社会的ガバナンス－社会変動期の党の指導をめぐって」（研究課題番号：26360019）の成果の一部である。

第 3 部　中国の国際秩序観と歴史の教訓

第7章　中国とアメリカの国交樹立プロセスにおける台湾問題（1977-1979）：
アメリカ外交文書に基づく考察

張　　紹　鐸

はじめに

　中国とアメリカの関係の中で台湾問題の重要性は明らかであり、言うまでもなく学界の関心を集めるポイントである。中国とアメリカの国交樹立プロセスの中で台湾問題に関する研究は、両国の国交樹立後に重要な成果を上げている。宮力、蘇格、陶文釗などの中国の学者は、関連する著作の中でいずれもこれに触れている[1]。アメリカの学界では1980年代において、すでに多数の研究が行われていた[2]。しかし、当時関連する機密文書はまだ公開されておらず、それら研究の深さは制限を受けざるをえなかった。今世紀に入り、中米双方の新資料が大量に出現するにしたがって、より多くの重みのある研究成果が続々と発表された。李捷は中国国内の政治変化の角度から中国政府の中米国交樹立プロセスにおける台湾問題処理についての原則と柔軟性を研究している[3]。張清敏はアメリカ側の資料によって、アメリカの台湾への武器売却政策確立の経緯を考察している[4]。趙学功はアメリカで情報公開された機密文書によって、カーター政権の対中政策制定のプロセスを概説している[5]。ギャリソンはアメリカで情報公開された機密文書によって、国際環境と国内政治、外交政策顧問の影響の三方面から、カーター政権の対中政策制定のプロセスを考察している[6]。エンリコ・ファルデッラはアメリカで

情報公開された大量の機密文書によって、中米双方の戦略と国内政治との符合度という二方面から、中米関係正常化のプロセスを検討している[7]。近年では、日本の学界でも研究成果が出ている[8]。

本稿は前述の研究をベースに、2013年に刊行された『卡特政府時期美国対外政策文件集』（カーター政権期のアメリカの対外政策文書集）第13巻（中国巻）に依拠しつつ、あわせて中国大陸と台湾の関連資料を結びつけ、中米国交樹立プロセスでの台湾問題をめぐる外交折衝を詳細に考察する。

1　カーター政権初期の対中政策

1977年1月、民主党のジミー・カーター（James Earl Carter, Jr.）はアメリカ大統領に就任した。彼は回想録の中でその当時の考えを、「中華人民共和国と関係を改善しても、台湾の安全保障に対する義務を絶対に放棄しない」[9]と述べている。実のところ、カーターは外交、とくに中米関係について専門的な知識をもっていたわけではなかった。しかし、彼が大統領に当選したとき、ブレジンスキー（Zbigniew Brzezinski）国家安全保障問題担当大統領補佐官をはじめとするブレーンたちは、中米関係について、米中外相級会談を求めて、台湾に武力行使しないことを中国に承諾させるよう模索する一方、台湾の駐留米軍を引き続き削減することを進言していた[10]。1977年1月初め、新任の国務長官であるヴァンス（Cyrus Roberts Vance）は、キッシンジャー（Henry A. Kissinger）や中国の黄鎮駐米連絡所主任との夕食会の席上で、新政権は上海コミュニケの立場を変えることはありえないと表明し、黄鎮は台湾問題において「断交」「撤退」「撤回」の三原則を主張した[11]。1977年2月8日、カーター率いるモンデール（Walter Mondale）副大統領、ヴァンス国務長官、ブレジンスキー国家安全保障問題担当大統領補佐官など政権幹部は黄鎮と会見し、中国側に上海コミュニケの原則を遵守する立場を伝えた。黄鎮は、中国側は中米関係正常化については忍耐強く、アメリカの準備が整いさえすれば、中国はおのずと正常化実現を促進するだろ

うと表明した[12]。このことから見ると、カーター政権は中米関係をどのように進めるのかという問題について、深くは検討しておらず、まだ手探りの段階にあったということがわかった。

しかし、台湾当局の駐米代表は不快感を抱いた。当時の「外交部」常務次長銭復は、「駐米大使」がヴァンスに面会を再三申し込んでも応えがないにもかかわらず、カーターは黄鎮を早々に接見した、と抗議した[13]。これは台湾当局に大きな挫折感を抱かせるものだったのである。

カーター大統領はどのように対中政策を定めるのかということについて、まだはっきりとした意見を作り上げていなかったが、彼の身辺の高官たちは中米関係を積極的に推進させようというコンセンサスを形成しつつあった。1977年初め、ジョージ・ブラウン（George S. Brown）統合参謀本部議長とハロルド・ブラウン（Harold Brown）国防長官は、米ソ中の大三角関係の戦略から考慮して、積極的に米中関係を推進し、双方の軍事面での協力を拡大すべきであり、台湾当局との関係はこの大局にしたがって、中国人が台湾問題を平和的に解決するという前提のもと、台湾当局との関係を調整すべきだと進言した。ブレジンスキーはこれに全面的に賛同し、そして彼を中心に中米関係の推進を研究するという方針を打ち出した[14]。ブレジンスキーの指示により、オクセンバーグ（Michel Oksenberg）は前政権と中国指導部間の談話記録を整理し、中国に対するアメリカの「秘密保証」とでも称すべき「五項目」にまとめた。

(1) アメリカは「一つの中国」を認め、台湾は中国の一部分であって、台湾の地位が定まっていないとは公言しない。
(2) アメリカは台湾の独立を支持しない。
(3) アメリカは自身の影響力を行使して、アメリカ撤退後の台湾に日本勢力を引き入れることをさせない。
(4) アメリカは台湾問題の平和的解決についていかなる方法をも支持する。
(5) アメリカは関係正常化の実現を図る（ニクソン（Richard Nixon）が

1976年に提案した）。

この他にニクソンとキッシンジャーは、さらに二つの承諾をしていた。

(1) アメリカは事前の協議なしに、中国の利益に影響を及ぼす事柄には関与しない。
(2) アメリカは台湾での軍事力を漸減し、正常化プロセスを進める。

カーター大統領はこの総括を詳しく検討し、これら「秘密保証」の継続を認めたが、ただ台湾問題をどのように解決するのかということについては決めかねていた[15]。ヴァンス国務長官は機が熟していないと考え、中米関係を積極的に進めることに反対した[16]。この後、カーター政権の主な関心が中東問題や米ソ間の第二次戦略兵器制限交渉、パナマ運河条約などの問題に向けられたため、国内政治上のリスクを冒してまで中米関係を推進しようとはせずに、「対中政策が大統領就任直後の数週間だけ取り沙汰されたものの、その後、中国問題は事実上放置された」[17]。

2　ヴァンス国務長官の訪中と交渉頓挫

1977年春、ヴァンスはモスクワを訪問したが、ソ連との交渉は順調なものではなかった[18]。それを背景として、4月11日ヴァンスはカーター大統領に中国との関係正常化についての覚書を提出し、台湾問題は疑いなく米中国交樹立に対する障碍の最たるものであると指摘した。最大の問題はアメリカの台湾に対する安全保障であった。彼は「北京との国交樹立のために台湾の人々の幸福を損なわせるべきではない」と主張し、中国側に「台湾問題を武力で解決しようとするような振る舞いは、米中関係構築に深刻な結果（アメリカの直接介入）をもたらす」と述べた。彼はさらに、台湾の安定のため、アメリカは台湾への武器供与と非公式な政府間関係を維持しなければならないとも主張した。カーター大統領はヴァンスの見解に賛同し、「中国人と私はともに（外交関係樹立について）まったく焦ってはいない」とし、「アメリカの武器供与によって台湾はいかなる進攻にも長期間にわたって抵

抗できる」と考えていた[19]。カーターとヴァンスは対ソ戦略からすれば、中国との国交樹立が有益であると捉えていたが、その実現時期が先に延びようとも、台湾問題を急いで処理してまで中米国交樹立の道を整えなくともよいと考えていたのである。

しかしブレジンスキーはそのように考えていなかった。6月14日、彼はカーター大統領に再度建議し、米中関係を全面的に推進し、前政権の承諾を保証して信頼を深めつつ、早急に北京との外交関係確立に努めることを主張した。台湾問題に関しては、彼は現在の公式の条約を非公式な取り決めと置き換えることによって、中国に米台の安全保障関係を受け入れさせることを主張した[20]。

半年ほどの作業によって、カーター政権の中国政策に関する総合的な文書「大統領検討覚書第24号」（PRM—24）の基本が形作られた。この覚書をめぐる討論の中で、国務省、財務省、国防総省、統合参謀本部などすべての部門が覚書の第1条に賛同した。それはすなわち、遠くない将来において、北京と全面的な外交関係を樹立するが、台湾への武力行使をしないことを北京が保証してこそはじめて国交樹立三原則に応えることができ、同時にアメリカと台湾の経済、文化関係には損害を被ることなく、アメリカが台湾への武器売却を続けるというものである[21]。

7月初め、カーターは間もなく北京へ向かう新任の駐華連絡所主任ウッドコック（Leonard Woodcock）を引見した。その席で、カーターは「私は米中関係正常化を支持しており、国内の政治的干渉を乗り越えることもできるだろうが、唯一の障碍はアメリカが台湾の安全保障を放棄できないということである」[22]と強調した。

7月30日、カーターはヴァンス、ブレジンスキー、ブラウン、ホルブルック（Richard Holbrooke）、オクセンバーグなどを集めて対中政策とヴァンスの訪中について検討した。ホルブルック東アジア・太平洋担当国務次官補は、中国が、台湾を武力解放する権限があると公然とは表明しないこと、アメリカの台湾への兵器弾薬売却継続を黙認すること、という2点を受け入れざ

をえないと考えていた。なぜなら、もし中国がアメリカの台湾への武器売却を容認できないならば、彼らは国交樹立三原則に武器販売を禁止する第4の原則を加えていたはずだからである。オクセンバーグとヴァンスはともに、北京に向かって国交樹立三原則の受け入れを公表すれば、ニクソンの五つの保証から後退することになると主張した[23]。言い換えれば、カーター政権の高官たちは交渉において面従腹背な手段を用いて中国側を従わせようとしていたのである。しかし、ブレジンスキーはそのような楽観的な見方はしておらず、会合の後でカーターに、ヴァンス訪中での中国指導者との会談はアメリカのグローバル戦略を指針にするべきであり、米中関係正常化に行き過ぎた楽観を抱くべきではないと注意を促した[24]。

　ヴァンスの訪中前夜、カーターは書面でヴァンスに注意を与えた。その中で強調されたのは、今回の訪中の最大の目的は、北京の台湾問題に対する柔軟性を得ることにあり、すなわち、北京が台湾問題の平和的解決に関するアメリカの言説に公然とは反論しないということに同意するか、あるいはそれを黙認し、同時に中国の指導者に台湾が自衛するための武器をアメリカが確保することを理解させるということである[25]。中国の戦略的地位に対する配慮が不十分だったためなのか、あるいは交渉での駆け引きのカードを増やそうとする考えだったのか、ヴァンスはアメリカ側が作成した米中国交樹立コミュニケの草案における「人民共和国のこの問題での立場を鑑み、アメリカは人民共和国が中国の唯一の合法的政府であることを認め、中国側の立場を理解し、中国は一つだけであり、台湾は中国の一部分である」という表現から、「台湾は中国の一部分である」を削除した。オクセンバーグはこれを重大な後退であり、中国側の強い不満を招くと考えた。しかしヴァンスは自分の意見に固執した[26]。このことはヴァンスの北京への旅に暗い影を落とした。

　8月21日、ヴァンスとオクセンバーグは北京に到着した。8月23日午前、黄華など中国側の外交官との2回目の会談で、ヴァンスは中国側の国交樹立三原則への回答をベースにしつつも、アメリカの国内政治を考慮して、カー

第 7 章　中国とアメリカの国交樹立プロセスにおける台湾問題（1977-1979）

ター政権は台湾問題の平和的解決に関心を抱いていると表明する必要があり、中国側がアメリカ側の考えや発表に反論して武力解放を主張するような声明を発表しないことを希望すると述べた[27]。アメリカ国内には台湾当局に同情的な利益団体がたしかに存在していたが、ブレジンスキーは、その利益団体が米中関係正常化の大きな障碍にはなりえないと考えていた[28]。黄華は、その場ではヴァンスの考えに対してはっきりとした態度を示さなかった。しかし、翌日、明らかに上層部の指示を仰いできたと思われる黄華は、アメリカ側の立場を激しく批判し、アメリカが蔣介石を支援して中国人民を殺戮することと、軍隊を派遣して台湾を占拠していることは、中国人に対する二つの負債であり、中米国交樹立は台湾問題における「断交」「撤退」「撤回」の三原則に合致しなければならず、アメリカ側の国交樹立案は口先だけで、上海コミュニケの精神に違反すると指摘した。「中国人民は早晩台湾を解放する。それについて他人の許可は必要ない。もし私たちの世代が台湾を解放することができなければ、次の世代が必ずやり遂げるのだ。……あなた方は台湾をまだ必要としているようだ。あなた方は私たち２カ国間の関係正常化を遅らせている。このままでは、あなた方は中国人民に対する債務を拒み続けることになり、時間を遅らせるほど負債はますます重くなるのだ」[29]という黄華の言葉遣いは激烈であり、間違いなくヴァンスに衝撃を与えたのだった。

その日の午後、鄧小平はヴァンスを接見した際、アメリカ側が提示した中米関係正常化案は、上海コミュニケと比較して前進したものとはなっておらず、後退してしまったと指摘した。「私たちはアメリカが中国の領土である台湾を占拠しているという事実を明らかにしなければならない。現在の問題は、アメリカが台湾を制御しており、中国人民が自身の祖国統一を実現することができないということにある。私たちは、中米関係正常化を実現するには、台湾問題における三つの条件、すなわち撤回、撤退、断交があり、日本方式を採るのだと何度も述べてきた。率直に言えば、日本方式自体が譲歩である。今はアメリカが決断しなければならない。民間の往来について私たち

は同意してもよい。あなた方のこの草案は、二つの問題に集約される。第一に、あなた方が私たちに武力で台湾を解放しないという義務を実質的に承諾させようというのは、事実上の中国への内政干渉である。第二に、あなた方が提示した看板を掲げない大使館というのは、実際のところ逆さまにした連絡所の複製でしかない。私たちは、この草案に同意することはできない。なぜならば、これはアメリカが中国に債務を負っているのであって、中国がアメリカに債務を負っているわけではないというキッシンジャー博士が認めた歴史の源と真実の状況を実質的に否定しているからである。この点を明らかにすれば、問題はすぐに解決する。台湾問題は中国の内政であり、他者は干渉できない。私たちは三つの条件に基づいて中米国交樹立が実現するのであれば、アメリカが関与しないという条件のもと、平和的方法により台湾問題の解決に努めるが、武力解決を排除するわけではない。中国政府は台湾問題の解決に対して忍耐強いのである。私たちが立場を明らかにすることは、中米関係を改善するプロセスにおいて、台湾問題を処理する際に、より従容かつ適切に当たるためであり、私たちがグローバル戦略の方面においてコンセンサスを得るためである。しかし中国がこの問題の解決を無期限に先延ばしにするとは誤解しないでもらいたい」[30]。鄧小平の道理にかなった厳しい言葉は、中国側の台湾問題における基本的な立場を再び明らかにしたのだった。

　ヴァンスの訪中は中米関係正常化問題で何ら実質的な進展を得ることがなかったばかりでなく、中国側はアメリカ側のコミュニケを発表しようという提案にさえ同意しなかった[31]。しかし、この過程の中で、中国側はアメリカ側に台湾問題における確固たる立場を表明したのだった。

3　鄧小平のシグナルとブレジンスキーの主導的役割

　ヴァンスが北京でいかなる進展も得られず、またカーター政権が外交の主な関心をパナマ運河条約問題に向けたこともあり、中米関係はしばらく放置

第7章　中国とアメリカの国交樹立プロセスにおける台湾問題（1977-1979）　167

された[32]。しかしブレジンスキーはカーター大統領に対中政策を絶えず献策し続けた。彼は、まず黄華の国連総会出席の機会を利用して、カーター大統領との短時間の会談を提案したが、黄華のスケジュールと合わなかったために実現しなかった[33]。最終的には、ヴァンスとウッドコックが黄華とニューヨークで会談をもち、中米関係正常化問題について、ウッドコックをアメリカ側の担当者とし、北京で話し合いを続けることが決められたのである[34]。

　11月3日、モンデール副大統領がホワイトハウスのウエストウイング内ルーズベルトルームで催した離任間近の黄鎮駐米連絡所主任のための送別昼食会に、カーター大統領は特別に時間を割いて出席した。カーターは、一大使を見送るために送別会を催すことは前例のないことだが、このような機会は大変喜ばしいと述べた[35]。昼食会が始まる前に、黄鎮はメディアの前でブレジンスキーを中国に招待し、ブレジンスキーも喜んで招待に応じた。実は、これは事前にオクセンバーグが中国側に提案していたことであった[36]。ブレジンスキーは、ヴァンスとの関係は良好で意思の疎通ができているとしていたが、彼が中国訪問の招待を受けたことは、やはりさまざまな臆測を呼ぶことになった。ブレジンスキー自身も、自分が第二のキッシンジャーになるのではないかとヴァンスの部下が心配していることを認めていた[37]。1978年2月初め、休暇で帰国したウッドコック駐華連絡所主任は『ワシントンポスト』の取材を受け、中国大陸と正常な関係を欠いていることはまったく正しくない状態であると述べた[38]。ウッドコックは中米関係の進展を企図しており、ブレジンスキーの訪中に期待していたのである。ブレジンスキーはアメリカが中国の戦略的重要性を見落としていると捉えており、米ソ中の三角関係を憂慮していた。彼は、戦略兵器制限交渉の締結とアフリカの角における米ソ対立では、いずれも中国を重視すべきであり、1978年の内にアメリカ高官を訪中させて中米関係を推進しなければならないと考えていた。「（ワシントン）と北京の関係は2本の軌道によって構成される。二国間戦略という軌道とグローバル戦略という軌道である。二つは互いに影響し合い、正常化は（ワシントンが）北京と率直で誠実な対話を進める能力を増強させる」

[39]。これから分かるのは、ブレジンスキーがアメリカのグローバル戦略に基づく国務省主導の対中政策に不満を抱いており、米中関係を直接推進したがっていたということである。ほどなくして、彼はカーターに訪中を申請したが、カーターはすぐには可否を下さず、ただ一週間以内に答えるとした[40]。実を言えば、ヴァンスはブレジンスキーの訪中に反対しており、カーターは熟考を重ねた後にようやくブレジンスキーの中国派遣を決めたのだった[41]。これ以降、ブレジンスキー国家安全保障問題担当大統領補佐官の対中政策や対外政策におけるカーター大統領への影響力は増大し、中米関係正常化を推進するプロセスにおいて代えがたい重要な役割を果たすことになった。

以前、毛沢東が中米関係の緩和を推進したのは、主に対ソ戦略に基づくものであった。中国の指導部では四人組が失脚すると、鄧小平が順当に復権し外交を司ることになった。文革の破壊を受け、中国の経済は破綻寸前であり、中国の指導部はアメリカをリーダーとする西側資本主義国家の資金や技術、マネジメントを利用した生産の回復と発展を急ぎ、四つの近代化の実現を推進した。これは中国が中米関係発展を推進させるもう一つの重要な原動力となったのである。台湾問題において、アメリカとどのように妥協するのかということは、鄧小平をトップとする中国指導部の英知を試すものであった。

1978年1月4日午後、鄧小平はアメリカ民主党のエドワード・ケネディ（Edward Kennedy）上院議員との会見の際に、中米関係正常化の鍵となるものは台湾問題であり、その解決が中国の主権問題であることは、疑いを差し挟む余地もないと述べた。「私たちは両国の正常化の進展が迅速であることを望んでおり、もしこの問題が解決したら、両国人民がみな喜ぶであろうと信じている。結局の所、中米2カ国の関係問題は、政治の角度から考えなければならない。遠大な戦略的観点に基づいて解決されなければならないのである」[42]。2月16日午前、鄧小平はさらにアメリカ民主党のヘンリー・ジャクソン（Henry Jackson）上院議員との会見の中で、「われわれは世界の先

第 7 章　中国とアメリカの国交樹立プロセスにおける台湾問題（1977-1979）

進的な技術と経験を導入したい。アメリカへの視察に止まらず、その他の先進国も視察している。この方面で、中国との合作を望む国家は数多い。中米関係がもし少しでも早く正常化したならば、中米貿易の発展の速度はずっと速いものとなるだろう。アメリカ政府は中米関係正常化問題をスケジュールに入れていないが、アメリカの多くの友人は、正常化問題に対して積極的な姿勢である。毛沢東主席は、かつてキッシンジャー博士に、この問題は長い目で見なければならず、中国を 1 枚のカードとして扱ってはいけないと語ったことがある。中米間の関係は政治問題であって、外交問題ではない。もしカーター大統領が中国にいらっしゃったら、私たちは心から歓迎する、しかし対等にできないのなら、わが国の指導者がワシントンに赴くことはない。なぜなら、あなた方の所には国民党の『大使館』がまだあるからだ。中米関係がもし正常化を実現できたならば、華国鋒総理は多忙で行くことができないものの、私が最初にワシントンに行きたい」[43]と述べた。鄧小平はアメリカ民主党の有力議員に影響を与えることによって、カーター政権の対中政策に間接的に影響を及ぼそうとしていたのである。

　同時に、中国政府はアメリカに向けてさらに多くの友好的なシグナルを送った。たとえば二つの離散家族にビザを発給し、北京連絡所の拡張に同意した。これらのシグナルは国家安全保障会議の中国担当たるオクセンバーグにキャッチされた[44]。

　カーター大統領の裁可を得たブレジンスキーは、新任の中国駐米連絡所主任韓叙と 2 回会い、訪中の日時と議事日程について意見を交換した[45]。ヴァンス訪中のマイナスのイメージに鑑み、4 月 4 日、韓叙はオクセンバーグとの会談の中で、アメリカ側にブレジンスキーの中国訪問の機会を利用して、停滞することなく、上海コミュニケをベースとして中米関係を前進させようと促した[46]。

　同日、国務省と国防省、国家安全保障会議の補佐官級の官僚数名が一緒にこの三部門のトップに覚書を提出したが、その内容の大半は中国に関するものであった。米中関係正常化の時期について、覚書は遅くとも 1979 年初頭、

そうでなければ 1981 年にまで遅れると示した。覚書は正常化について、ブレジンスキーの訪中、ウッドコックと中国側の秘密交渉、ヴァンスの訪中、大統領の関係正常化宣言および議会対応という 4 段階で進めることを提案した。第 1 段階では、ブレジンスキーは中国側に対して、カーター政権が米中関係正常化を重視していることを強調し、そしてウッドコックはできうる限り速やかに中国との秘密交渉を開始する。第 2 段階では、ウッドコックが中国側の国交樹立三原則を満たしつつ、アメリカの台湾地域での利益を守る。非公式の機関によって貿易や文化的交流を維持する一方、台湾問題の平和的解決に対するアメリカの関心を表明し、台湾の核兵器開発を阻止しつつ、台湾が自衛のための武器を取得することを保証し、議会に中米関係正常化後の米台関係を維持する立法を求める。第 3 段階のヴァンスの訪中はウッドコックの秘密交渉の仕上げとして北京に赴くのであり、前回のような成果のないものにはなりえない。第 4 段階では、カーター大統領がワシントンで北京を承認することを宣言し、親台湾派議員の抵抗に適切に対処し、華国鋒あるいは鄧小平を訪米に招待する[47]。その後の中米関係正常化推進の実際の進展を見ると、第 3 段階以外は、この覚書の筋書きとほとんど同じであった。

　その後、中国側との協議を経て、カーター政権は 4 月 26 日に、ブレジンスキーの 5 月 20 日の中国訪問を発表した。偶然にも蒋経国はこの日総統に就任しようとしていた。台湾側はすぐアメリカ側に日程を変更するように求めたが、婉曲的に断られた[48]。中米関係正常化が加速していく情勢に直面した台湾当局の物寂しさは言うまでもない。

　ブレジンスキーの訪中の前、ヴァンスとブラウン、ブレジンスキーは共同でカーター大統領への覚書を作成し、そこで中米関係正常化問題について詳細な検討をしていた。覚書はブレジンスキーの訪中を契機に中米正常化交渉を始めようというものであった。カーター政権にとって、正常化の迅速な実現には次の利点があった。

　(1) ソ連との関係で均衡を保つのに役立ち、米ソ戦略兵器制限交渉に有利に働く。

(2) 現段階の中国国内の政治的雰囲気はアメリカに友好的であり、この好機を逃すべきではない。
(3) アジアの同盟国との関係のバランスを取り戻して強化する。

欠点は次のことであった。
(1) 中国人はアメリカ側の条件を受け入れない可能性があり、とりわけアメリカが台湾への武器売却を続けるという条件は、交渉の成功を困難なものとする。
(2) 中国との関係正常化が成立する前に、アメリカ議会と公聴会は台湾との同盟破棄について質疑を行い、台湾当局もこれを有効に利用し、議会では強硬な反中国議員が憲法の側面から挑戦してくる。「米華相互防衛条約」の停止には上院の「助言と同意」を経なければならない。
(3) 議会はアメリカと非政府(すなわち台湾)との非公式的な関係を保障する立法をすべきだが、これは前例がない。

また、法律顧問たちは「米華相互防衛条約」の停止は議会を経なくともよいと考えていたが、中米関係正常化支持派の議員でも憲法の側面から質疑を行うかもしれない。カーター大統領の覚書に対する評語を見ると、彼は中米関係正常化のさらなる遅延を望んでおらず、1978年10月のアメリカ中間選挙後に正常化の手続きを終えようとした[49]。5月17日にカーターがブレジンスキーに出した指示の中で、正常化問題について、アメリカがすでに決意したことを中国側にはっきりと示すように要求していた[50]。ブレジンスキーはこうした背景のもと、訪中の途に就いたのであった。

4　中米秘密交渉の展開と台湾武器売却問題

1979年5月20日、ブレジンスキーは黄華との会談の中で、カーター政権は中米関係正常化を進めることをすでに決定しており、あわせて上海コミュニケが2カ国関係の起点となることを強調した[51]。翌日午前、黄華は会談の中で、中米両国は社会制度とイデオロギーにおいて違いが存在しているが、

ソ連に対抗することで共通の利益があり、双方が共に上海コミュニケを遵守さえすれば、ソ連の挑戦に有効的に対応することができると述べた。彼は、中米の国交を樹立するには「断交」「撤回」「撤退」の三つの条件が必ず満たされなければならないとさらに強く主張した[52]。その日の午後、ブレジンスキーは鄧小平との会談の中で、カーター大統領が中米関係正常化の実現をすでに決心しており、同時に実際的な行動を取らなければならないと述べた。彼はさらに今回の訪中に二つの目的があることを示した。

(1) 上海コミュニケの原則のもとで中米関係を推進し続ける。

(2) 中米関係正常化の取り決めを強化し、正常化のプロセスを推進する。

このために、カーター政権は中国の中米関係正常化の三原則を受け入れ、前政権の五項目を承諾するのである。鄧小平は、どのような方法で台湾を解放するのかは中国の内政であり、中国はアメリカに対して平和的方法で統一を達成すると確約することはできないと中国側の観点を重ねて述べた[53]。中米双方は、関係正常化に関する秘密交渉を、ウッドコックと中国側によって北京で開くことについて合意した。

ブレジンスキーは、カーターとヴァンスへの報告を次のように締めくくった。「私たち（ブレジンスキーと鄧小平）は（台湾への）武器売却問題について直接話すことはなかった。しかしながら、この話題には間接的には触れた。私は（中米）関係正常化の後、危険を感じた台湾がソ連に近づくかもしれないことに言及した。鄧は、中国人はその点を認識しているが、アメリカがさらに台湾との経済関係を保っていくのであれば、その可能性は小さいと述べた」[54]。ブレジンスキーはアメリカの台湾への武器売却問題を巧みに避けたていたと言える。帰国後、オクセンバーグはブレジンスキー訪中に関する報告の中で、ブレジンスキーがアメリカの立場、とりわけアメリカのソ連への立場をはっきりと伝え、中国の正常化への期待を高めたとしていた。彼は、中国はアメリカが正常化後も台湾へ武器を売却し続けることを黙認したと理解したのである。言い換えれば、中国が台湾問題を平和的に解決することを宣言して、アメリカが台湾への武器売却を放棄すること、あるいは中国

が台湾問題の平和的解決を承諾せず、アメリカは台湾へ武器を売却し続けること、この二つの選択肢の中から中国は必ず一つを選ばなければならなかったのである。報告は最後に台湾への武器売却を継続して中国を牽制することを提言した[55]。ブレジンスキーはカーターへの報告の中で、オクセンバーグの認識を基本的に了承した[56]。これにより、アメリカの台湾への武器売却政策の基本が確立したのである。つまり、カーター政権は中国政府の台湾問題での妥協点を探り当てたのである。

ほどなくして、カーターは米日欧三者委員会の席上で中米関係正常化が加速しているそぶりを見せ始めた。これを知った台湾当局は直ちに行動を起こし、議会の親台派に働きかけて「国外安全援助授権法案」を提出した。その文章の末尾には、大統領が中米関係を推進する際、アメリカと「中華民国」の現状の外交関係、あるいは「両国」間の相互防衛条約に影響するならば、まず上院に諮るべきであるという「上院意見」が加えられた。法案は94対0で通過し、大統領の批准を得た[57]。この法案は大統領権力に対する制約と見なしうるものであり、別の角度から見れば、カーター政権は中国との交渉のカードを増やしたともいえる。

6月13日、ヴァンスは中米関係正常化の秘密交渉の内容についてカーターに指示を仰ぎ、そこで12月中旬（アメリカ議会の中間選挙後）の正常化宣言がほぼ固まり、交渉の進展に基づいて台北や議会との関係を適宜処理することとし、さらに中米関係正常化後の米台関係、台湾問題の平和的解決に関する声明、中米関係正常化後の台湾への武器売却問題を交渉のポイントとした。カーターは秘密保持の重要性を強調し、ごく少数の議会指導者への交渉内容開示であっても遅ければ遅いほどよいとした[58]。

ウッドコックは、中国にとって中米関係に関わる国際的な事務こそが最も重要なのであり、台湾問題の重要性はそれよりも低いと見ていた。台湾への武器売却問題について、彼は交渉時にわざわざ取り上げなくともよいと主張しており、中米関係正常化後も台湾への各種装備の売却を続ければよいとしていた[59]。

その後、カーター大統領が最も重視する秘密保持の原則のもと、中米関係正常化交渉が北京で正式に始まった。

　中米双方は第1段階の交渉では、おのおの自説だけを主張するのみで、はっきりとした進展がなかった。交渉を始める際、隔週で会談することを協議して決めたのだが、1回につき一つの問題だけを話し合うようにという指示がウッドコックに出ていたので、ある問題を解決してやっと次の問題の討論に入ることとなった。それに対して中国側はアメリカに全面的な態度の表明を望んでいた。交渉は行き詰まりを見せた[60]。

　この時ベトナムがアメリカに接近し始め、アメリカとの関係正常化の実現を望んだ。これに対して、アメリカ国務省の態度は積極的であった。当時、中越関係は緊張を増していた。中央情報局は、北京がベトナムの地域への野心およびソ連と協力して中国に対抗する姿勢に疑念や不信感を抱いており、カンボジアをめぐって中越が競合していることから、ベトナムはアメリカに経済的支援を求めるのだと分析していた[61]。ブレジンスキーは国務省が米越関係正常化を積極的に推進する姿勢に大きな不満を抱き、中米関係正常化の大局に影響が出ないように米越関係正常化の先延ばしを大統領に要請した[62]。カーターは、米越関係の改善は、対ソ連を考えると不利なことだが、対中国を考えると有益になると考えており、米越関係改善を全力で推進しようとは主張しなかったものの、国務省の姿勢には賛成であった[63]。10月に入り、ソ連とベトナムの関係はますます緊密となり、ベトナムの地域覇権の野心がいっそう明らかとなるに及んでカーターはようやく米越関係正常化を遅らせる命令を出したのだった。

　7月から8月にかけて、北京で進められていた中米関係正常化交渉は依然として対峙したままの状態であった。8月、柴沢民が中米連絡所主任に再任された[64]。柴沢民とブレジンスキー、ヴァンス、そしてカーター大統領との定例会談は、停滞して前進しない関係正常化交渉に多少の変化をもたらした。こうして中米国交樹立交渉には、ウッドコックの北京での中国側との会談と、柴沢民主任のワシントンでのアメリカ側との会談の二つのルートが出

第 7 章　中国とアメリカの国交樹立プロセスにおける台湾問題（1977-1979）

来上がったのである。双方の情報フローはさらにスムーズさを増した。

　9月19日昼、カーターは柴沢民を接見した際、「アメリカは中国政府が提示した国交樹立三原則を尊重するのだから、中国政府もアメリカの要求を尊重すべきである。アメリカは短期間の移行期間を経て台湾との公式的な関係を断絶するつもりだが、台湾との貿易は維持していく。そこには一定量の自衛のための武器売却も含まれている。しかし武器売却は地域の平和および中国周辺の情勢を前提として行われるものである」と述べた。彼はさらに「台湾への武器売却は、台湾が武器を求めて他の勢力に近づくことを防ぐためである。同時に、アメリカは台湾の攻撃的兵器の開発能力を制限する。アメリカは台湾問題を平和的に解決する見込みを表明したいが、それについて中国側の同意は期待しないものの、中国側の反論もまた望まない」と強調した[65]。

　要するに、アメリカ側も中国側に、アメリカと台湾の貿易関係の保持、台湾への武器売却の継続、アメリカ側が望む台湾問題の平和的解決に中国が反対しない、という三条件を受け入れるように望んだのである。これに対して、10月3日ニューヨークの国連総会に出席した黄華は、ヴァンスとの会談の際、「ブレジンスキーが訪中してアメリカ側が中国側の国交樹立三原則を受け入れて交渉を進めると宣言し、中米双方が北京ですでに4ラウンドの交渉を行ったが、現状は人々を失望させている。北京の会談でアメリカ側は言行不一致であり、断交、撤退、撤回の具体的時期については曖昧にしたまま、正常化後も台湾へ武器売却を続けようとしている。これは中国内政に対する明らかな干渉である。中米関係正常化交渉は物別れ寸前となっている」と指摘した[66]。

　カーターは帰国し状況報告するウッドコックを引見した。ウッドコックは、交渉では台湾への武器売却問題を避け、中国側にコミュニケの草案を直接提示することを建議した。ブレジンスキーも同じ意見であり、中国側が事情を理解しさえすればよいのであって、中国に明確な同意を迫る必要はなく、それによって問題を回避しようと考えた。さらに、彼はカーターにでき

るだけはやく国交樹立コミュニケを起草し、アメリカ側の決定を明らかにすることを建議した。ここで、カーター大統領は二つの重要な決断をした。米越関係正常化の先延ばしを明らかにし、ウッドコックが起草したコミュニケ草案を承認したのである。13 日、ウッドコックは国交樹立コミュニケを起草し、1979 年 1 月 15 日に 2 カ国間の外交関係を結ぼうとしていたものを、前倒しして 1 月 1 日に国交を樹立することとした[67]。

この時、中国においても交渉を加速させようという考えが生じていた。中越関係は日々悪化し、ベトナムは国境で絶えず挑発を繰り返し、反中国を扇動していた。ソ連はベトナムと同盟条約を結んだ。この条約締結は周辺の情勢を悪化させ、中米関係改善の重要性が急速に高まっていたのである。11 月 2 日、鄧小平は中国共産党中央政治局会議の席上、四カ月来の中米間の話し合いからすると、アメリカ側は速やかな中米関係正常化を望んでいると考えられ、中国は柔軟な措置をとることによって、アメリカ側の具体的な考えを明確にさせた上で、中米関係正常化の足取りを加速させるべきだと述べた[68]。

ウッドコックは北京に戻った後、引き続き黄華と交渉をもった。11 月初め、第 5 回交渉は重要な段階に入った。大きな進展はなかったものの、アメリカ側のコミュニケ草案に国交樹立の期日を明示したことは最終的にアメリカ側の正常化に対する態度を中国側に信頼させることになり、中国においても正常化の足取りが加速し始めたのである。

12 月 4 日、正常化の第 6 回交渉は北京で開かれた。黄華外交部長は病気のために欠席し、韓念龍外交部副部長がアメリカ側の三つの条件に対する中国側の回答を述べた。

(1) 台湾問題は中国に対するアメリカの負債であり、アメリカは自分で結わいた結び目を自身で解かなければならない。

(2) 中国側の三原則を満たすというカーター大統領の声明は重要であり、コミュニケに反映されなければならない。

(3) 中国は、1979 年 1 月 1 日に共同声明を発表することに同意するが、

第 7 章　中国とアメリカの国交樹立プロセスにおける台湾問題（1977-1979）　177

　　アメリカは一定期間内で関連する諸問題を解決しなければならないことを明確にする。中国側は曖昧な移行期間があることを拒絶し、設定した期間内にいちどきに三つの条件が満たされることによってのみ、大使館設置と大使交換が可能となる。

(4) 非公式の代表は台湾に残すことができるが、いかなる公的な連絡をも必ず断ち切り、いかなる公的な協議が無効であることを直ちに宣言して、アメリカ側は正常化の実現を促進し、アメリカの信頼性を高めるべきである。

(5) 中国は正常化後の台湾への武器売却を許さないことをすでに明確に示しており、アメリカは台湾に核兵器を取得させるべきではない。

(6) 中国は台湾問題の平和的解決を承諾することはできないが、アメリカの平和的解決への期待に対して自制的な態度をとり、反対意見を表明することはしない。ただし、これは中国の内政問題であることも公表する。これはアメリカへの譲歩なのである。

(7) 中米関係は単なる外交問題だけではなく、政治と戦略の問題でもある。

　この後、韓念龍はウッドコックに中国側の国交樹立コミュニケ草案を提示した。ブレジンスキーは、中国はアメリカの武器売却の継続に反対はするが、そうであるからといって正常化を中断することはないと判断した。そして、彼はこの推論を確かめるようにウッドコックに求めた。概して、これは人々を鼓舞する進歩であるとブレジンスキーは捉えた[69]。交渉を迅速に進めるため、12月11日ブレジンスキーは柴沢民との会見を約束、双方が設定した国交樹立日である1979年1月1日が迫っていることを強調し、ウッドコックと鄧小平の会談の中で双方ができるだけはやくコンセンサスを取ることを希望した。その他、彼は米ソ戦略兵器制限条約（SALT）が締結された後、おそらく1月にブレジネフが訪米する見通しであり、すみやかに国交樹立コミュニケを発表することによって、ソ連の指導者よりも先に鄧小平は招待を受けて訪米することができるということを仄めかした[70]。

こうしたことを基礎として、12月13日鄧小平はウッドコックとの会談に直接参加した。会談の中で、鄧小平は、アメリカ側が提示したコミュニケ草案の内容を基本的には受け入れるが、覇権主義に反対する条項を補い、双方が1979年1月1日にコミュニケを発表することに同意し、訪米の招待に応じた。ウッドコックは、アメリカが4カ月以内に駐台米軍を撤退させると述べた。米華相互防衛条約に関してアメリカ側は、関連する条項に基づいて台湾当局へ通知し、条約は1年後に自動的に失効すると述べた。鄧小平はこの解決方法に同意した。彼は、米台関係の調整期間はせいぜい1979年末までであり、調整期間内にアメリカは台湾に武器売却をしないことをさらに要求した[71]。ここに至って、中米双方は困難な交渉を経て、駆け引きをし、「断交」「撤回」「撤退」という三つの条件について基本的なコンセンサスを形成し、正常化の実現は間近なものとなったのである。

しかし台湾への武器売却問題について、ウッドコックは関連する諸問題が明確になっていないと認識していた。「鄧は（米華相互防衛）条約が失効した後に私たちが（台湾への）武器売却を継続できるかどうかについてはけっして確言していなかった。……私たちは1980年以降の（対台湾）武器売却問題について中国人が青信号を出したと安易に仮定することはできない。しかし、（米華相互防衛）条約と、彼が私たちに確認する武器売却問題での私たちの姿勢が、撤退の時間スキームと関係するか否かという話し合いにおいて、彼のコメントの中には（アメリカが1980年以降も台湾へ武器を売却し続けうることについての）はっきりとした暗示があった」[72]。12月14日、ウッドコックが鄧小平と再び会談すると、双方はまた台湾への武器売却問題に触れ、ウッドコックは、13日の会談の中で言及された1979年に台湾へ武器を売却しないという話は「（米華相互防衛）条約を調整する期間である1年間は台湾へ武器を売却しない」[73]という意味であると重ねて言明した。ウッドコックは黄華、韓念龍、そして鄧小平との交渉のプロセスを総括して、台湾への武器売却問題では、中国は間違いなく反対を表明するが、それが中米関係正常化に影響することは望んではいないと理解した。アメリカ政

府が将来的に台湾へ武器を売却すると大々的に述べなければ、中国側がアメリカを公然と非難することはありえないということである。しかしオクセンバーグはホワイトハウスを代表して、アメリカ議会と民衆は、そのことについて大きな関心を抱いており、カーター政権はこの問題を回避することはできず、対外的に態度を明らかにしなければならないとウッドコックに返信した[74]。そのため、15日午後、ウッドコックは鄧小平と再度会談した。会談の内容に関して、中米双方の記録は若干異なっている。

ウッドコックの総括の中では、鄧小平はカーター大統領にはアメリカの台湾への武器売却継続を公然とは表明してほしくない旨を述べている。なぜなら、中国は必ず公然と反対するだろうが、これは必然的に中米国交樹立の友好的な雰囲気に影響するからである。言い換えれば、中米双方は台湾への武器売却問題において、それぞれ持論にこだわりながらもコンセンサスを形成したのだが、中国側は対外的には曖昧にさせることを望んだのである[75]。

『鄧小平年譜』の記録では次のようにある。鄧小平は、「中米の国交が樹立された後、アメリカ政府が台湾との関係を慎重に処理し、中国が最も合理的な方法によって台湾問題を平和的に解決するのに影響を与えないことを希望する。もしアメリカが台湾への武器売却を続けるならば、長期的な観点から言って、中国が平和的方法によって台湾問題を解決することに対する障碍を設けることになるだろうし、最終的には武力解決を招くことになる。中国の平和的統一の実現について、アメリカは尽力することができるのであり、少なくとも相反することを行ってはならない」[76]と述べた。最終局面において、中国側はアメリカの台湾への武器売却に一定の譲歩を見せ、大局を見極め、対立を棚上げにすることによって、中米関係正常化のために最後の難題を解決したのである。数時間の後、双方はそれぞれの首都において全世界へ向け二国間関係正常化宣言を発表し、世界を驚かせたのだった。

5　台湾問題と中米関係

1979年1月1日、中米が正式に外交関係を樹立した後、アメリカの各界代表団は中国の地に続々と足を踏み入れ、鄧小平は大量の時間を割いてアメリカ代表団と懇談した。会見の中で、彼は中国が台湾問題を平和的な方法によって解決しようと努めているのだが、それを対外的に約束することはできない、そうでなければ台湾問題の平和的解決への願いを妨げることになると一貫して表明し続けた。

1月29日、鄧小平はアメリカの地にはじめて足を踏み入れた。アメリカ滞在中、鄧小平はカーターと3回の会談をもった。3回目の会談の中で、鄧小平は、中国政府は台湾問題を平和的に解決するために最大限の努力を尽くすが、中国の忍耐力にも限度があるという中国政府の立場を再度明言した。アメリカ議会での演説では、鄧小平は議員たちに注意を促し、中国は「台湾を解放する」という言い方を再び掲げることはないが、台湾が祖国に復帰すれば、台湾の現実と現行制度は尊重されると述べた[77]。

もちろん、台湾問題、とくにアメリカの台湾への武器売却問題は、やはり中米2カ国の関係に横たわる難題であった。その後、アメリカ議会は「台湾関係法」を通過させ、さらにレーガン政権時期には中国がアメリカの台湾への先進兵器売却に厳重に抗議し、中米関係は非常に緊張したが、最終的に双方は協議して「八・一七コミュニケ」を発表したのである。

中米双方は中米ソの大三角関係の大局から出発し、国内政治の各種要素を考慮した上で、台湾問題について妥協を達成し、中米の国交樹立を促したのだった。アメリカの国交樹立プロセスにおける台湾問題に対する認識と検討は、今日においても依然として研究に値するものであり、中国の対米政策、とりわけ台湾問題における対米政策において参考に資するものである。

注

1 宮力『跨越鴻溝：論1969-1979年的中美関係』河南人民出版社、1994年、第10章。蘇格『美国対華政策与台湾問題』世界知識出版社、1998年、第11章。陶文釗『中美関係史（1911-2000）』世紀出版集団・上海人民出版社、2004年、下

巻第2章。

2 Gottfried-Karl Kindermann, "Washington between Beijing and Taipei: The Restructured Triangle 1978-80," *Asian Survey*, Vol. 20, No. 5（May, 1980）, pp. 457-476; Rajaram Panda, "Sino-U.S. Relations: The Taiwan Factor," *China Report*, Vol.18, No.3, 1982, pp.3-16; Parris H. Chang, "U. S.-China Relations: From Hostility to Euphoria to Realism," *Annals of the American Academy of Political and Social Science*, Vol. 476,（Nov., 1984）, pp. 156-170. Hong N. Kim and Jack L. Hammersmith, "U.S.-China Relations in the Post-Normalization Era, 1979-1985," *Pacific Affairs*, Vol. 59, No. 1（Spring, 1986）, pp. 69-91. Robert S. Ross, "International Bargaining and Domestic Politics: U.S.-China Relations since 1972," *World Politics*, Vol. 38, No. 2（Jan., 1986）, pp. 255-287. Patrick Tyler, *A Great Wall: Six Presidents and China*, Century Foundation, 1999.

3 李捷「従解凍到建交：中国政治変動与中美関係」『党の文献』2002年第5号、68-79頁。

4 張清敏「中美建交前後美国售台武器及其政策的確立」『外交学院学報』2002年第3号、24-35頁。

5 趙学功「卡特政府的対華政策与中美関係正常化」『南西大学学報』2007年第6号、192-198頁。

6 Jean A. Garrison, "Explaining Change in the Carter Administration's China Policy: Foreign Policy Adviser Manipulation of the Policy Agenda," *Asian Affairs*, Vol.29, No2, 2002, pp.83-98.

7 Enrico Fardella, "The Sino-American Normalization: A Reassessment," *Diplomatic History*, Vol. 33, No. 4,（Sept. 2009）, pp. 545-578. 中国語訳「中対中美関係正常化的再評估」『冷戦国際史研究』世界知識出版社、第6巻第10号、2010年、221-257頁。

8 佐橋亮「米中国交正常化と台湾問題の『不完全な決着』」『神奈川法学』47（3）、2014年、347‐399頁。同「米中和解プロセスの開始と台湾問題：アメリカによる信頼性と安定の均衡の追求」『日本台湾学会報』12、2010年、173-197頁。殷燕軍「日中・米中国交正常化過程の比較検証：台湾問題の処理を中心に」『自然・人間・社会』40、2006年、51‐87頁。

9 吉米・卡特［ジミー・カーター］『保持信心：吉米・卡特総統回憶録』世界知識出版社、1983年、174頁。

10 *Foreign Relations of the United States, 1977-1980*, Vol. 13, China, Washington:

United States Government Printing Office, 2013 (hereafter cited as *FRUS, 1977-1980*, Vol. 13), p. 1.

11　*Ibid.*, pp. 2-14.
12　*Ibid.*, pp. 19-26.
13　銭復『銭復回憶録』第1巻、天下遠見出版社、2005年、348-349頁。
14　*FRUS, 1977-1980*, Vol. 13, pp. 33-38.
15　*Ibid.*, pp. 49-50.
16　茲比格涅夫・布熱津斯基［ズビグネフ・ブレジンスキー］『実力与原則：1977-1981年国家安全顧問回憶録』世界知識出版社、1985年、231頁。
17　同書。
18　*FRUS, 1977-1980*, Vol. 13, pp. 56-62.
19　*Ibid.*, pp. 76-82.
20　*Ibid.*, pp. 93-99.
21　*Ibid.*, pp. 101-108.
22　卡特、前掲書、176頁。
23　*FRUS, 1977-1980*, Vol. 13, pp. 123-132.
24　*Ibid.*, pp. 133-134.
25　*Ibid.*, p. 135.
26　*Ibid.*, pp. 139-140.
27　*Ibid.*, pp. 170-174.
28　*Ibid.*, p. 122.
29　*Ibid.*, pp.181-182.
30　中共中央文献研究室編『鄧小平年譜：1975-1997』上巻、中央文献出版社、2004年、188-189頁。*FRUS, 1977-1980*, Vol. 13, pp. 200-207.
31　*FRUS, 1977-1980*, Vol. 13, p. 211.
32　*Ibid.*, p. 231.
33　*Ibid.*, pp. 230-231, p. 239.
34　*Ibid.*, p. 253.
35　*Ibid.*, p. 262.
36　*Ibid.*, p. 260.
37　*Ibid.*, p. 288.
38　*Ibid.*, p. 288, note 4.
39　*Ibid.*, p. 289.

40　*FRUS, 1977-1980*, Vol. 13, pp. 294-295. 布熱津斯基［ブレジンスキー］、前掲書、237 頁。

41　布熱津斯基、前掲書、237-238 頁。*FRUS, 1977-1980*, Vol. 13, p.309.

42　中共中央文献研究室、前掲書、254 頁。

43　同書、268 頁。

44　*FRUS, 1977-1980*, Vol. 13, p. 308.

45　*Ibid.*, pp. 309-313, pp. 315-317.

46　*Ibid.*, p. 323.

47　*Ibid.*, pp. 324-337.

48　銭、前掲書、366 頁。

49　*FRUS, 1977-1980*, Vol. 13, pp. 357-367.

50　布熱津斯基、前掲書、615-618 頁。

51　*FRUS, 1977-1980*, Vol. 13, pp. 393.

52　*Ibid.*, p. 414, pp. 423-424.

53　*Ibid.*, pp. 433-434, p. 437. 中共中央文献研究室、前掲書、313-314 頁。

54　*FRUS, 1977-1980*, Vol. 13, p. 432, note 1.

55　*Ibid.*, pp. 466-467.

56　*Ibid.*, pp. 471-472.

57　銭、前掲書、369-371 頁。

58　*FRUS, 1977-1980*, Vol. 13, pp. 491-494.

59　*Ibid.*, pp. 496-498.

60　*Ibid.*, pp. 509-510.

61　*Ibid.*, pp. 507-508.

62　*Ibid.*, pp. 508-509.

63　*Ibid.*, p. 508, note 1.

64　孫国維『親歴中美建交：中国首任駐美大使柴沢民伝』世界知識出版社、2009 年、385 頁。

65　*FRUS, 1977-1980*, Vol. 13, p. 533.

66　*Ibid.*, pp. 553-555.

67　*Ibid.*, pp. 565-568.

68　中共中央文献研究室、前掲書、328-329 頁。

69　*FRUS, 1977-1980*, Vol. 13, pp. 619-620.

70　*Ibid.*, pp. 621-626.

71　*Ibid.*, pp. 630-637.
72　*Ibid.*, p. 639.
73　*Ibid.*, pp. 644-645.
74　*Ibid.*, pp. 646-47.
75　*Ibid.*, pp. 648-649.
76　中共中央文献研究室、前掲書、452-453 頁。
77　同前、478-479 頁。

第8章　近代日本外交における「学習」をめぐって

石　田　　徹

1　はじめに

　「……帝国の冀求する所は、東亜永遠の安定を確保すべき新秩序の建設に在り。今次征戦究極の目的亦此に存す。
　この新秩序の建設は日満支三国相携へ、政治、経済、文化等各般に亘り互助連環の関係を樹立するを以て根幹とし、東亜に於ける国際正義の確立、共同防共の達成、新文化の創造、経済結合の実現を期するにあり。是れ実に東亜を安定し、世界の進運に寄与する所以なり。
　帝国が支那に望む所は、この東亜新秩序建設の任務を分担せんことに在り。帝国は支那国民が能く我が真意を理解し、以て帝国の協力に応へむことを期待す。……帝国は列国も亦帝国の意図を正確に認識し、東亜の新情勢に適応すべきを信じて疑はず。就中、盟邦諸国従来の厚誼に対しては深くこれを多とするものなり。
　惟ふに東亜に於ける新秩序の建設は、我が肇国の精神に淵源し、これを完成するは、現代日本国民に課せられたる光栄ある責務なり。……[1]」

これは、1938（昭和13）年11月3日に発表された、いわゆる「第二次近衛声明」、盧溝橋事件後の事態をなかなか収拾できずにいた近衛文麿首相が東亜新秩序の建設を表明した声明文の一部である。この時日本はなぜ「新秩序の建設」を謳わねばならなかったのだろうか。
　第3部「中国の国際秩序観と歴史の教訓」における本章の課題は、主に

「歴史の教訓」の事例として、1920 年代以降の日本では当時の「国際状況・国際秩序」の何を「学習」し、そして「実践」に移したのかを検討して、そこからどのような「教訓」を引き出しうるのかについての問題提起を行うことである。

　そこで、本章では、主たるアクターとして、外交に従事していた外交官と外交や「外交秩序」を議論した専門家（学者・思想家など）に注目する。具体的には、幣原喜重郎、重光葵、東郷茂徳、蠟山政道、三木清の他、外交官・学者ではないが、「幣原外交」を真っ向から批判する「田中外交」を推進した政治家、森恪である。彼らが、いわゆる「ワシントン体制」、「満洲事変（とその処理）」などをめぐってどのような議論を展開したのか、さらには「東亜新秩序」提唱の周辺に焦点を合わせたい。大きな時期区分で言うと盧溝橋事件（＝日中戦争）の前と後という区分になる。これは後述する三谷太一郎の整理に従うものでもある。なお、「国際秩序」をめぐる認識であれば「日独伊三国軍事同盟」もポイントになろうが、筆者の能力の限界を越えてしまっているため叶わなかった。寛恕を乞う次第である。

　もっとも、当然のことながらこの分野（上に挙げた個々の人物についての研究を含む）の研究は戦後日本の抱えた課題の一つだったのであり、日本国際政治学会・太平洋戦争原因研究部編『太平洋戦争への道』（全 7 巻、初版 1963 年・新装版 1987 年）、細谷千博ほか編『日米開戦史』（全 4 巻、1972 年・新装版 2000 年）などをはじめ、歴史学・政治学の分野で実に多くの研究が重ねられてきた[2]。門外漢がたやすく新事実の指摘をできるような状況ではない。そこで、本章では、多くの先行研究の中から、とくに三谷太一郎「国際環境の変動と日本の知識人」（前掲『日米開戦史』4 所収）、小林啓治『国際秩序の形成と近代日本』（吉川弘文館、2002 年）、武田知己・萩原稔編『大正・昭和期の日本政治と国際秩序』（思文閣出版、2014 年）といった業績に依拠しながら問題を整理し、第 3 部における議論の素材提供をその務めとする。

2　盧溝橋事件まで

　東亜新秩序が何に対して「新しい」のかといえば、当時の文脈から考えて、それは第一次世界大戦後に築かれていった、いわゆる「ヴェルサイユ体制」（ヴェルサイユ条約、国際連盟、さらには不戦条約などからなる枠組）であり、アジアに関して言えば「ワシントン体制」〈「太平洋方面に於ける島嶼たる属地及び島嶼たる領地に関する四国条約（いわゆる四カ国条約）[3]」、「支那に関する九国条約（いわゆる九カ国条約）[4]」、「海軍軍備制限に関する条約（いわゆるワシントン海軍軍縮条約）」からなる枠組〉だった。四カ国条約によってそれまで有効だった日英同盟（1902年締結の後2度改訂）が、九カ国条約によって中国における日本の特殊利益を確認した日米間の石井ランシング協定（1917年締結）が、それぞれ失効することになったのは、日本にとっては大きな環境の変化となった。

　では、当時これらの体制（敢えて言えば「旧秩序」）はどのように学習＝認識されていたのだろうか。

　1920年代、英米との協調を主眼としたとされる「幣原外交」を推し進めた幣原喜重郎は、ワシントン会議時は駐米大使で会議に全権委員として参加していた。幣原はその交渉の中で、「この中国における門戸開放、機会均等主義というものは、中国の対外関係を律する一つの重要原則として、日英同盟条約以来、日本が常に主張してきた原則なのである。……それは日本のために、こういうことが必要だからである[5]」と述べていた。幣原によれば、「中国において経済活動をするのに、日本は優先的な意志独占的の権利を主張する必要はない。……〔公明正大な競争が行われるのであれば──引用者〕わが商工業は外国の業者の競争を恐れることはない。日本は実に有利な地位を占めている。だからわが商工業の正当な進路を妨げるものは、かえって機会均等主義の違反であって、ボイコットのごときがそれである[6]」のであった。

つまり、幣原はワシントン会議、ひいては「ワシントン体制」に関して、少なくとも会議のメンバーに対しては不満を漏らしてはおらず、むしろその精神については日本が先取りしていたのだという見解を示している。会議における「駆け引き」等を考慮に入れたとしても、基本的には、通説通りに「協調」の姿勢を貫いていると言える。

こうした認識への反発が強まっていったのは1920年代末から30年代初頭であり、いわゆる「田中外交」という形で現れることになる。とりわけ満洲事変の勃発によって、幣原的な国際秩序の理解と実践に対する深刻な「異議申立て」が現れたのである。すなわち、田中外交の中心人物だった森恪（つとむ）（田中義一内閣時の外務政務次官。犬養毅内閣時には内閣書記官長。立憲政友会所属）は満洲事変後の1932年6月18日の講演「非常時の非常手段」において次のように述べている[7]。

「（前略）要するに、日本に箍を嵌めたあの條約〔不戦条約や九ヵ国条約——引用者〕が存在する限り、日本国民は、世界と云ふ大きい舞台に立って活動することが出来ない。あの條約が国民を、国内に跼蹐させて居る限り、日本は伸びない。日本の国状は、安定されないのである[8]」。また、

「（前略）これを引括めて見て、日本国民の将来生きて行く重点は何処にあるか。それは、この、外に内に嵌められて居る箍を叩き破ると云ふことが重点でなければならぬ。これが成功せざる限り、私は、日本の国情は安定せず、国運も向上せず、ひいては、国民個々の生活も安定し得ざるものと確信します。そこで私も政治家の端くれであるから、先づこれをやる……その箍を叩き破ることが、政治家の本務であると思った。先づ不戦條約、九ヶ国條約、これを精神的に叩き破れ、国際連盟などは日本に何の利益があるか。あんな所に何のために、態々日本が乗出して行かなければならぬのか……。／これを現実に打ち破る実行手段として編み出したものが東方会議である（後略）[9]」と。

ここには既存の秩序への強い反発ないし否定が明確に現れているのがわかる。ちなみに、三宅雪嶺はワシントン会議について「さすがに英米に於て魂胆が深く、巧みに平和の名を以て日本を抑制するを得たり[10]」と評し、また「華府会議にて英米の高圧的斡旋にて日本の不利に決し[11]」云々と述べており、森の反発と通底する認識を示している。またその一方で、「……遠く隔たれる日本に於て、英仏より報道せらるゝ所を以て少しの疑ひを容るべきに非ざるかに考ふ。日本にては英仏を民主国とし、世界平和説が従来の民主思想に一致するを以て、政府党よりも反対党が最近主要会議に於ける決議を遵法せんとするに傾き、世界の平和と云ふことが今後期して待つべきを信じて疑はざるが如し[12]」と当時の世情を観察もしている。

他方、三谷によれば、満洲事変後、立作太郎など日本の国際法学者たちの多くが満洲事変と満洲国承認（1932年）は国際連盟規約、九ヶ国条約、不戦条約に象徴される現行国際法秩序に違反していないという立場からその合法化を図り、そうした論調に「例外的に」真っ向から対立したのが横田喜三郎だったという[13]。

また、外務省においても満洲事変を満洲だけの問題として国際的に解決しようとしていた[14]。この時期に外務次官だった重光葵は「当時、日本の満州国建設の力はめざましいものであった」という認識の下、日本が中国政府を援助し、中国人の味方であることを現実に示し、同時に満洲国では「あくまで既定方針によって満州国の建国を進め」、中国に国家建設の模範を示せるならば、「満州問題はシナとの間に解決し得るのみならず、これによって起った国際連盟及び列国との紛争も次第に解消し得る機運が来るものと判断」していた[15]。この認識は1934年4月17日に外務省情報部部長天羽英二が発表して国際問題となった「天羽声明」の内容と軌を一にしたものであり[16]、結果から言えば重光の「判断」は誤ったものであった[17]。

「東亜ニ関スル問題ニ就テハ、其ノ立場及使命カ列国ノ夫レト一致シナイモノカアルカモ知レナイ」と言って、中国が「他国ヲ利用シテ日本ヲ排斥シ東亜ノ平和ニ反スル如キ措置」をとることに反対し、他の列国に対しても中

国に「例ヘハ武器、軍用飛行機等ヲ供給シ、軍事教官ヲ派遣シ、政治借款ヲ起スカ如キ事」は「極東平和及秩序ノ維持ニ反スル結果ヲ生スル事ハ明」であるから反対するという「天羽声明」は「極東ニ於ケル日本ノ『モンロー』主義[18]」であるとされ、当事者である中国はもとより、欧米からも非難を受け、日本の孤立を深めることになったのである。

しかし、当時外務省欧米局長だった東郷茂徳によればこれは外務省の総意というわけではなかったようである。東郷がこの声明の内容を知ったのは声明発表後であり、発表翌日の外務省の幹部会でも相当の批難があり、東郷自身も当時の外務大臣広田弘毅に「〔天羽——引用者〕声明の過激性は九ヶ国条約に執着する諸国との間に無用の葛藤を惹起するに至るべきにより、至急善後措置を講ずる必要あるべきを進言」したという[19]。外務省内でも見解の一致はなく、重光や天羽らのように満洲問題を切り離すことが出来ると考える人々と東郷のようにその危険性を察知していた者とがいたことがわかる。

なお、天羽声明に関することではないが幣原について付言すれば、彼は満洲事変勃発後、中国側が直ちに国際連盟に提訴したことに対して「……これはどうしても日華の間で直接交渉によるのが最善の途だと思う。いずれにしてもジュネーヴに訴えるまでには、すべての外交手段を尽すべしということが連盟の規約に示されている。外交の手段を尽さないで、いきなり連盟にかけるというのはよくない[20]」と中国側（蔣作賓駐日公使）を説得していた。ことの是非如何や外交の駆け引きといった論点もあろうが、ここでは、このような事態に際しても国際ルールを通そうとした点には注目しておきたい。

以上、三谷の見解も引き継ぎつつまとめるならば、既存秩序である「ワシントン体制」に対しては、幣原のようにそれを受容し、なおかつ、むしろ日本がそれを主導していくのだといった理解、森のように真っ向から対立して、「日本に箍を嵌めた」ものとする理解、そして満洲事変後には、「ワシントン体制」を肯定しつつ、満洲事変と満洲国承認と「ワシントン体制」とは矛盾せず、「ワシントン体制」下において満洲国と中国とを切り離して対応することができるという理解などが見られたということになろう。そしてこ

れらの議論の急所は結局のところ、中国東北部（満州地域）の「日本の利権・権益」をどうするのかという点に収斂し、「日本の利権・権益」と中国の権利、他の国々の権益とのバランスをどのように図るのかという点に行き着くことになる。

3　盧溝橋事件後

　1937（昭和12）年7月7日、盧溝橋事件（七七事変）が勃発した。第一次近衛文麿内閣は当初不拡大方針を出しながらも、現地軍の行動と政府の言明は一致しなかった。事態の収拾を図るために1年間で3度（1938年1月16日・同年11月3日・同年12月22日）に亘る声明を出したが、声明を出す度に事態はより混迷の度合を増していったように見える[21]。冒頭に掲げたのはその二番目の、「東亜新秩序建設」を打ち出した声明だったが、そもそもこの声明は、最初の声明で紛争の当の相手であった「国民政府を対手とせず」としたことを体よく撤回し「国民政府と雖も従来の指導政策を一擲し、……新秩序の建設に来り参ずるに於ては敢えて之を拒否するものにあらず」というメッセージも込めたものだった[22]。

　ともあれ、盧溝橋事件を前後して東亜新秩序なるものが日本国内で大きなテーマとなり、学者・思想家たちはその内実を明らかにすべく、そしてさらに言えば、目的もなく始まってしまった日中戦争にどのような大義名分を付けるのかについて論考を発表していった。以下、政治学者の蠟山政道と哲学者の三木清の議論を採りあげ、筆者の関心（現状・国際情勢認識如何を中心とする）に即して見ていきたい[23]。

　まず蠟山政道は、「東亜」が「地域的運命共同体」たるべきこと、そのために必要な原理や理論の構築に努めた学者の一人である。彼は「東亜新秩序の建設は、いはゆる世紀の課題であつて、一片の政府の処理方針の声明によつて解決されるものでなく、今後長き将来に亘つて幾多の障碍を克服し行かねばならぬ荊棘の道である。理論と実践の不断の努力を重ねて行かねばなら

ぬものである」とし、東亜新秩序を「世界構造に於ける地域主義の原理として把握し、これを一貫的に主張し来つた」と述べる[24]。

蠟山の「東亜共同体の理論」（初出 1938 年 9 月）は次のような文章から始まっている。「今次の支那事変は聖戦と呼ばれるやうになつた。政府が事変勃発の当時、『領土的野心を有するものでない』。『求むるところは日支の提携である』と説いたことは、今次事変の目的が普通の国際戦争の場合に往々見られるやうな物質的な動機を有するものでないことを明かにしてゐる。……仮りにさういふ物質的動機があるとしても、それは第二次的附随的なものでしかあり得ない[25]」。さらに、「今次事変の本質は、近代ヨーロッパが経験し欧州大戦後につくられた国際連盟機構や不戦條約などが前提としたやうな、制限された部分的な目的を有する戦争とは根本的に異なつている。……なほ根本的には今次の事変は東洋の日本が始めて西欧諸国の指導や干渉から離れて、独自の立場から大同世界への使命を自覚したことを示してゐるからである[26]」と続く。

私たちはここに、満洲事変勃発期の森恪に見られた国際連盟・不戦条約批判を再び見いだすことが出来る。蠟山は、第一次世界大戦後の国際秩序（より具体的には国際連盟機構）を「極端に達した近代国家の主権概念と民族自決主義」を名目とする一民族一国家の理論からなったものであり、「そこには東洋を東洋として認める地域主義は排除された。西洋が世界的に普遍化して、東洋諸国もその普遍的システムの中に取り容れようとしたのがジェネバの国際連盟機構なのである。僅にアメリカのモンロウ主義に対してのみ若干の地域主義的例外を認めたに過ぎなかつた。東洋に対しては、西欧的な主権国家と民族主義とによる西欧化過程の普遍化を期待し、何等の地域的統一を認めなかつた」と説明する。イギリス・フランスを筆頭とする西欧諸国は、「東洋諸民族の地域に対して何等の統一を認めず、東洋の統一を分割する方針」を持っていると批判するのである[27]。

「東洋諸国」――とは言うものの、実際は日本だが――の主張が通らず「箍を嵌め」られ、「日本の不利に」されている一方で、「アメリカのモンロウ主

義」は例外的に認められているという現状認識が窺える。こうした認識の下、日本が世界に発した「東亜新秩序」メッセージの内実は「東洋の統一」、「地域主義」の主張だったということになる[28]。

　もう少し詳しい議論を見てみよう。「世界新秩序の展望」(1939年10月)には次のような状況認識が示されている。

　　　「日本が……この欧州協調の網の下に日英同盟の一翼を受持つてゐる東洋における番犬の地位から、自己の東亜的地位を自覚し、満蒙問題や支那問題を独自の立場よりする処理を主張し始めたのは、先きの欧州大戦の際であつた。日本の欧州参戦の理由が日英同盟の誼みのみに依つたものではなく、日本独自の大陸問題処理の機会として把握した結果であることは明白である。……而して、この日本の欧州大戦時における東亜的活動は過去半世紀における欧州協調への追随的参加から離脱せんとする最初の試図である[29]」と。

このような理解からは、石井ランシング協定は「日本の東亜的地位が英仏の指導する欧州協調の東洋的延長や米国の極東帝国の付置する機会均等秩序の一般性に対する特殊性を容認した最初の産物であることは疑いを容れない」と評価されることになる。こうした立場からすれば、石井ランシング協定を失効させた九ヶ国条約は残念な条約であったろう。蠟山はそれを「当時の日本も亦、別の意味で、再び欧米協調政策に転換し、対支関係としては特殊関係の法理を棄て、一般的な経済的帝国主義の実践に参加したのである」と評している[30]。

　他方、「軍部のファシズム的勢力の阻止を願う知識人たちの集り[31]」であるところの昭和研究会のメンバーだった三木清もまた、「新日本の思想原理」(1939年1月)や「新日本の思想原理　続篇」(1939年9月)の他、多くの論考を著わして「東亜新秩序」建設の意義づけと正当化を試みている。

　三木は当時の世界情勢について「世界の各国は所謂ブロック経済への道を辿っている」と言い、「……日満支を包含する東亜共同体の成立は今日の世界の動向に合致するものと云はねばならぬ。東亜共同体はもとより単に経済

上のブロックたるに止まるべきものではない」と「東亜共同体」の正当化を図る[32]。三木によれば「東亜の統一」は封建的なものに戻ることによってなされるのではなく、「支那の近代化は東亜の統一にとつて前提であり、日本は支那の近代化を助成すべきである。支那が近代化されると同時に近代資本主義の弊害を脱却した新しい文化に進むことが必要である。東亜の統一は欧米の帝国主義の覊絆から支那が解放されることによつて可能になるのであつて、日本は今次の事変を通じてかかる支那の解放の為めに尽さねばならぬ。もとより日本が欧米諸国に代つてみづから帝国主義的侵略を行ふといふのであつてはならぬ[33]」のであった。

このように述べる三木は「支那事変の世界史的意義は、空間的に見れば、東亜の統一を実現することによって世界の統一を可能ならしめるところにある。これまで『世界史』といはれたものは、実はヨーロッパ文化の歴史に過ぎなかった[34]」という歴史観の下、ヨーロッパがギリシア文化・キリスト教・近代科学によって統一されていたように、「東亜」も統一されなければならないと論じる。

彼によれば、自由主義・個人主義・合理主義といった世界的原理からなる近代主義は発展するにしたがって「抽象的な世界主義」に陥ったのであり、「抽象的な世界主義」は否定されるべきものだという。そして「東亜共同体の思想」は「抽象的な世界主義を超克するもの」として位置づけられる[35]。

この「抽象的な世界主義」はキーワードの一つとなる。彼は「国際主義」の問題について以下のように述べる。「今日の国際主義は、それが世界主義である故に否定さるべきであるのでなく、却つてその世界主義が抽象的なものである故に否定されるのである。国際主義の主張する人類の平和、博愛等は尊重されねばならない、ただそれが抽象的な平和主義、抽象的な博愛主義である限り、国際主義は非現実的であるといはれるのである。／いはゆる国際連盟主義は自由主義と軌を一にしてゐる。自由主義の自由が抽象的な自由であつて具体的な自由でないやうに、その世界主義も抽象的であり、従つて無力である[36]」。

三木の観点からは、当時の国際秩序——さらにいえば西洋起源の「近代主義」とその派生概念——は「非現実的」で「抽象的」であり、「無力」なものであって、「否定」・「超克」されるべきものだった。こうした議論の延長線上には、いわゆる「近代の超克」論争（1942年）を位置づけることが出来よう[37]。

　なお、こうした三木の「近代」・「抽象」への批判は孫文の「三民主義」にも及ぶ。すなわち、「支那は三民主義の思想力によつて半封建的半植民地的状態から脱却しようとしたのであるが、東亜新秩序建設の為めには、三民主義が従来陥つたが如き排外的救国主義、機械的抽象的世界主義なる共産主義等を克服せねばならぬ[38]」（「新日本の思想原理　続篇」）のであった。

　ところで、1937年末には矢内原忠雄が東大教授の辞任に追い込まれ[39]、翌年からはおなじく東大教授の河合栄治郎が言論弾圧をうけるなど、当時の日本の学問・言論空間は著しくその自由度を失っていた。そのような状況下で、すでに引いた「もとより日本が欧米諸国に代つてみづから帝国主義的侵略を行ふといふのであつてはならぬ」という言や、「〔東亜新秩序を建設するという——引用者〕この使命を達成する為めには日本主義は独善を排し、偏狭な排外主義に陥ることを戒めなければならない[40]」と指摘していたのは、三木の最大限の抵抗だったのかもしれない。だが、この抵抗も、ひとたび「日本」の枠の外から眺めてみたならばそれが如何に虚しいものであったかについては多言を要さないだろう。

　以上、蠟山と三木という二人の学者の議論を見てきた。彼らの議論で奇しくも共通しているのは、既存の秩序（いわば「旧秩序」）が西洋起源であり、その中に矛盾を抱えているという指摘、その矛盾を克服できるのが「新秩序」であり、日本はその指導的立場にあるるという論法であった。彼らはすでに起ってしまった「支那事変」を如何に意義づけるのか、その議論に汲々としていた。彼らが再三異口同音に「支那事変」の本質や意義について言明していたのがその証左である。こうした彼らの言明は、本質や意義が分からないまま事態が進展していたということの裏返しでもあった。

4　むすびにかえて

　以上、非常に駆け足ながら、1920年代以降の日本における「国際状況・国際秩序」の「学習」および「実践」について、外交官、政治家、学者の議論を見てきた。改めて議論を整理してむすびに代えたい。
　盧溝橋事件以前の着目点は、ヴェルサイユ体制・ワシントン体制をどう認識していたのか、満洲事変をどう位置づけるのかという点であり、主に外交官の議論と政治家の議論を中心に見てきた。外交官は「幣原外交」を推進していた幣原喜重郎や重光葵を見たこともあり、基本的には、既存の秩序への協調姿勢、国際ルールに則ろうとする姿勢が見られた。しかし、満洲事変の位置づけに関しては、外交官である以上仕方ないところもあるが、最大限既存秩序内で収めるような外交努力を進めていた。他方、政治家は「幣原外交」を批判し「田中外交」を進めた政治家森恪を見た。彼の議論は、九ヶ国条約や不戦条約への不満と日本がそうした既存秩序を打破しなければならないというもので、これは結果的には盧溝橋事件後の議論にも引き継がれていた。
　盧溝橋事件以後については主に学者（蠟山政道・三木清）の議論を中心に見た。そこでの議論は始まってしまった日中戦争にどのような意義があるのか、それを後付けで説明するものだったが、共通していたのは西洋起源の既存秩序、既存概念の限界・矛盾を指摘し、その解決として「新秩序」建設を位置づけていたという点である。ただし、蠟山は東大教授、三木は首相肝いりのシンクタンクに所属していたわけだが、その彼らにしてなお「批判」が困難であったという当時の学問・思想・言論の統制状況には一定の配慮をしておくべきであろう。
　このような「歴史」から私たちはいかなる「教訓」を引き出せるのだろうか、引き出すべきなのだろうか。

注

1　アジア歴史資料センター（http://www.jacar.go.jp/）：レファレンスコード（以下 Ref.）B02030031600 近衛首相演述集その2、8-9 画像目。なお、引用に際して、旧字体は新字体に改めた。以下同じ。

2　本文に挙げたもの以外の書籍だけでも、たとえば細谷千博ほか編『ワシントン体制と日米関係』（東京大学出版会、1978年）、細谷千博『両大戦間の日本外交』（岩波書店、1988年）、酒井哲哉『大正デモクラシー体制の崩壊』（東京大学出版会、1992年）、波多野澄雄『太平洋戦争とアジア外交』（東京大学出版会、1996年）、近年でも、源川真希『近衛新体制の思想と政治』（有志舎、2009年）、種稲秀司『近代日本外交と「死活的利益」』（芙蓉書房出版、2014年）や、井上寿一編『日本の外交』第1巻（岩波書店、2013年：とくに小林啓治「二大政党制の形勢と協調外交の条件」、鹿錫俊「東亜新秩序をめぐる日中関係」、森茂樹「『革新外交』と日米開戦」、武田知己「第二次世界大戦期における国際情勢認識と対外構想」）など、枚挙に暇が無い。

3　1921年12月調印、1922年2月追加協定調印、1923年8月批准。四カ国条約は4か条からなり、太平洋上の島嶼の属地・領土に関する権利の尊重、紛争・争議発生時の解決方法などを取り決めた。第4条で日英同盟の失効が謳われている。Ref. A03021484400 御署名原本「大正十二年・条約第三号・太平洋方面ニ於ケル島嶼タル属地及島嶼タル領地ニ関スル四国条約並同条約追加協定」。

4　1922年2月調印、1925年8月批准。九カ国条約は9か条からなり、中国（史料上「支那」）の主権・独立・領土的行政の保全の尊重や、安定政権確立の機会供与、中国領土内における機会均等主義の確認、中国領土内における一般的優越的権利を主張しないことなどを取り決めた。Ref. A03021581000 御署名原本「御署名原本・大正十四年・条約第八号・支那ニ関スル九国条約」。なお、1922年6月には中国（「支那共和国」）との間に「山東懸案解決に関する条約」を締結し、旧ドイツ租借地だった膠州湾返還などを取り決めた。

5　幣原喜重郎『外交五十年』中公文庫、p.93。

6　同前。

7　もっとも、山浦貫一『森恪』によれば、多分に「憲政会との論戦」という側面があるものの、森もワシントン会議が開かれていた頃は「世には国力の如何を顧みず、徒らに大言壮語し外交の要決は一つに対外硬にあるが如き言論をなすものがあります。我々は華盛頓会議を以て我現下の国力としては外交上の一つの成功と考ふるに当り、憲政会の諸君は大なる失敗なり、米国の提議を拒絶せざりしは

非常の失策なりと喧伝して居ります」と述べており、ワシントン会議の意義とその「成功」を認めていたという。山浦貫一『森恪』下巻、高山書店、1943年、p.458。

なお、小林昭平「戦間期の政治家森恪像の再考」(『政治経済史学』552、2012年)では、山浦貫一『森恪』に従った強硬な森恪像には再考の要があると問題提起されており、より詳細な検討が必要だが、本章においてはひとまず通説に従って考察を進めた。乞寛恕。

8 森恪「非常時の非常手段」『経済雑誌ダイヤモンド』第20巻第21号、1932年7月11日、p.22。
9 同上。なお引用文中「……」は原文のまま、「／」は原文で改行。
10 三宅雪嶺『同時代史』第5巻、岩波書店、p.288。
11 同前、p.296。
12 同前、p.301。
13 議論の詳細については、三谷、前掲論文、pp.133-137。
14 重光葵『重光葵外交回想録』毎日新聞社、1953年、pp.178-179。
15 同前、p.179。
16 天羽声明の内容については『日本外交文書』昭和期Ⅱ第1部第3巻、文書番号431付記参照(なお、http://www.mofa.go.jp/mofaj/annai/honsho/shiryo/archives/s9.htmlで閲覧可能)。また天羽声明と重光との関係については服部龍二『広田弘毅』中公新書、2008年、pp.75-80を参照。
17 なお、重光をはじめとした日本側関係各局によるイギリス側の態度の読みと実際のズレについては、アントニー・ベスト『大英帝国の親日派』(武田知己訳・中公叢書、2015年)が克明に描き出している。
18 前掲『日本外交文書』昭和期Ⅱ第1部第3巻、文書番号433。
19 東郷茂徳『時代の一面』中公文庫、1989年、p.149。なお服部前掲書も参照。
20 幣原前掲書、p.179。
21 近衛声明と東亜新秩序については、堀真清「東亜新秩序建設の思想と現実」『西南学院大学法学論集』第25巻第2・3合併号、1993年参照。
22 注1参照。
23 蠟山については、三谷前掲論文、小林前掲書第6章、三木については、堀前掲論文も参照のこと。また、学者・思想家ではなく、「革新」官僚や軍部の見解については、加藤陽子「大政翼賛会の成立から対英米開戦まで」岩波講座『日本歴史』第18巻、2015年、pp.13-18を参照。

24 蠟山政道『東亜と世界』改造社、1941 年、序。
25 同前、p.3。
26 同前、p.4。
27 同前、pp.6-7。
28 前掲『日米開戦史』4、「共同討議」において、ドロシー・ボーグは当時日本側が日本の「新秩序」とアメリカのモンロー主義を同一視していたことにアメリカ側は強く反発していたと指摘している。p.245。なお、武田知己「近代日本の『新秩序』構想の〈新しさ〉と〈正しさ〉」（武田・萩原編、前掲書所収）も参照のこと。
29 同前、pp.78-79。
30 同前、pp.79-80。
31 『三木清全集』第 17 巻、岩波書店、1968 年、後記（枡田啓三郎）pp.654-655。
32 同前、「新日本の思想原理」、p.511。
33 同前、p.510。
34 同前、pp.508-509。
35 同前、pp.522-523。
36 同前、pp.525-526。「／」は改行。
37 河上徹太郎・竹内好『近代の超克』冨山房、1979 年、鈴木成高「『近代の超克』覚書」（『文学界』復刻版、第 37 巻、不二出版、2011 年）。なお、廣松渉『〈近代の超克〉論』講談社学術文庫、1989 年も参照。
38 三木、前掲書「新日本の思想原理　続篇」、p.535。
39 矢内原の満洲事変批判については、三谷前掲論文参照。
40 三木、前掲書、「新日本の思想原理」、p.529。

北京大学国際関係学院との座談会
「大国中国:国家主権と国際社会における責任」
(2014 年 9 月 8 日)

司会：梁雲祥（北京大学国際関係学院教授）
参加者：王逸舟、潘維、連玉如、唐士其、張海濱、初暁波、宋偉、陳長偉、範士明（以上、北京大学国際関係学院）
宇野重昭、李暁東、江口伸吾、福原裕二、村井洋、石田徹、佐藤壮（以上、島根県立大学）、唐燕霞（愛知大学）

プロローグ

梁雲祥（司会者） 本日の北京大学国際関係学院と島根県立大学の研究座談会は、「大国中国：国家主権と国際社会における責任」をテーマとするものです。私の理解では、主に中国の国家主権と国家利益をめぐる事柄、および中国の発展に伴って国際社会に対し尽くすべき責任、この両者間の関係ということです。本日の座談会では、専門家・研究者各位がきらめく思想を披瀝することにより、我々すべての学びの場になることと私は確信しています。

この座談会の次第にそくしまして、まずは北京大学国際関係学院の副院長でいらっしゃる王逸舟教授からご挨拶をいただきます。

王逸舟 みなさん、こんにちは。学院を代表してご挨拶できることを光栄に存じます。今日は中国でとても重要な祝日、中秋節です。天気も格別によく、さらに宇野重昭先生と我々の同僚および日本の友人に会えて、非常にうれしく思います。この座談会の議題は、実際長い時間をかけて議論してきました。この会議の要である人物は、宇野先生だと思います。何が「大国としての中国」なのかということについては、宇野先生はたくさんのお考えをお持ちであり、私自身何度も宇野先生のお教えとお考えとをお聞きしました。今日はとても特別な日で、宇野先生が自らこの会議にご参加され、後ほど重要なご高察を発表なされます。私自身も国際関係学院の一教員として、我々学院を代表し、このような黄金の季節に、このような中秋という素晴らしい

祝日に、宇野先生そして随行されている皆さんと何が「大国としての中国」なのかについて、深い議論を展開するのは大変期待を持つところであり、特別光栄なことであると考えていますし、そのように確信しています。最近この何年間で、中国は一つの新たな発展時期に突入したことは皆さんも実感しているはずです。習近平を主とする新世代のリーダーたちが政権の座に就いて以来、確実に新たな様相をもたらし、中国が著しい変化を促進できるよう各地域や国際舞台で、自らを表現することができるようになりました。

　さらに言えば、中国の学界内部でも意見が完全に一致することはないと思います。ただし、すべからくこの問題については大変に興味を有しています。本日お越しになられた北京大学の同僚たちも、この問題についてはそれぞれご高見をお持ちで、また自らの深淵なご研究をなさっていることと思います。したがって、私は本日午後に行われるこのような中日学会の座談会にとりわけ期待しており、この座談会は際立った効果が期待できる会議だと思います。また我々の今後の仕事、我々のこれからの教育においても、非常に重要な示唆を与える活動となるに違いありません。私の挨拶はこのぐらいにして、より多くの時間を宇野先生のご挨拶に、そして皆さんの討論に残したいと思います。改めて、皆様に感謝申し上げたいと思います。

　司会者　ありがとうございました。王逸舟教授のご挨拶は簡潔でしたが、とても指導性に富むご挨拶だったと思います。それでは次に、島根県立大学の名誉学長でいらっしゃる宇野重昭先生のご挨拶を賜りたいと思います。

　宇野重昭　私は少し長めに時間をとってもよろしいでしょうか。私はしゃべり出すと止まらないタイプですので、すぐ長くなります。今日は短めにと言われたので、書いてきました。

　司会者　王先生のご挨拶と合わせて一方は短く他方は長くということでちょうど息がぴったりですね。宇野先生にはご自由に発言いただきたいと思っています。言いたいことをおっしゃってください。

問題提起：
大国中国をどのように見るか

宇野 じゃあ、少し時間節約のためにも、読みながらご挨拶させていただきます。

　尊敬する王逸舟先生、尊敬する唐士其先生、こういう会を設けてくださって感謝いたします。中秋の非常に貴重なお休みの日にこうして集まっていただいて、皆さんのご家庭の喜びを半分取り上げるようで大変恐縮いたしております。潘維先生、わざわざ青島からここまで駆けつけてくださって本当にありがとうございます。それから、今回の座談会の計画は、これは今回の副院長で担当くださいました範士明先生が島根県立大学から北京に滞在しております江口伸吾教授と相談して、日本側の希望を大きく取り上げてくださって、今日の座談会を企画してくださったことに感謝申し上げます。私たちはもう長い間の交際を、討論を通じまして非常に親しい関係にあると思います。そういった意味では、遠慮なく、忌憚のない討論をしたいと思いますから、よろしくお願いします。

　申し上げるまでもなく、現在はグローバル化の高次の段階に進んでおりまして、いわゆる経済変動、情報革命、環境問題などの現在のグローバル化は金融の国際化、知識革命、国際秩序の再編、こういったことと相まって世界が世界の国々を変えるとともに、国々が世界を変える時代になっています。

　このような時代に国家の役割がどうなるか、主権の意義がどうなるか、こういったような問題までが問われるようになっています。もちろん、16世紀以来、人類が選択し続けてきた国際法秩序と主権は、現在も有効です。しかし、人々の生活のあり方、ものの考え方、価値目標の設定の仕方など、世界それぞれの民族、地域の間で異なってきています。判断の基準というものは、どこまでその正当性を確保できるかということにかかっています。そして、民意のあり方、これは決定的に重要になります。

この後で、佐藤壮准教授が今年のプロジェクトの研究責任者として、内外における学術的理論の整理の上に立って、自由闊達な問題提起を行います。佐藤准教授の研究プロジェクトは、「中国の台頭と北東アジア地域の秩序変動」を主題とし、中国国内統治との共振性に注目するという課題から出発しました。今日の討論会では、先ほどから出ています大国中国、国家主権と国際社会における責任という形に凝集されています。

　一言付け加えさせていただくことにいたしまして、「大国」という言葉、先ほども出たのですが、これは2000年、島根県立大学がスタートするときに、中国からもいろいろお客様をお招きしたのですが、その時に中国のお客様は、大国という言葉を用いられることに大変反対されました。それで我々は言いました。中国は発展しつつあるところの未来の大国であり、いわば変動期の大国だと説明して切り抜けました。

　それで、ペーパーに戻りまして、結局、今日の問題提起は、中国を分析することに重点がかかっておりますけれども、それはそれでいいのですが、私は中国と日本のそれぞれの国際社会に対する責任、また同時にそれぞれの国民に対する責任、そして国際政治と国内政治の連動の仕方、これは中国と日本ではかなり違うと思いますので、こういったことを検討したい。そこに、このように中日の座談会を開く意味があると思います。

　それでは、結果として、実りのある実りの豊かな討論会になりますよう、この中日国際討論会、今後よろしくお願いし、また中国の先生方にいろいろご指導、ご教示、教えていただくことを期待しています。よろしくお願いします。

　司会者　ありがとうございました。宇野先生のとても的を射たお話は、一歩一歩この座談会を本題の議論へと導いていくものであったと思います。余計なお世辞は止めておきましょう。続きまして、島根県立大学の佐藤壮准教授が課題説明を兼ねて、問題の提起をなさいます。本日の課題と座談会の主な内容についてご説明をいただきたいと思います。

大国中国の国家主権観、国際社会への責任、秩序観とは

佐藤壮　尊敬する北京大学国際関係学院の先生方、このたびは中秋節でおくつろぎのところ、また新学期開始という気ぜわしい時期に、お集まりくださりありがとうございます。このたびのプロジェクト・リーダーとして問題提起をいたします。この後の議論のたたき台になれば幸いです。

　この（2014年）4月から、私共は「中国の台頭と北東アジア地域の秩序変動」という2年間の研究プロジェクトを立ち上げました。このプロジェクトが目指すのは、いわゆる"sinicization"、いわば「中国化する世界」という言説にみられる階層型秩序の統治原理やその正統性の特徴を明らかにすることです。アメリカが主導する既存の国際秩序と中国が目指す国際秩序が共振し相互触発するプロセスや、国際変動と中国国内の政治・経済・社会の統治機構が連動し共振する実態を把握することを研究プロジェクトの狙いとしています。

　この研究プロジェクトの方向性を踏まえて、今回の座談会のテーマ「大国中国：国家主権と国際社会における責任」にそって問題提起を行いたいと思います。

　20世紀が「アメリカの世紀」や「パクス・アメリカーナ」と呼ばれたように、21世紀を「アジアの世紀」、「パクス・シニカ」とみなす見方があります。こうした言説は、大国となった中国が国際秩序に一定の変更を加えうる存在であると認識したうえで、転換期を迎えた世界において、今後の国際秩序形成に中国がどのように関与し、どのような影響を与えるのか、その結果、いかなる国際秩序が東アジア地域で、あるいは世界規模で形成されるのかを問うています。これはすなわち、大国として過渡期にある中国自身の自画像や秩序観に対する諸外国政府や国民の期待や不安、捉えにくさを表しています。

　プリンストン大学のG・ジョン・アイケンベリー教授の議論では、アメリ

カは第二次世界大戦後、国際安全保障や世界の自由貿易体制を確立するなど、国際公共財を提供すると同時に、ルールに基づいた国際制度の中でアメリカ自身が自己抑制的に振る舞うことで、覇権秩序の長期的な維持に成功したと指摘し、これを「リベラルな覇権秩序」と呼んで自画自賛します。

　それでは、大国としての存在感を増しつつある中国は、多極的な世界において、平和的発展を志向しつつ、核心的利益を保持する外交方針の下、国家主権と国際社会における責任のあり方をどのように考えているのか、そしてどのような国際秩序を望ましいと考えているのでしょうか。

　具体的な論点として、以下の点を挙げたいと思います。まず、国家主権についてです。日本から中国外交を観察していますと、国益や「核心的利益」の擁護・拡大のために、国家主権の不可侵性や非妥協性を強調することが多いように見受けられます。スタンフォード大学のステファン・クラズナー教授の主権論によれば、内政不干渉原則や国家主権の至高性といった規範を重視する「適切性の論理」よりも、国益を重視する「結果の論理」に基づいて、強者が弱者の主権を容易に侵害するのが国際政治の常だと言います。中国外交を分析する際、国家主権を「結果の論理」と「適切さの論理」のどちらの視点から議論することが妥当でしょうか。また、ウクライナ情勢やイラク、シリアの「イスラム国（Islamic State, ISIS）」をめぐる混乱は、国家主権に関して中国にどのような教訓を与えているのでしょうか。

　次に、国際社会における責任についてです。中国が大国となり、軍事力と経済力が充実するのに比例して、中国に対する中国自身の、そして諸外国からの期待が増大し、そうした要請にこたえる責任や責務も増すと考えられます。近年、中国が他の新興国とともに主導する「新開発銀行」、いわゆるBRICS銀行の設立やアジアインフラ投資銀行の提唱は、中国に対する期待と不安への応答という点から、どのような効果を持つでしょうか。あくまでも、国益追及の手段でしょうか。それとも、既存の国際経済秩序と相互補完関係を構築する新たな国際秩序形成の試みなのでしょうか。

　安全保障の分野では、1990年代以降、人道的介入と国家主権や内政不干

渉原則のせめぎあいが世界的な議論になっており、カナダなどの「保護する責任論（Responsibility to Protect）」、王逸舟教授の「創造的介入論」、Ruan Zongze 教授の「責任ある保護論（Responsible Protection）」など、決着がついていないようです。現実問題としても、人道的危機への対応を見れば、近年のシリア、ウクライナ、イラクの情勢に対する「保護する責任」の実行は、選択的、恣意的です。中国は、国家主権の責任と介入に関する新たな国際規範の形成をどのように模索しているのでしょうか。

第三に、歴史的視座、東アジアにおける華夷秩序の伝統についてです。東アジアには、中華思想、華夷秩序の伝統があり、秩序形成を主導する国の権威は、道義性や倫理性によって正統性が付与され、階層的な秩序原理が根付いていると言われます。また、東アジア諸国は、近代以降のウェストファリア的主権国家体制と前近代を中心とした伝統的東アジア国際秩序が交錯した経験を持ちますが、こうした歴史的経験や階層的秩序の伝統は、現代中国外交の主権観や秩序観に何らかの影響を与えているでしょうか。

以上の論点を検討することを通じて、転換期の渦中にある中国と国際秩序が、あるいは中国と日本が相互触発しながら、どのような関係を構築するのか、これを理解する試みと致したく存じます。

国際社会からの期待と不安を中国自身はどう受け取るか

司会者 佐藤先生の素晴らしいご発表に感謝いたします。我々が一歩一歩とこの座談会の議論へと、より具体的に参加できるよう誘ってくださいました。私の考えるところ、佐藤先生は多くの重大な問題を提起してくれました。それらは以下の3点にまとめることができるように思います。第一に、国家主権に関する問題です。それは中国が一体どのように国家主権を見ているか、実用的な観点から見ているのか、あるいは論理的な観点から見ているのかということです。それから第二に、いわゆる国際責任についてです。現在の中国は、自国の国力の強化につれて、国際秩序に対する影響を増す一方

だと思います。こうした国際秩序の変化は、自国の国家利益のためなのか、それとも国際社会のためなのか、いずれなのでしょうか。第三に、華夷秩序のお話がありました。多分これも中国の力量が拡大するにつれて、国際社会のある国々の中では、近代以前の中国を想起して、中国が過去の秩序に戻ろうとしているのではないかと懸念している可能性があります。近代以来のウェストファリア秩序との比較で、中国は一体どのような秩序を追及しようとしているのか、あるいはもっと大雑把に言えば、この二種類の秩序をめぐっての中国外交に対する影響に注目が集まっているのだと思います。私の理解にそくして言えば、主にこのようないくつかの問題をご提起なさったのではないかと思います。

　それでは今日の次第にそって、これからはお集りの皆様がこれらの問題をめぐって自由に議論をし、おまとめいただきたいと思います。私からの提案ですが、これからの討論は、一つは自由な討論、もう一つはより焦点を絞った形で総体的かつ集中的で深みのある議論を行うのはどうでしょう。時間の制限はありませんが、まず主要な論点を洗い出して、そのそれぞれについてご関心を有する先生方でさらに深入りした議論を行いましょう。私からはとくに指名はいたしません。まずは自由にご発言ください。もしご発言をなさる方がおられなければご指名いたします。ここに集う中日両国の学者は互いに平等です。ご自由にどうぞ。

　李暁東　それでは、私から一つ補足を行ってもよろしいでしょうか。実は、先ほど佐藤先生がおっしゃってくださった内容は、我々が日ごろよく議論する課題です。あえて要約すれば一つに収斂できます。つまり、中国の台頭という背景の中で、国際社会は中国に対して一方ではある種の期待感を抱いており、他方ではある種の不安感を抱いているということです。今日の座談会における三つの問題、一つは主権に対する見方の問題、また一つは中国の国際社会における責任問題、そして最後に旧来からの華夷秩序の問題ですが、この三つの問題はともに不安を胚胎させているとともに、同時に期待も含んでいます。是非今日は国際関係学院の皆様の意見をご教示いただきたく

思います。

「朝貢体系」は存在したか

潘維　今日の課題の中にはまず歴史的な問題が存在すると思います。こんにちの認識は歴史をさかのぼる必要がありますが、その歴史に対する認識に問題が見出せるとすれば、我々がいくら類推しようとも、それは不適切です。

　過去のアジア、東アジアでは、一度も「朝貢体系」のようなものはありませんでした。このような国際関係における体系は一度もなかったのです。明朝末期のころ、ある宣教師たちは外国の使者たちが多くの礼物を持ってくるのを見て、これは「万方来朝」だと感じ、それで彼らにより、これは中国と周辺国家の関係は、周辺国家が中国のゴマをするための一種の関係だと言い始めたのです。

　恐らく、現代以降はハーバード大学教授の費正清（John King Fairbank）氏がこのような宣教師たちの記録を鵜呑みにして、多分彼がもっとも早くに「朝貢体系」のような見方を主張し、国際関係、東アジア国際関係の見方としてこれが作用したのでしょう。

　これが中国伝統の「華夷秩序」ということになり、それが西洋の秩序とは一々相違しているとされることになりました。したがって、中国がこんにちになって「華夷秩序」を取り戻したがっているとか、周辺国が額づいたり、贈り物をしたりするようなある種の秩序となっているとかいうのは、これは徹頭徹尾間違っています。

　それでは、このことの事実状況はと言えば、当時ある人々は中国の朝廷を訪問し、そのときに贈り物を持ってきた。そのときに発見したのは、中国という国は、一人分をもらったら、二人分にして返す、船一艘分をもらったら、船二艘分にして送り返すということであり、そのことにびっくりしたということです。そして当時、中国としてはお付き合いとして、二年に一度来

てくださいと言いました。しかし、彼らはこのような莫大な利益があるのならば、年に一度は来たいと。さらには、それを通り越して、季節ごとに一度訪問すると。もっとたちが悪い人々は月に一度来てもいいですかというような状況になりました。こうしたうわさが広がり、みんな中国にこのような得をする商売をしに来ました。その挙句に、明朝はお返しをするのが難しくなり、これをどうしようかと考えたがメンツのこともあり、季節ごと来ていたのを半年に一度に縮小し、半年に一度を一年に一度とし、一年に一度を二年に一度に改めていったということです。これが当時の歴史です。

それからはこの朝貢に訪れた、あるいは献上しに来た、さらに言えば貿易しに来たと言ってもいい、この人たちからすると、彼らの国家内部（あるいはその時は国家ではないかもしれない）では、封建的かつ領主的な状況が強く、彼らの力では統御することができなかったのです。こうして、中国皇帝から称号を与えてほしいと希望したのです。そこで中国皇帝は、大抵このように聞きました。「あなたは何が欲しいの」と。これに対して彼らは、私は大将軍という称号が必要で、国に帰って本国の人びとを支配するのだと。それを裏付けるような印章は日本でも、朝鮮でも、フィリピンでも、中央アジアでも発見することができ、もっとも多いのが日本です。そのようなことで、多くの場所で、たくさんの印章が見つかったのです。

そういうわけで、私の結論としては、こうした関係と「支配」とは微塵も関係がないということです。実際、地方を支配したこともなく、それは経済上の支配も、社会上の支配も、さらに思想上の支配もありませんでした。ひいては根本的な制度上の支配や軍事上の支配は言うに及ばず、何ら関係がありません。したがって、このような「朝貢体系」は、単に西洋の人びとがねつ造したものであって、その後は近代・現代以来、我々が海外の物事を崇拝し、外国に媚びるようになり、他人が言うことを何でもそのまま受け入れることによって、ますます本当のようになってきたにすぎないものです。こうしてこんにちの「朝貢体系」になったのです。ですけれども、この体系は存在しません。

中国人におけるこんにちの自己とこんにちの世界に対する見方については すでにたくさん申し上げました。この後はほかの同僚に時間を譲りたいと思います。もし機会があれば、改めて中国人の自己と他人に対する見方について言及したいと思います。

秩序認識としての「華夷秩序」

司会者 ところで、司会者としてではなく、一人の参加者として少しお話しさせていただいてもよろしいでしょうか。

潘維先生のお話になった話題にそって少し申し上げたいと思います。私は常日頃から潘維先生が創造性豊かな思考をお持ちだと感じています。過去に存在したにせよ、あるいは人がねつ造したにせよ、この概念、「華夷秩序」にしても、「華夷体系」にしても、「朝貢体系」にしても、常に話題となっています。本当に潘維先生がおっしゃったように、存在したことがなかったかもしれませんし、人びとによってねつ造されたものなのかもしれません。しかし、私からすると、これはある種の意識的なものであって、時間とともに多くの中国人がそれは本当だと言い、外国人もまたそれは本当だと言った。したがって、彼らはこのような意識から、そしてこのような意識にそって、ある種の方式によって形を作り、ある種の国際関係を形成しているのだと思います。その意味で言うと、それは存在すると思います。少なくとも意識の上では存在します。私はそれを評価するつもりはありません。ただ、もしもこのような意識が存在するなら、日本人は恐らく興味を持つだろうと私は理解いたします。彼らが中国人をもってこれを一つの参照とするような、その程度に回復が可能ならば、多分存在しないと思います。しかし、これは一種の意識であり、たとえば我々は共産主義ということをよく言います。共産主義は一度も存在したことがありません。しかし、我々はそれを形作り、それに向かって発展し、ある程度の役割を果たしています。私の話している意味がお分かりでしょうか。

華夷秩序の道義性と階層性への着目

李暁東 先ほど、潘維先生がおっしゃっていたこの「朝貢体系」が、実際に存在したかどうかについて、もう少し議論をしたいと思います。潘維先生の発言自体、とても逆説的です。先ほど、佐藤先生がおっしゃっていた三番目の「華夷秩序」問題についてですが、その主な問題は、元々中国の対外関係の中では、非常に「道義性」を強調しており、その道義性は近代、西洋の古典的なパワー・ポリティクスに直面した中で、中国は一層道義的な国際関係を強調していました。加えて、「華夷」という言辞自体、「上下」の意味を持っていて、文明の中に「上下」が存在するという意味を内包しています。もしも「上下」がある種の「不平等」を意味するならば、それは中国の道義を強調する対外関係においても、それに対する期待と同時に、対等ではない、平等ではない関係に対する不安も含まれています。私の理解では、彼の提起した問題は恐らくこの方面において存在すると思います。

張海濱 私の見方をお話しさせてください。その前に、まずは感銘を受けたことについて少し話をさせてください。今日の座談会で宇野先生とお会いし、昔の記憶がよみがえりました。もう十数年も経っています。私は宇野先生の許を訪ねて成蹊大学を訪問し、ここ数年ずっと日本側と学術的交流と対話を行ってきました。今日この中秋節にこうした座談会に参加できて、李暁東先生も既知の間柄でありますし、非常にうれしく思っています。十数年が経ち、今私が深く感銘を受けているのは、宇野先生がとても早い時期に国際関係学院の国際平和交流を始められ、恐らく我々国際関係学院とこのような学術交流を展開された最初の方であるということです。十数年が経ちましたが、この間の中日関係、東北アジアの情勢、中国の国際的地位には重要な変化がありました。今日我々がここでこのような問題を討論することは、確かにこのような歴史的目撃者になる重要な過程のように思います。宇野先生が我々二つの大学において双方向の交流をなさってきたのは、宇野先生が中国

に対して友好的な感情を持っていらっしゃるからだと思います。加えて、宇野先生の長期的な視野の確かさを反映していると思います。この二つのことについて、私の感想を述べさせていただきました。今日は本当にうれしく思っています。今はもう中年になりましたが、若いころに宇野先生からいただいた学恩については、感謝の思いでいっぱいです。

過渡期にある大国中国にまつわる不確定性と曖昧性

　張　さて、二点ほどお話しさせていただきたいと思います。一点目は、総括的なこと、大国中国の主権・責任・秩序の総合的な見方に関することです。中国においてはこれら三つのキーワード、現在の中国国内において、そして諸外国に対して、中国はそれを日増しに増長する影響と使命においてどのように応用していくのでしょうか。

　二点目は、私が比較的詳しい領域に引きつけながら述べたいと思います。つまり、環境と公衆衛生の領域から具体的にお話しするということです。それでは、より具体的な例を挙げましょう。そうすることによって、中国が主権問題の上で、また責任問題の上で、国際秩序にどのような態度変化がみられるか、またそのことの提示になるのではないかと思います。

　まず、私の見方としては、我々が今日ここで主題にしているのは、日本の研究者も言及したように、過渡期にある大国中国を議論するということです。その過渡期についてですが、実際には次のようないくつかの問題が存在すると思います。第一に不確定性、第二に中国の影響、あるいはその目下の政策、その曖昧性です。要するに、二つの特徴があり、一つは不確定性、もう一つは曖昧性ということだと思います。

　最近、私は米中の戦略対話に参加してきました。それは気候変動にまつわる戦略対話で二度目です。アメリカ側の専門家は、アメリカでも代表的な学者たちですが、一つの現象について言及したのです。過去に中国を訪れた際には、中国のメインストリームの認識を理解しようとすれば容易くできた。

しかし、今では誰が中国の主流を代表しているのか分からない、と。ますます困惑を感じているようなのです。

我々は彼らに聞きました。どうしてそう思うのですか。その原因を教えてください、と。彼らは中国の各政府部門を訪問し、交流する場合、中国のシンクタンクに行きます。シンクタンクへ行き、高等教育機関へも行きました。その結果、結論は様々で、認識もみんな異なると言うのです。

実は、これは一つの見識であり、このことが投影しているのは、現今における中国の立ち位置なのです。中国では自らの国家利益および外交政策と戦略について、確かに各部門や各機構、様々な観点から提出される結論は異なるものです。

中国の政策プロセスは多元化している

張　アメリカの専門家は問題を提起しました。あなたたち中国の「四零四五」という排出を削減する目標はどうして国内で立法化し、第十二次五カ年計画でも立案されているのに、どうしてそれを国際条約の中に入れないのでしょうか、と。

これは、炭素強度（carbon intensity）の排出を削減することに関する問題です。我々が承諾したのは、2020年までにその炭素強度を40％から45％まで上げるということです。そして、このことは国内の同計画でも同意したことです。それでは、中国政府がどうして会談時にはこれを項目に含めなかったのか。それは、当時7人の専門家がいて、各政府や支部から選ばれた人たちでしたが、7人の専門家の解釈はそれぞれ違うものだったからです。

アメリカ特別主席会談代表は、当時解振華（わが国で排出削減を担当した最高位官僚）に聞きました。「この7種類の見方は、どれが中国の公式な見方なのか」と。解主任は公式的な回答は行わず、このように言いました。「あなたたちはずっと我々を民主ではないと非難しているでしょう。このことは中国がますます多元化していることを反映しているのですよ」と。

私個人の観察ですが、これは具体的な事例として、一つの大きな問題を投影しています。現在の中国は、急速に変転、変化している段階で、我々が認識している自己利益と我々の地位にはずれが存在しています。過去、我々が疑いもなく発展途上国だったころは、我々は自己の地位について比較的明確に認識していました。しかし、現在は中国が変化しつつあり、この巨大な変化の中で、国内では我々のこのような地位に基づく、我々の利益に対する認知と認識にはずれが存在しているのです。

　したがって、私の基本的な認識は、今現在日本の皆さんが非常にはっきりとした、確定的な結論を求めるならば、それは非現実的だと思うということです。

　しかし、中国問題の複雑性が強くなる中で外交政策、複雑性、これらについてさらなる深い理解ができれば、私としては、これはこれで重要な進展だと思います。

中国外交の複雑性と不確実性は解決可能

　張　以上は一つ目の観察で、二つ目は時間の関係で簡潔に述べたいと思います。二つ目は今の中国のこのような政策、外交的政策、その複雑性と不確実な状況を理解したうえで、私は決して解決ができない、理解ができないというわけではないと思います。私は、問題によってはその基本的な発展の方向や特徴は見極めることができると思います。私のほうからは環境と公衆衛生、この二つの領域からわずかばかりですが解釈をいたしました。主権、責任と秩序のような肝心な問題については、主権という問題の性質上、中国は段階を踏んで変化させていると私は思います。一つ基本的な事実があるのですが、それは中国が大国の中で唯一、領土主権の完遂問題を解決していないということです。つまり、統一の問題です。この問題は始終中国の高官、中国政府が注目する核心的な議題です。したがって、これらの問題が中国の外交政策を決定しており、中国における内政不干渉の立場を決定づけていると

思います。このような問題の性質上、もう一つの要となる考慮が働き、それは我々の自己の主権、自己の領土、主権をいかなる定義として定めようが、領土の完遂はその核心の一部だということです。中国はまさにこの事実に直面しています。領土が完遂されていない、未完遂であるということです。だから、これは中国外交の核心的な要素だと言えます。

したがって、もしも我々が複層的でかつ多様な観点から主権を理解するのならば、そのほかの特に非伝統的な安全保障と関係のあるグローバルな議題について、つまり中国はこれらの領域で、主権、秩序、責任にまつわる実に注目するほどの変化をもたらしていることに目を向けるべきです。

たとえば、環境領域についてですが、1990年代初頭から我々がとりわけ強調しているのは、国際協力の中での国家主権に対する尊重ということです。しかし、現在中央のリーダーたちの発言の中では、もうこのようなことは言及されません。言及されないのは、注目しないという意味ではなく、これに対する注目度が以前ほど強くないということです。

国際公衆衛生分野で際立つ中国の存在感

張　どのように中国が大国としての国際的責任を実行すればよいのか、その動向を窺うなら、具体的な領域および実行性のある戦略の側面を見るべきでしょう。その最先端の一つが国際公衆衛生の領域であり、中国政府は現在、すでに正式に中国の国際衛生戦略について制定を始めています。現在、中国ではこれを衛生計画委員会と呼んでおり、すでに制定されました。世界の中でこのような戦略を制定しているのは、10カ国未満です。

要するに、中国は大規模な疾病予防面では多くの独自の経験を持っています。我々はこれをきっかけに、これらの経験を世界と分かち合いたいと思っています。それから、技術、衛生の産品、薬品の生産面でも世界とシェアできればと思っています。これは戦略を制定する一つの基本的な考慮となっています。

これらの領域に関して、時間の都合上、これ以上の言及は避けたいと思います。このような非伝統的安全保障分野のグローバルな意義の中で、中国政府は世界との共通性を鮮明に明示することで、その誠実さと努力はますます明確になってきていると思うのです。

　最後に一つだけ。これらの問題について、中国が責任ある大国なのかそうでないのかという問題について、我々は漠然とした回答をしてはいけないし、すべきではないと思います。中国政府は、中国が確固たる責任感のある大国だと、揺るぎなく確信しています。しかし、国際場裏では異なる声が聞かれます。したがって、私の助言としては、我々は領域を分けて、事実に基づいて、データを利用して、さらなる深甚な、さらなる具体的な分析をすべきだと思います。これは過渡期にある大国中国の国際的責任を理解し、その外交政策を理解するのに試してみてもよい方法だと私は思います。ありがとうございました。

中国台頭の現状と1960〜70年代の日本は似ている

　初暁波　私は、先ほどの潘維先生や張先生、その他何人かの先生方の発言にとても同感しています。私は簡単なものを準備してきました。まず、私自身のこの課題に関わる研究に立脚した考え、それから私の見方についてお話し申し上げたいと思います。

　中国の台頭と中国の国際的な責任、この課題について私は、まずは総体的に考えるべきであって、決して各論的に考えるべきでないと思います。たとえば、中国においては台頭前と台頭後の比較を行う。中国の台頭が対内外的にどのような変化を及ぼしているか、またそのことと国内の比較などです。さらに、中国の異なる部門、異なる利益集団、代表階層など、彼らの態度は様々です。一つの安易な結論を出して、中国がどのような変化があったのかを主張するのは単純過ぎると思います。要するに、全面的なものとして考えるべきであって、分裂的に考えるべきではないと思うのです。

また、それは動態的なものであって、静止的なものではないと思っています。先ほど、李暁東先生がおっしゃっておられましたが、中国の態度について、他の国々がある種の期待と不安を抱いていると。歴史的な視野から見ると、人類の歴史は、終始期待と不安の歴史ではなかったでしょうか。

その意味で、中国が台頭してからの大国責任の問題について、同時に他の大国が台頭した過程では、その国際的責任や周辺国家の意識、精神構造の影響などはどうであったかといったことも含めて考慮すべきでしょう。この点で、私は面白いなと思ったことが一つあります。それは、1960〜70年代に日本が台頭した当時のアメリカ国内の反応です。中国の現在の台頭に対する反応と、当時のアメリカが日本に対して行っていた反応はとても類似しているところが多いということです。

中国は大国か：
全く異なる各国の意識調査

　初　最後に、分析は科学的であるべきで、単なる心証と誇張になってはいけません。例えば、中国の台頭に対する世界の反応についてですが、先進国、例えばアメリカ、日本、欧州などの国々の反応以外にも、その他発展途上国の反応も考慮すべきではありませんか。

　私はいくつかの統計を見つけましたが、とても面白いなと思いました。科学的な統計と、我々の印象は異なるということです。2011年に、「中国は大国であるか」についての調査がなされました。8カ国が参加したものですが、日本、南アフリカ、アメリカなどが含まれています。その8カ国中で、中国を大国だと回答し、これによって利益がもたらされていると回答しているのは南アフリカに顕著です。そのような回答の比率は66％で、平均値は50％強です。南アフリカが最高で66％ということですね。これに対して、「中国はまったく大国ではない、二流国家で依然として弱い」と回答した中で最も多かったのは日本で44％でした。全体の平均値はわずかに27％です。これ

は何を意味しているかお分かりでしょうか。つまり、中国が大国であると認めた平均50％強の割合の中で、南アフリカは最も数値が高く66％であり、「中国は未だ大国ではない、まだ弱い」と回答した諸国の平均が27％である中で、日本が44％を占めている。これはやはり何かの問題を説明しているのではないでしょうか。つまり、「中国が大国」であることが利益だと見なされているか、ということです。

また、中国人自身も驚くような統計があります。たとえば、2013年のある統計では、「中国人と交流したい」国は、イギリスが圧倒的に多く、3分の2のイギリス人が中国人と交流したいと回答しているのです。最低だったのは何と、中国人も驚くような結果で、それはロシア人でした。この結果については追跡できるような具体的データはないのですが。

対外観念の分析には自己認識と他者認識が不可欠

　初　重要な一つの前提としては、さらに全面的に、さらに動態的に、さらに科学的にかかる課題を遂行しなければならないと考えています。これはあくまで私の考えです。そのほかに、私が個人的に注目しているのは、先ほど潘維先生と張先生がおっしゃっていた、中国自身の地位の認識の問題についてです。私は対外観念の研究者として、対外観念を三つの側面に分けたいと思います。つまり、ある国家の対外観念の認識としては、自己に対する認識、他者との関係に対する認識、そしてこの両者関係間の認識がある。この三つの側面に基づいて、対外観念の認識を行わなければならないと思います。

　そういうことで、ともに中国人の現在の対外観念を見てみましょう。まずは、中国人の自己に対する認識です。中国が大国であるかどうか、どのような大国であるかについてです。私は先ほどの幾人かの先生がおっしゃったことに同意していて、実際に錯綜した状況が存在しており、認識にばらつきがあると思っています。

統計数字を見ますと、多くの日本の学者も恐らく驚かれると思いますが、2008年のころ、オリンピック開催前に行われた調査では59.8%の人びと、つまり約6割の中国人が中国は超大国ではないと考えていました。

　オリンピック開催後は中国も発展し、自国が大国になったと思うはずです。最近では、中国の台頭に関する映画も盛んなのですから。ところが、2011年の調査で、「中国は世界の強国ですか」という問いに対して、「そうです」と回答した人はたったの14%に過ぎませんでした。「まだです。まだ完全ではありません」と回答したのは何と85%に上ります。

　もしも、「中華思想」にそって分析するのなら、中国人は自己の文明、自己の国家にある種の優越感を覚えているはずで、特に道徳上の優越感ですね。しかし、国民全体の自信に関わる認識から見ると、それは決して表れてはいません。違う角度から見ますと、北京大学では毎年、我々の学院だけを見ても、毎年卒業後ただちに就職をするのではなく、さしあたり海外に出国する人のほうが多いのです。アメリカや欧州に行く比率が高く、昨年一年間で私一人が推薦した学生だけでも23人、これら学生は全員出国しました。このことはどのように解釈すればよいのでしょうか。ある種の優越感があるのでしょうか。他人を圧倒する優越感は存在するのでしょうか。私は個人的に疑念を禁じえません。

　第二に、中国はいかに西洋や世界を見ているのか、西洋は何を意味しているのか、そして第三世界とは何を意味しているのか。国際組織や国際条約は、国家利益の手段なのか、あるいは目標なのか。これらの問題は、中国国内でも非常に論争的です。もちろん、その議論の中には陰謀論も存在します。その陰謀論とは、西洋が「私（中国）を滅ぼそうとする考えは消えていない（亡我之心不死？）」のではないかということです。しかし、中国全体の状況から見て、このような言説は説得力を持ちません。一層多方面で、一層急速に国際社会へと参入したのは、中国が改革開放以来、努めて行ったことであるからです。我々は現在の世界秩序から最も利益を多く得た国家（ある意味で言えば）であり、改革開放の発展自体が利益を得た過程であると言

えるからです。

ニューヨーク国連本部の見学者は中国人ばかり

　初　ところで、中国と西洋、あるいは現在の国際社会との関係から見て、中国は確かにより多くの責任を果たす必要があります。しかし、どのような責任を担うか、どのように担うか、どのような義務を履行するのか、どのように履行するのかという問題は、どこの国家であろうとも、とりわけ大変革時代を経ている状況では、漸次的にその道のりを探す必要があると思います。一朝一夕に確定するのは無理なことです。

　いくつか些末な事例を挙げましょう。これは非常に説得力があるのではないかと思います。私がニューヨークにある国連に行った時のことです。国連に行くと、そこには日本人や韓国人といった他国の人は非常に少なく、中国人ばかりが参観しているのです。国連に対するそのような情熱は一体何でしょうか。当時、私は驚きを隠せませんでした。どうして中国人はみんな国連に行っているのだろう。自由の女神には、あまり中国人はいませんでした。他方、国連の中には中国人ばかりなのです。それからWTOです。中国がWTOに加盟したその日の夜、それは国を挙げての歓迎ぶりでした。このような場面は、中国の他では見ることができないのではないかと思います。最後にもう一つ。もうすぐ開かれるAPECですね。北京中が春節を迎えるかのような勢いで、APECを迎えようとしています。こうした状況も、これまで開催されたことのあるどこの国でも見られない光景でしょう。こうした現象もやはりある程度の問題を説明するのではないでしょうか。

　発言が長くなりすぎたようですので、あとのことは省略します。それでは、結論を述べます。三つあるのですが、第一に、中国のこのような発展は、中国人自身と外部世界のこのような不調和を絶えず調節する過程は、恐らく長い時間が必要だということです。

　第二に、私は、中国の多元化は不可逆的だと思います。したがって、中国

の国内も国際社会もともにゆっくりと適応していく必要があるということです。

　最後に、一定の時間を経た長期的な論争のあと、中国人の対外認識はますます理性的なものになっており、それは決して熱狂的であったり、極端であったりしないということです。私個人としては、比較的に慎重で楽観的な態度を取りたいと思っています。

西洋由来の概念は中国分析に有効か

　連玉如　私は先ほどの宇野先生のご挨拶がとても印象的でした。宇野先生は、中国と日本をともに俎上に載せて議論を行う試みをしたいとおっしゃいました。

　先ほどから、我々は主として中国に重点を置いた議論を展開してきたような気がします。その認識を踏まえながら、日本の佐藤先生がおっしゃったプロジェクトの紹介について、簡単に私の感想を述べたいと思います。佐藤先生は三つの問題を提起なさいましたが、それを聞いて、私の印象としては、内容が混沌としているなというものでした。これは典型的な日本の学者の見方の表れなのだと思います。先に議論となった主権、それから主権に関わる責任、そのあとには中国の「華夷」とか、「華夷体系」などにも触れられました。私はEUとドイツを研究しているのですが、彼らは決してこのような混沌とした研究は行わないのではないか。

補完性の原則をめぐって

　連　私は主権、この概念は典型的な西洋のそれであり、ウェストファリア条約以降に確立した主権平等ということです。もしも中国人が歴史を語るならば、先ほど潘維先生もおっしゃっておられましたが、明朝のころは恐らく、このような概念が根本から存在しなかった。ですから、この二つのもの

を混同させるのは少し問題があると思います。また、もしも主権の話をするのならば、現在われわれが言う主権とか、責任とか、世界秩序など、日本の研究者たちはこの方面の研究についてどうなさっているかわかりませんが、現在ヨーロッパの人々が盛んに議論している最も重要な原則と概念は、「補完性の原則（subsidiarity）」で、これは非常に重要な原則です。私は日本の研究者はこの概念に対してどのような研究をなさっているのか知りたいです。欧州の人々はこの概念に対する研究を非常に緊要な課題としていて、現在では欧州連合の性質を決定する民主主義や市場経済などと同レベルに置かれている原則です。私が思うに、この原則は、たとえば主権、大国中国の場合、ヨーロッパでは主権や責任などを混同させて論じることはなく、それよりも強調しているのは補完性の原則です。これは彼らがヨーロッパの大国であるドイツの問題を解決したのと関係しています。中国はアジアの中ではもちろんとても大きい。私は伝統的な何らかの実力を言っているのではなく、単なる領土の面積、人口などから客観的な尺度で申し上げています。少し長くなりましたね。私が言いたいのは、簡単に言うと、日本の研究者にお伺いしたいということです。主権に対して、主権とか、このことにまつわる課題とか、ここでキー・コンセプトとなっている主権、責任、秩序など、そのことに関わってお尋ねしたいです。この主権は元々西側から来たものですね。この主権ということについて、補完性の原則からお考えになったことはあったのか、この問題にどのような考えをお持ちなのか。

江口伸吾 先ほどおっしゃった補完性の原則については日本でも紹介されています。とくに、中央と地方の関係の再考が求められている現代日本において、中央集権から新しい時代にあった中央と地方の役割を規定する概念として注目されています。たとえば、小泉政権の時に地方分権の改革があり、さまざまな議論がされました。もちろん、小泉のこの分権改革が成功したのか否かについては、私は疑問を持っています。とりわけ日本は明治以来の中央集権国家であり、新自由主義的なグローバル化の潮流の中で進められた地方分権改革の構想は、新たな国家建設が第一義的な目的で、必ずしも、地

域社会からボトムアップで築き上げる方式ではなく、ネガティヴな側面も強いです。

日本と同様、東アジア諸国においては、まだ近代的な国民国家建設の過程にあり、国家が重視される傾向が強いです。補完性の原則を東アジアにあてはめて考察する際、東アジアの歴史的段階の特性を考慮する必要性があります。

ドイツ問題を解決したヨーロッパに学ぶ

宋偉　私が簡単に答えさせていただきます。江口先生がおっしゃったのは、国内の中央と地方の関係です。実際、ヨーロッパではすでにこの補完性の原則が国家間関係に応用されています。したがって、大国ドイツの問題を解決できたと思います。つまり、ドイツ脅威論があって、統一された大国ドイツに対しては、周辺の小国からすると、安全保障上の懸念を覚えます。しかし、マーストリヒト条約以降、1993年からこの補完性の原則は非常に高いレベルに据えられ、ますます強調されるようになりました。実際、ヨーロッパ諸国の加盟国間の関係を解決する上で、この補完性の原則を運用したのは良かったと思います。現在、いわゆる大国ドイツ脅威問題を解決しているからです。そのように考えると、できれば我々も比較伝統的、比較現実主義的な構想が主導的な国家関係である東アジアにも、そうした概念を組み込むことができればと思うのです。東アジアには、さらに二次的なたくさんの問題が派生しています。したがって、我々が現今の主権や責任を議論する際には、このように混同せず、我々の思考回路をさらに広げる必要があるでしょう。主権というのは元来輸入品で、西洋のものです。彼らは現在、主権を主張しないで、より主張されているのは補完性の原則です。そこには大国、小国があり、全体的に非対称な国家間の関係です。補完性の原則を一つの骨組みに導入し、大国の問題を解決して、それから相互間の権力バランスなど、私が思うにはこれらのものは、我々東アジア、この地域の関係を整

理・再編する中で考慮することも可能だと思うということです。

大国中国の複雑性をどのように捉えるか

　王　私は二つの見方について申し上げたいと思います。一つ目は、この課題自体について、私個人の意見を開陳してみたいと思います。それは、どのように大国主義を位置づけるか、大国中国を位置づけるか、現代中国の位置づけについてです。二つ目は、先ほどの座談会で宇野先生が挙げられた、どのように中国の王道を見るか、あるいは先ほど潘維先生がおっしゃった華夷秩序について話してみたいと思います。

　この課題に対する認識について話します。私は佐藤先生が紹介された内容を大いに評価いたします。また、李暁東先生や江口伸吾先生がここ何年間で様々な活動を通じ、日本の学界が現代中国学界における大国に関する思考や見方を鮮明に理解するようになったことについて貢献してくださいました。彼らはとても真面目に研究を展開しており、先ほどの紹介から見ても、彼らの研究は深みのあるもので、彼らを高く評価すべきだと思います。

　他方、私はとりわけ先ほどの張海濱先生の見解に賛同しておりまして、それはどのような方法で大国中国を位置づけるか、これは実際のところ、さらなる研究討論が必要で、その手法も様々だと思います。私が思うには、二つの複合的な手法があると感じています。

　一つは我々が言う「簡化方法」で、それは最も重要な特徴を際立たせて、それを焦点に置く方法です。例えば、潘維先生が中国発展のルート、すなわち中国模式を取り上げました。例えば、海外の学者が取り上げている「北京コンセンサス」、例えば清華大学の閻学通教授が取り上げた中国の新たな同盟政策、あるいは習近平の新外交の特徴、これらはみな最重要の特徴を捉え、これらの特徴を画面の中心に置いて導出するという手法です。我々はそれを簡単明瞭、特徴を際立たせる手法と言います。

　もう一つは、先ほど張先生が取り上げた複雑性、複雑性思考で、欠陥を認

め、我々に内在している多くの緊迫した矛盾、しかしこれらは常に変化しており、常に不確実性を内包し、さらには観察しにくい混雑さと相違をもたらし、矛盾している各種各様の対立現象に高い評価を与える、私はこれを中国の複雑性だと称したいです。そしてこのことについては今執筆中です。ただ、このように分析するとき、一つ欠点がありまして、それはもとより正確な位置づけがないことです。しかし、我々が現代の大国中国を評価するときには、一定の重要性を与える必要があります。

どうしてこのように述べるのでしょう。私が思うには、中国は確実に主権国家であり、国連の常任理事国です。また、現代のすべての主権大国が所有している要素、例えば国家、軍隊、政府の対外政策、それから地域の世界的な各段階における戦略ないしは目標を具備しています。しかし他方では、言葉では形容しにくい「公化中国現象」、それは文化中国現象とも言いますが、それは非常に広大で多様な民族的差異から作られるもので、極端に複雑な辺疆体制の紛争、ある人はある種の「中西」、現代の中国において我々の何代にもわたる思想から見て、やはりある人たちは中西だと言う。中国自身の伝統的なものに西洋の近代マルクス・レーニン主義が伝播し、それらによって伝統的な地位上の特殊な系統を作り出したのです。

したがって、我々が現代中国を大国だと判断するとき、潘先生の言及したことにとても賛同せざるを得ず、それは一つの複雑で多元的なものです。したがって、中国が華夷体系かどうか、あるいは中国模式、あるいは習近平が言う「中国の夢」などは、中国内部に存在する緊張と相違を包括することができるでしょう。

とはいえ、一つの大国としての中国が自己の大国であるという位置づけを行うのは容易なことではありません。優れた部分はあるものの、例えば潘先生が言及したように、とても強烈な優れた長所があり、強い方向性と方向感覚を持っています。しかし、それらは重大な相違性、多元性の影響を受けることがあります。先ほど、張先生が中国の気候変動の問題を述べましたが、ここでも政府と民間と部門における相違する立場がとてもよく証明されてい

華夷秩序と王道思想

　王　私はもう一つの実例によって、この華夷秩序の問題について述べたいと思います。それは華夷秩序という性質上、日本側が中国を一つの大国として位置づける場合、それを固定観念的に位置づけるのは、私は非常に困難があると思います。このような手法あるいは二分法的な思考において中国をフォーマット化するのは多くの悪しき側面を存在させることになります。

　私は華夷秩序について、少し印象的に述べます。宇野先生に笑われてしまうかもしれませんが、とても記憶に残っているのが、日本でのある座談会で、いかに中国の王道思想を理解するのかについて、非常に深い感銘を受け、多くの啓発を受けることになったのです。

　先に私が述べた複雑性の論理で、検討し評価するなら、確かに現代の大国中国のこの議論の中では、少なくとも以下の二つの異なる思想の構想が見られます。一つは、我々が比較的簡単に言う西洋近代以来の主権国家の力量と駆け引き、主権国家が大国として強大化するような形で、中国はその歩みを進めています。つまり、強権論理です。先ほど、梁先生も言及したように、それはつまりホッブズの論理です。「あなたが強くなれば、覇権を争い、あなたが強くなったから、さらなる多くの権力を奪い取る、そして全世界の利益を奪い取る」。

　しかし、もう一つの論理があります。それは中国のある種の華夷思想、あるいは華夷秩序の一種の王道理論です。この理論は、大いに研究する価値があり、私から見ると、それはただの利益ではなく、確かにその中には利益が存在するが、それはまた欧米国家がただ懸念するだけでなく、確実に強大な吸引力も持っている。これはまた中国の政治家あるいは学界の中で、相当なマーケットと誘因力を持っていることからもわかります。

　一見したところ、華夷秩序には、近代主権国家のこのような国際法制度は

存在しません。大使や特使の配置もなく、国連や国連のような国際制度の特殊な称号を持っているわけでもありません。しかし、別のものを持っています。それはどんなものかというと、我々が先ほど言及した、「王道」を用いて内在的秩序を進展させたことです。我々がよく言う君臣父子のような一種の儒教王道で、これは中国思想全体に一貫して影響を及ぼしており、外交や内政に関係なく、すべての思想において中国の統治理念となり、もちろん一定の程度では我々が現在認識している周辺、隣国、さらに遠くの諸外国に対する見方となっています。

内聖外王〜世界を変えたければ自ら変われ〜

王 宇野先生が言及された言葉の中で、とくに私の印象として強く残っているのが、「王道というのは、実際は覇道の補助を必要とする」というものです。しかし、私が指摘したいのは、中国でのこの思想、あるいは祖先の思想の中で強調されている王道というのは、雑合が一体であり、「まず心を攻めて、謀略を図り、それでもだめなら、兵隊で攻め、最後に城を攻める」、つまり段階がはっきりと分かれているということです。野蛮に武力を用いるのではなく、武力を優先させるわけでもなく、それはあくまでまず「心」で人を征服し、最後にどうしようもなければ、仕方なく使うのが武力である。これは西洋の思想とは大きく異なります。中国のこの華夷秩序は、理念上の特徴として、武力を適用するのではなく、武力はただ王道実現の最後のやむを得ないものということです。何が何でも最初は心を攻める。つまり、「内聖外王」を強調している。

もう一つの側面は、宇野先生も心配なされていることと思いますが、中国のこの華夷秩序あるいは王道思想には、実際は君臣父子のような上下関係を強調しているきらいがあり、先ほど李暁東先生も言及なされましたが、私もそうしたある種の内面のものに注意したいと思います。ただそれは、上下関係を強調するにあたって、まず必ず身を修め、身内を大事にすることに基づ

いて、それから国を統治し天下を取るのが順序である。つまり、現在習近平がよく言う「自分の身を硬くして鉄を打て（鉄を打つときに必要なのは、自分自身の硬さである）」。私自身がきちんと身を立てていなければ、外面が強くても何ら役には立たないということです。

実は、中国の古聖人あるいは中国華夷思想の創始者らは、常に身を修めることを重視していて、身内を大事にする道理を重視していました。言い換えれば、我々は自分自身が正しいことをせず、自分自身が腐敗したままでは、支配権を握ることは不可能であるということです。さらに、周辺に対して華夷秩序を立てることも不可能です。それはどうしてかというと、これには非常に大きな誘因力があって、つまり中国人は中国の改革を見せつけたのです。

中国が世界でも、東アジアでも、輝かしい成果を収め、自己の変革を通じて国内の体制や機制、社会矛盾などをさらによく解決し、この過程の中でますます壮大になっています。私の友人である張百霞氏は言いました。「中国は世界を変えたいのならば、まず自己を変えるべきである」。これは「内聖外王」の一つの端的でわかりやすい言説でしょう。

過剰な矮小化や断定を戒める自己省察の目で複雑な中国を観る

王　少し長くなりましたね。今から私の結論を申し述べます。私が言いたいのは、この中国の華夷秩序思想について、過剰な矮小化や単純化、あるいは断定を避けるべきだということです。しかし、他方では、西洋の主権体系、主権思想について、少なくとも二分法的なあるいは多元的な分析手法を用いなければなりません。それはそれで有力で、現在優勢な位置を占めていますが、今日私はあまり時間がないのでこれ以上言及できませんが、主権理論の変化については、過去の段階を見ると、自己に対する観察と自己省察の過程があったはずです。したがって、実際中国の華夷思想にしろ、西洋から

進化して出てきた主権思想にしろ、現在まさに激しくぶつかり合い、互いに吸収し、互いに適応する成長過程となっています。中国としては、複雑中国として、文化中国として、変動中国として、中国伝統思想の中のある王道思想を継承していることは避けられないことであると思うのです。その上で、西洋近代の主導となっている思想についても参考にしながら、剥離、吸収、自己のために活用しながら、同時に注意深く防備を行っていくモデルを作る必要がある。従いまして、中国と諸外国が互いに影響し合うというのは、思想上の主流・非主流的、多元的に融合する過程であり、さらに中国は超大国化により超大社会であるため、シンガポールやカンボジア、日本のような小型国家、中型国家が抱えている複雑性、多元性に比べて一層輻輳しているのです。したがって、現代中国を認識し、諸外国を認識し、我々が自分の国家を大国だと認識したとき、避けなければいけないのは、一種類の思想、一種類の定義、それは習近平の思想や言い方にしろ、それを中国において全面的に代表するものだと思ってはいけないということです。このような諸点に留意することで、我々は中国の未来に出現する変化、挫折、予想外なこと、不確実性について対備することができると思いますし、また我々が希望するものに到達できると思います。

「華夷秩序」は外交関係が創り出してきたもの

石田徹 私の専門は、日本政治史、日朝関係史です。私の専門の立場からいくつかの考えを述べたいと思います。まず、私が言いたいのは、先ほど潘維先生がおっしゃった「朝貢体制は無かった」という問題です。潘維先生が朝貢体制は無かったとおっしゃったとき、私は非常に驚きました。しかし、私はそれを命名、名付けの問題と理解します。つまり、当時の人びとは「朝貢体制」をどのように自覚していたのかと、そして現在の我々がこの歴史をどのように説明するのかとに分けて考えるべきであり、潘維先生が言及したのは、当時の人びとはこれについては朝貢体制についての自覚はなかったの

だという御指摘だと理解することにします。

　歴史を振り返ると、朝鮮にしろ、琉球にしろ、明や清に使節を派遣し、朝貢しました。そして、明や清は彼らを冊封しました。これらの使節が往来していたことはすべて事実として存在しているわけですから、この事実を概念化する際には慎重であらねばならないと思う次第です。

　今回、我々がこの「華夷秩序」に言及したのは、現在の学界では、当時の華夷秩序あるいは朝貢冊封を行う中で、中国が周辺の国家に対して、言わば近代的な支配統治をしていたわけではないことは明らかになっていますが、その当時、中国を中心とした外交秩序、外交儀礼を築き上げていたということ、そして19世紀にその華夷秩序と西洋の秩序が衝突したという事実に注目しているからです。

大国中国と日本の比較～1920～30年代か1960～70年代か～

　石田　先ほど、初暁波先生が言及なさいましたが、現在の大国中国を認知するために、1960年代、1970年代のアメリカが日本の台頭をどのように認識していたかということと比較するのはどうかという提起は大変面白かったです。ただ、むしろ私は1920年代、1930年代の日本と比較したほうがより意味があるのではないかと思います。「秩序」に注目している所以でもあります。

　どうして1920年代、30年代の日本と比較したほうがいいのかというと、1920年代以降、日本が日本の「王道」を持ち出して西洋秩序に対抗し、そして失敗した歴史的経験をもっているからです。先ほどから多くの先生が指摘された大国中国に対する一種の期待と不安、その不安の原因の1つには、1920年代、30年代に日本が犯した失敗に近づくのではないか、望ましくない結果に近づくのではないかという懸念があると思うのです。もちろん、中国も失敗するという前提は適切でありません。ただし、このような心配、不

安が存在するのは確かなことです。それは中国が現在、王道を言い出しているからです。当然、我々は中国が日本の1920年代、30年代のようになることを望んではいません。しかし、不安の一つではあります。

　最後に、先ほど先生方が言及なさった、中国人の自己意識については、とても興味深く伺いました。ここで言う中国人の自己認識の話は、その重要な一点として、政府の自己認識も含まれていると思います。秩序という問題を考えると、政府が占める位置は非常に重要で、政府の自己認識と政府がしたいこととのギャップや、中国がやろうとしていることとそれを他国がどう見るのかということとのギャップを見据えることで、理解を深めていけるのではないでしょうか。

大国中国への不安な眼差しは杞憂

　宋　私は、主に三つの考えを述べたいと思います。第一に、私が理解しているのは、日本が中国の台頭後、国際秩序に挑戦するのではないかという不安を持っているのではないかということです。しかし、この不安について、私が言いたいのは、まず我々中国自身がどのように国際秩序を見ているかを観察することが必要なのではないかということです。万一、中国にとって有利な状況ならば、我々はその国際秩序を変える必要はありません。ただし、不利な場合、その時には変える必要性が訪れます。その際に、どんな主体の態度を重視すべきでしょうか。

　現在の中国は、確かに複雑で多元的な社会になっています。異なる利益団体、彼らはインターネットを使い、自らの声を発信します。こうした状況は外界が中国に対し混乱した理解をもたらしています。たとえば、現在多くの勇ましい民族主義の観念がネット上で盛んに展開されています。それを見ると、外界は恐らく中国が挑戦していると思うでしょう。

　しかし、私の考えは、まず中国の外交、とくに中国の現存の国際秩序に対する態度を観察するなら、我々がより重視すべきなのは、中国の外交戦略の

立案者の見方を把握することです。要するに、最高指導者の認識です。もちろん、これは容易なことではありません。たとえば、どのように習近平の外交を見るか、ある人たちはこのように言います。「中国は一層強くなり、より積極的になった」と。しかし、それとは反対に、習近平は日本に特使を派遣し、日本の指導者と会談させ、密談を行いました。実は、習近平本人はとても温和な人です。だから、私から見ると、もし中国の国際秩序に対する分析を行いたいならば、その分析に適切な人物を探し出し、その上での正確な分析が必要だと言うことです。一概に論じることはできませんが、中国ではどのような観点や見方が存在しているのか、これは私個人の見解です。

中国は現存の国際秩序の受益者

　宋　私が言いたいことの第二点目は、現存の国際秩序と中国の関係を客観的に分析すべきということです。つまり、中国にとって有利なのか不利なのか、どちらの側面がより多いのか。もしも有利な側面のほうが多いならば、当然挑戦を行う必要はありません。現在、総合的に判断して、二つの側面に分けられると思います。一つの側面は、中国にとって比較的有利な側面にまつわることで、それは現存の国際秩序において国家間の規範は、総合的には中国に有利であるということです。例えば、自由貿易です。中国の経済は、大きく輸出に依存しています。もし輸出を行うことができなければ、我々は多くの収入を得ることができず、また高い就職率を保障することができません。ですから、中国にとってこれは非常に重要な利益です。そして、そのほかの規範を見ても、中国にとっては非常に有利です。例を挙げるなら、主権平等、民族自決などです。これらの国家間の規範は、中国が積極的に提唱し、支持している規範でもあります。当然中国は、挑戦する必要がないということになります。もちろん、中にはあまり平等でないこともあり、それは例えば、IMF組織内部の分け前の不平等、中国経済の大規模な成長につれて、中国の分け前も増大し、同時に責任も権力もすべて増大しているのです

から、中国にとっては、この不平等の解消は受け入れられることだと思っています。二つ目は少し敏感な問題です。

国際人道問題への中国の関心

　宋　第二の側面は少し敏感な話で、私から見ると、実は大きな進歩があります。それは現存の国際秩序における人権に対する規範です。これが第二の側面です。人権規範についてですが、中国政府は現在R2Pの理念を受け入れています。ただし、厳格な制限もあり、それは四つの厳重な犯罪、例えば戦争に対する罪、民族浄化に対する罪、国連安保理の許可を得た上で武力を動員することができることなどです。したがって、中国の態度は総体的に言って、開放的で理性的です。必ずしも中国が完全に現存の国際秩序における人権について拒んでいるとは言えないのです。要するに、この側面において、私は必然的な矛盾は存在しないと思います。

　私が言いたいことの第三点目は、簡単に言うと、現在中国が現存の国際秩序に参与している手法をどのように評価するか、私はある部分において理性的でよいと思っています。しかし、ある部分については、明確に問題が存在するとも思っています。たとえば、その中でよいと思われるのは、先ほど言及したR2Pに中国が参与し、中国が責任ある保護を言い始めたということで、これは非常に重要なことです。例えば、リビアにおいてオバマ大統領のやり方には大きな問題があり、彼があのように一早く軍を撤収させたのは間違いで、撤収後のリビアは無政府状態に陥りました。オバマは保護した後にどのように秩序を維持するのかについて考えていなかったのです。いかに継続して保護する局面を維持するかを考えて発言を行いませんでした。これに対して、中国側はいくつかのアドバイスと批判を行いましたが、それはとても建設的でした。悪しき政権を打倒するだけではなく、そのあとをどうするかが非常に重要な問題なのです。

AIIBは既存の国際経済秩序と相互補完関係にある

宋 中国がアジアインフラ投資銀行（AIIB）を創設しようとするのは、現存の国際経済秩序とアジア開発銀行との一種の相互補完関係となるからです。私は少し調べてみましたが、AIIBとアジア開発銀行は異なるものです。それは直接に現在の国際組織のように運用するのではなく、私自らが出資し、あなたがあるプロジェクトを申告する形で、あなたの申告したプロジェクトを私がいいと判断した場合、そこで私たちは合作することになります。しかし、中国は直接に介入することなく、その目的は現地のインフラを整備することが目的であると同時に、中国の余った資本を有効に発揮するためであるということです。この方法は現存のものとは異なり、私は非常にいいやり方だと思います。中国はこれによって政治的な懸念を避けることができます。他方、よくないやり方もあります。それは中国があるエリアの発展建設に参与する中で、現地の政治状況をあまり考慮せず、実用主義ないしは功利主義的なやり方で行おうとしていることです。私から見ると、これは現存の国際秩序に対するよい修正にはなっておらず、よくないやり方かもしれません。中国がアフリカに介入するときには、現地の政治発展を助けるだけでなく、現地の政治状況も全面的に考慮すべきだと思います。私はここまでの報告といたします。

大国中国と高度経済成長期の日本の類似性

初 私は先ほどの石田先生の議論に基づいて、少しお話し申し上げます。日本国内で現在の中国の発展と1920年代の日本の発展と比較することがごく普遍的な現象になっていることを存じております。しかし、私個人としては、この問題について留保の態度を取りたいと思っています。私はむしろ1960年代、70年代の日本と比べるべきだと思いますが、それにはいくつか

の理由があります。このように思うのは、当時の日本と現在の中国は非常に似ており、いくつかの面で類似性が認められるからです。例えば、当時日本では、自らの国力の変化と国際場裏で発揮される作用の見方について非常に多元的でしたが、それは中国と非常に似ているということです。人によっては、日本はもう世界一だと認識しました。しかし、そうでないと言う人もいました。多くの人びとは冷静かつ理性的で、その観点が多元的だったというのが一つ目です。

　二つ目は、アメリカなど当時主導国家に対する見方であり、それは同盟を維持する、日米同盟を維持する前提でさらに有利な地位を勝ち取りました。現在の中国はと言うと、それも非常に似ていて、中国とアメリカが成し遂げているいわゆる「新たな大国関係」、この大前提の下、また米中の安定した関係を維持しようとする前提の下で、さらに多くの発言権を勝ち取っています。これは 1960 年代、70 年代の日本と似ていると思います。

　そして三つ目ですが、当時の日本と現在の中国が一歩進んで、国際秩序の領域を変更する、あるいは発展させようと試みている点が類似しています。それは政治・軍事領域、安全保障の領域ではなく経済の領域で、日本は当時日本円を中心とした「アジア円」、現在中国が試みている銀行、これらが類似している理由だと思います。

　他方で、現在の中国と 1920 年代、30 年代の日本とは、多くの根本的に異なるところがあります。そうした根本的な違いは、橋渡しを行うのが難しいくらいです。例えば、世界環境の相違です。当時 1920 年代、30 年代は、戦争の年代で、戦争は国家の一つの選択手段として非常に受け入れられやすかった。しかし、現在のこの時代、特に中国としては、すでにこのように発展した大国として、再び戦争を選んで国際問題を解決する手段をとるのは想像しがたいことです。これが一つ目です。

　二つ目は、当時の日本と現在の中国には大きな区別があり、日本は当時国際連盟秩序の挑戦者で、国際連盟から脱退するのも可能であった。しかし、我々中国は、現今の受益者であり、中国が国連から脱退するのは想像もでき

ないことです。なぜ中国が常任理事国を辞める必要があるのか。これはどのように考えても不可能なことです。

　三つ目に、当時の時代は通常兵器による戦争の時代で、現在の時代は核兵器が背景にある時代です。したがって、戦争を選択するものからすれば、必ず慎重に、石橋をたたいて慎重に考えるでしょう。この意味で、私はこの二つを比較するのは非常に無理があると思います。

　もちろん、私は日本側学者の提起された考え方に理解を示します。このような考え方に基づいて、日本の学者はしばしば現在の中国を1920年代、30年代の中国と比較をしています。だから、私は何篇もの文章で、繰り返し中国が言っている中体華夷天下に反対しています。すみません、王先生。王道思想には、私は徹底的に反対します。どうしてかというと、私はそれを「グローバル化時代において過去を持ち出して変革を迫る」ものだと私は言いたいからです。これがもたらす結果は、国際社会に蔑視され、あなたは日本が当時誤って歩んだ道をまた歩もうとするのかと非難されることとなるに違いありません。したがって、この意味で中国が「内聖外王」を思うなら、それが国策となるなら、それは非常に危険なことです。すでに先例がありますね。

指導者層と民衆のあいだで

　初　もう少し補足いたしますと、先ほど宋先生が言及されましたが、我々中国の世界に対する見方において、一体どんな主体を見るべきなのか。先に私は話しましたが、それはどの階層のどの部分を見るか、それは広ければ広いほど良いと思います。しかし、民衆の見方と指導者の見方は、私が思うには、簡単に一致するとか、不一致するとか言ってはいけません。いくつかの前提について我々は注意すべきです。

　中国はとても国民に対する教育を大事にし、導いている国です。このような状況で、国民に対して普遍的な世論が形成できるとすれば、それは難し

い。例えば、毛沢東や鄧小平式の強権的な人物は、中国ではもう存在しません。指導者は必ず国民の最も基本的な立場を考慮するというのが中国では一つの明瞭な現象です。

　第二に、私は個人的に考えて、民間においてもっと平和的でもっと開放的な政策は誰も反対しないと思います。逆に、もっと閉鎖的でもっと後退的で、さらには戦争の可能性が含まれていたら、誰が支持し、誰が実行するでしょうか。一人っ子政策の中で、親はわが子を戦場に送るでしょうか。非常に難しい選択だと思います。

　最後に、我々の本能として、民衆の観点と我々のそれは違うと思いがちですが、これまでの指導者の発言、とくに中国が発表してきた平和白書の中の論理と民衆の論理には不一致がなかったです。その意味では、双方が矛盾していない状況で、我々は国家元首と国家が発表した文献の内容を信用するか、あるいは新たな証拠を探して実はこの大国の元首は世間の人びとを騙しているということを証明するのか、どんな証拠でそれを証明することができるのか。私の個人的な意見ですが、民衆の見方と指導者の見方はどうかという問題では、周到かつ慎重に分けて分析すべきであると考えます。しかし、彼らを対立させて考えるのは間違いであると思います。

中国の主権概念受容

　範士明　私の論点を簡単に申し上げます。皆さんの発言を聞いて、私はわが大学の同僚が言及したキーポイント、それは主権と秩序についてでした。この主権と秩序についてですが、中国の民国以来今まで、西洋から伝播した各種概念の中で、最も受容されてきたのがこの主権という概念です。しかし、中国は一度もこの概念を完璧に解釈したことがないことで、たくさんの問題をもたらしたと思います。日本の先生からもこの概念が言及され、最近の中国外交の中でも、非常に頻繁に出現します。先にも出てきた話ですが、自己の核心利益を堅持し、どのように定義されたかは関係なく、対外論争の

ときにはとにかく妥協しない、そして互いに干渉しないことを強調する。これは一つの出発点であり、このような論理から見ると、中国の外交はますます自説に固執する状況で、一個の大国としてあなたはどうやって物事を処理するのかということが問われます。

しかしながら、このことはまた、中国が主権という概念のうちの対外的な側面を受け入れたことを反映しています。国家の不干渉を強調し、排外的かつ独立的な側面です。しかし、中国がこの概念を受け入れた時に、もう一方の側面の把握がはっきりしていません。そんなに複雑なものではありませんが、中国の学界の中では、非常にわかりきったことです。しかし、今まで明確に紹介されたことがなく、主権の内面的な側面、当然それも不完全です。

しかし、20世紀、特に第二次世界大戦以降、主権というこの非常に重要な意義は、対内の促進と国民の人権、そして人民の福利を保護することです。言い換えれば、国家が"state"のレベルで、有効な促進と国民の権利保障、人権の福利ができなければ、その主権には問題があるということになります。もちろん、まさにこれが西洋における主権概念の一つの重要な側面に対する疑問です。

しかし、中国国内ではこの側面における議論がまだ不十分で、もちろん学界ではこのような議論はありますが、大衆に向けてあるいは政府の文書の中には非常に少ないのです。主権が対内的に人権と国民の福利を促進するものであって、その目的が達成できなければ、それは"state"として主権を行使する能力に問題があり、また外界の制約を受ける必要があるかどうかについては、まだそこまで検討できてはいません。現在、このことについては流動的に変化がありますが、私はまだはっきり説明されていないと思います。

対外的主権への傾倒の背景

範 比較的に言って、一面的に主権の対外的側面を強調するのは、私は以下のいくつかの原因があると思っています。国内政治的原因、歴史的原因、

そして現実的原因があります。

　先ほど、張先生が言及した内容で、私も思いましたが、中国が異なった問題領域、これについて主権を貫くことは様々ではないかと思います。安全面で環境衛生やこれに類する領域で、中国は現在多くの柔軟な姿勢を見せています。しかし、伝統的な側面では、例えば領土や安全保障の領域において中国は恐らく主権の面でさらに貫くと思います。私も前者については同意します。この何年間で新たな非伝統的領域において明瞭に表れてきたのはあくまで最近です。

　しかし、領土の側面では、中国が過去にこの主権の利益について、そこまで確固たる態度を貫いたかどうか、私はこれに疑問を抱きます。最近、私は少し資料を調べましたが、例えば、中国とカンボジアはどのように会談を行ったのか、中国と朝鮮は過去に国境についてどのような会談を行ったのか、中国とロシアは90年代後半にどのように会談を行ったのか。これらを見ると、中国が自己の領土主権において完全なる自己権益を貫いたと言えるのだろうか。もちろん、多くの皆さんはこれについてご存じないと思います。あるいは人々に与えている印象としては、我が国は領土主権においては、少しも譲らないという印象を与えていることでしょう。しかし、実際には毛時代にしろ、江時代にしろ、まったく妥協したことがないとは思えないのです。

中国と既存の国際秩序の緊張関係

　範　二つ目は、秩序の問題ですが、恐らく私の性格がまっすぐだからかもしれませんが、先ほど学院の先生たちの見解を聞いて、彼らは過去30年を強調しているのだなと思います。中国が現在の国際秩序から利益を得ている以上、中国は現実の国際秩序を転覆させる意図はもちろんありません。しかし、私からすると、当然私はそんなに研究したわけではなく、ここ何年間政府の態度や民間の世論の反映から見えてきたのは、ここ数年で政府の文書が

現存の国際秩序の中での不合理、不公正、無効な面をますます強調しているということです。

たとえば、G8に対して、我々が行動する上では、アジアインフラ投資銀行とアジア開発銀行は並立していても互いに矛盾しないと言えますが、しかしやはり私は何かの兆しがあるように思います。それは我々が別の何かを暗示しているように感じます。これらはいくつかの方面で現れていて、例えば最近のBRICS（新興5か国）の銀行、そして我々が様々な国々と人民元で決済していること、その他諸々の経済領域などです。もちろん、これらがどこまで行っていけるかはわかりませんが、ここ何年間か私が感じたのは、この兆しがどんどん深まっている印象があるということです。つまり、この秩序における有効性と合理性に私は疑問を抱かざるを得ません。

歴史の中に現代中国を位置付ける

範　最後に、簡単ではありますが申し上げたいと思います。午前中に李先生が言及されましたが、中国を大きな歴史の枠組みの中にはめ込みたいのだと。そして、先ほど潘先生も、歴史に戻ることを強調されました。それから、初先生は現在の歴史発展の趨勢は核時代だとおっしゃいました。それは少し想像しがたいです。このような大きな歴史の概念と現在われわれが議論している課題を長い歴史的な段階と歴史趨勢の中に組み込んで、ともに考えることに基本的に賛同いたしますが、しかし私なりの考えも持っています。

私はこのような大きな歴史観については、一つの前提があろうかと思います。それは過去の歴史発展について相対的な平衡理性と正確な認知を持つこと、それから今後の歴史の発展趨勢について相対的で比較的正確な判断ができることです。仮にそうでなければ、歴史に基づいて現在の問題を議論することは困難だろうと思います。もしも過去の歴史的認知そのもの自体に偏差があり、間違いがあるとすれば、そして片面的なものだとすれば、このような根拠に基づいて現在の問題を議論した場合、人を袋小路に陥ってしまうで

しょう。歴史趨勢の発展について、その判断に誤差と偏差があった場合、どのように自己の戦略あるいは方向を正確な軌道に載せることができるでしょうか。したがって、私はこの大きな歴史観には非常に厳格な現実条件の制限を受けると思います。

たとえば、先ほどから話題に上っている朝貢体系と華夷秩序の議論について、みなさんの認識はそれぞれ異なります。このような例はあまりにも多いですね。それは中国全体の近代外交と近代中国の全体をどのように見るかということです。

歴史上、ほとんどの人は100年の侮辱を受けたとみています。私はこれの影響はとても激しく、皆さんの思考への影響、それは帝国主義が中国に与えた100年侮辱史、これが皆さんに与える影響はとても大きなものがあると思います。それから、歴史の中の人物・事件についてですが、もしも現在の課題に関わる議論を歴史の中に持っていくとすれば、中日関係は20世紀の戦争の歴史であり、これは十分今の中日関係の議論を間違った袋小路に陥らせてしまいます。これはこの事情の認知自体にあまりにも多くの対立があるからです。

それから、中国の発展方向の議論についてですが、過去と比べて、例えば毛沢東をどう評価するか、文化大革命をどう評価するか、現在の中国ではその評価を一致させることはできません。それは、認識というものには巨大な分岐があり、その認識にもみんなが公認する一つの認識を探す方法はないからです。

したがって、私がとても心配しているのは、未来に対してです。たとえば、中国の未来がどのようなものか、一体どんな国際観、王逸舟先生が以前にお書きになった文章を思い出しましたが、その内容はみんなに国際関係には進歩性があると認めるべきだと提唱した内容です。ありましたよね。私が思うには、あなたが認めるか認めないかわかりませんが、近代以来の国際関係には進歩性がありますよと。その前に、これがあるかどうかを認めるか認めないかの問題です。多分、現実主義の指導者は本質上、これはホッブズ式

だと認め、表面上どんな制度であるかは見ないようにしています。このようなものがあるかないか、これを認めるか否か、それによってあなたの未来に対する影響は非常に大きい。人権の保護と開放的な社会を認めるのは、相対的に言って一つの趨勢です。それでは、あなたがこれを認めるか認めないかで、それは非常に根本的なものとなります。特に、大きな歴史についてはっきりした判断をする方法はなく、あるいは大きな分岐があるとすれば、それは中国の判断に影響しています。自分が誰であり、どこに行こうとしているのかについての判断です。私は、これはマクロな話で、その影響は非常に大きいと思います。

伝統思想は現代中国外交に影響するか

　範　最後に、中国伝統思想が現在中国の外交に対してどのように影響しているかについてです。皆さんは「内聖外王」について議論していましたが、私はずっと疑問を感じています。私はこの「内聖外王」についてですが、よくは分かりませんが、多くの先生方が中国思想の研究についてなされています。しかし、私としては、「内聖外王」はずっと我々の理想の中の秩序ですが、実践の中ではそのように行われていないではないかということに非常に疑問を抱くのです。100％だとは言えませんが、ほとんど中国の人は、口では「内聖外王」を言っていますが、多くは、内は法家、外は儒家のようなものだと思います。口では儒家だと言っているものが、実際にやっているのは法家です。それでは、この「内聖外王」は以前に本当にあったのかどうか。それは政治統治者が言っているものなのか、実際にやっていたことなのか、そして口で言っていただけのものか、政治秩序の実際だったのか。それは明朝なのか、清朝なのか、私はよく分からないですが、疑問に思っています。私が感じたのは、彼らは儒家のことを言いながら、やっていたのは法家のことである。そして、王道によって統治したのかどうか。とにかく、言っていることとやっていることの大きな差を感じます。もしも我々が今日、こうで

あったとするなら、19世紀、15世紀はどうしてこうではなかったのか。したがって、私は「内聖外王」が存在したか、していないかに対して大きな疑問を持つのです。

総括

司会 ここまで活発な議論が展開されてきました。ここで宇野先生に総括を行っていただきます。

宇野 今回の座談会における問題提起のポイントである主権、国際社会への責任、華夷思想について触れながら全体を総括します。まず、問題提起では国家主権の議論について、現在の中国が主張する「核心的利益」を主権の問題と重ね合わせて「結果の論理」と「適切性の論理」に腑分けして議論する可能性が示されました。次に、国際社会に対する責任の問題に関しては、大国化する中国に対して国際社会が期待と不安を持っていることを指摘しつつ、現在中国が主張し展開しつつある地域秩序の具体的な問題について従来の西欧型国際秩序との相互関係を論じました。3番目の華夷秩序に関する歴史的視座について、日本の研究者にはネガティブな考え方があり、華夷秩序の考え方が実際に主権論などにどのように影響するのか、その影響の仕方に関する危惧について議論しました。総じて、現在の欧米の国際政治の思想や政策については比較的幅のある柔軟な研究者の議論を引用しながら、日本の学界で広く受容された議論を紹介しながらの問題提起でした。

それに対して中国側参加者の方々のご意見の多数派は、現在の過渡期の中国に対して、短期的に過大な評価をするよりは長期的に多様な考え方をするよう求めるものでした。中国の先生方の様々なご意見は複雑だったけれども大変興味深く拝聴しました。

私はもともと日本、中国、アジアと欧米の関係を考え、両者の影響関係を分析する立場であるので、この観点から今日の議論をどう見たかお話します。また、欧米的アプローチによる常識的な議論を示しながら、アジアとの

ギャップにも触れてみようと思います。

　まず、欧米の主権論は大きく4つの段階に分かれます。16世紀に出現した主権概念はあくまで君主主権でした。それは神の絶対性を背景にして君主の絶対性を保証したもので、主権概念に絶対性というアイディアが入り込みました。これは神を絶対化するヨーロッパのキリスト教社会でこそ起こったことで、アジアではそうした意味での絶対性は歴史的に経験されていません。

　そして欧米では、その後17世紀から18世紀にかけて出てきたのが、国家主権です。これが第二段階です。この場合、国家は被治者の同意を取り付けなければならず、絶対性はやや後退します。絶対性をバックアップする議論として出されてきたのは、欧米の場合には経済とか倫理性、統一国家という概念で、統一国家であるがゆえに絶対性が保証されることになります。アジアにこの議論を持ち出すと、中国はいまでも統一国家にはまだなっていない、統一を残しているわけです。

　そういう意味では、主権の人為的絶対性は不完全であるとよく指摘されます。それに加えてもともと主権という概念は西欧から出てきましたが、弱者を虐げ干渉し植民化することを合理化する論理として使われていきます。この点からいえば、中国の場合、あるいはアジア諸国の場合、ある意味においては西欧で確立された主権の被害者であると言えます。

　そこで19世紀からのアジアの目覚めの時代にあって、出てきたのは西欧の主権絶対化の論理をひっくり返して、被圧迫者の側にこそ主権が大事であるという論理が生まれてきました。アジアの国々の場合には現在のところ統一国家としては十分でないという状況があるために、被害者の側であるからこそ主権を主張するという発想が中国では強い。

　そして近代国家に向かって19世紀以来、次第に国民主権という概念が打ち立てられます。リーダーにとっては国民の同意を獲得することが主権を裏打ちするために重要な要素となります。民主と主権がセットとなって政治で使われてくることがアジアでは広く観察されるわけで、現在はこの段階にあ

るといえます。

　第4の段階は未来の段階であって、民衆主権の時代、地域主権の時代です。EUではすでにこの段階に足をかけて試行錯誤を繰り返している。この段階になると主権概念よりは公共という概念が大きな説得力、正義の観念を持つに至ります。

　現在、特にアジアの国々は過渡期の中にあります。中国は部分的には未来の段階にあって全体的には激変の大国の段階にあります。時代的に幾つかの課題が重なり、アジア、中国では複雑になります。

　今日の議論の中で、中国は複雑で画一的な議論をするわけにはいかないというのが出てきました。そうした意味で、責任の議論に移ると、早くから大国の責任を取れと言われても中国は困るというのが現実だと思います。時間をかけて可能なことから一つ一つやっていくのが当たり前であって、場所によって分野によってそれぞれいろんな形で違ってきて当たり前でしょう。中国にいきなり責任を取れと言ってもそれは無理です。もちろん国際社会に対する責任はそれぞれの国が取らなければならないが、中国は大きな国だから、歴史や現実的な状況への理解が必要です。

　王逸舟先生は、現実の複雑性に目を向け多元的に考えるのは大事だとおっしゃって、これは思想的にも政治学的にも基本的な考えだが、そのかわり結論は曖昧になってきます。一番目立つ特徴を取り上げて決めつけるのは容易ですが、これはジャーナリストが喜ぶやり方で研究者のやり方ではない。

　最後に華夷思想の問題、華夷秩序の問題ですが、一般的にいって欧米先進国的発想では兄貴が頑張って弟を抑える、上が下に言うことを聞かせる、朝貢で貢物を出させて多めに返すといったやり方を示すもので、基本的には平等の思想に反する、民族平等の思想に反するというものが比較的多いでしょう。

　この点に関連して最近の日本における議論状況を言うと、華夷思想を見直す、事実かどうか別にして、華夷思想の中から歴史、経験、観念を見出して現在評価できる有効性を検証するというものです。こうした華夷思想を見出

す議論の場合、現段階の中国の現実や現在の世界的な大国が国際的な地位を占め尊敬されるという状況を華夷思想になぞらえる見方があるかもしれないが、抑圧や支配と言い切るのは言い過ぎではないかという議論があります。

　一言で言ってしまえば、過去の伝統の中にも素晴らしいものがあるが、伝統というものは現在の現実の必要性、正義、思想に合わせて読み取るものであって、いわば過去と現在の対話の上に歴史の事実、意識が現在によみがえる。だからと言って過去が良かったというわけではなく、過去のものは現在にどう取り込まれるかによって評価されると考えています。

　歴史認識の問題は、過去は重要だが、未来も大事であって、未来は現実に即して価値基準、理念から整理しなくてはならない。未来の問題は現在と照らし合わせ、過去の歴史と組み合わせて、人間の知恵、伝統を未来に向けて一歩一歩進めていく、これが歴史であり歴史認識だと言えます。

　過去をみても、現在に対する影響力から言っても華夷思想はとんでもないという気持ちはわかりますが、しかし華夷思想は中国の王道思想の新しい解釈と結びついたユニークな考え方につながります。未来を見据えつつ華夷思想の中から中国が現実にどのように提唱していくか、問題点や欠点をどう抑えるか。さらには研究者の予想の範囲を超えて、未来の人類社会の誕生に華夷思想がどう世界化し形をとっていくか考えなくてはならない。

　本日の刺激的な議論を私なりにまとめました。長くなりましたが、以上です。

司会　宇野先生の素晴らしい総括、ありがとうございました。引き続き、国際関係学院副院長・唐士其先生に総括をお願いします。

唐士其　この座談会は島根県立大学の研究プロジェクトに対して中国側の研究者が見解を開陳するという目的でありましたが、実際のところ、日本側の研究者からの学問的、思想的なチャレンジにどう応えるかというのが我々の仕事であり責任であったと思います。

　大国となった中国の複雑性がキーワードとなっておりますけれども、複雑

であるからこそ中国の学者としてはその複雑性を整理してそれを明らかにするのがこちらの責任であったと受け止めています。私は四つの点に絞って総括を致します。

まずは華夷秩序や朝貢体制に関して、実は中国の歴史において多極的な国々が共存する状況に適応する秩序はありませんでした。どうしてもひとつの中心が必要で、分散的、多元的なことにはならず、中心に集中するという歴史的な動きがあります。華夷秩序にしても朝貢体制にしても、あくまでも天下秩序であって国家間関係、国際関係ではありません。

もちろん華夷秩序にはプラスの面がありますが、二つのことに警戒しなくてはなりません。一つには、華夷秩序はあくまでも天下秩序であって国際関係ではないので、これからの国際関係の青写真とするには問題が生じます。もう一つは王道にしても内聖外王にしても政治というものは協力と強制的なものを含みます。

中国の歴史上、二つの関係があります。一つには国家と天下の関係で、これによって中国の歴史上のすべての衝突や戦争を解釈することができるでしょう。したがって華夷秩序によって平和を求めることは無理でしょう。たくさんのものが「華」の地位、天下を求めて争うからです。もう一つは「華」と「夷」の境界をどこに、どのように決めるか、何によって決まるのかという点です。文化によって決めるか、友好的な統治権によって決めるか。私の故郷は雲南省大理ですが、もともとは歴史上「夷」ですね、今は「華」になっておりますが。もし華夷秩序を明確に打ち出すとしたら、先ほどもあげたいくつかの問題を理論的に明らかにする必要があります。

二点目の問題は主権の問題です。さきほど宇野先生は主権の概念をおもに内部から述べられましたか、外部から述べますとウェストファリアの場合は欧州の領主が三十年戦争などの争いが絶えないということで、主権という概念でお互いに干渉しないという結果を望んだのです。当時の主なねらいは宗教改革によって宗教を名目にした他国への干渉を防ぐということです。これは進歩という観点では捉えにくい。

民族独立段階に入ると、植民地支配に反対するものとなります。主権は対内的にしても対外的にしても異なる段階を経てきました。重要なのは違う段階において主権はそれぞれ直面する問題と解決する問題、果たすべき役割が異なります。中国にとって問題となるのは、過去の原則で現在を束縛したことではないでしょうか。宇野先生がご指摘になった主権の絶対性に関して言えば、現代の段階において主権は絶対的に干渉してはいけないということはあり得なくなっている。

　三点目に、主権にしても政治学のすべての概念は西側由来のものですが、それを中国やアジアに当てはめるときに問題が生じます。概念は抽象的で普遍性を持ちすべてのものに応用できるのか、それとも概念が歴史的な特徴を帯びていることに留意するのか、この点を指摘しておかなければなりません。したがって西側由来の概念なりロジックなりで現在の中国の実情を理解するには、不足するところがあります。

　四点目は結論になりますが、一言で言えば中国はまだ自分の果たすべきもの、演じる役について準備ができていないと言うことです。先ほど宇野先生は段階的に一歩一歩進むべきもので一概には解決できないと慰めてくださいましたが、わたしは緊張感、緊迫感を持っています。中国がもし本当に世界に影響を与える大国にまで成長するとすれば、世界に新しい秩序をもたらさなければならないでしょう。もちろん中国が世界に新たな秩序をもたらすというとき、帝国主義的な論理ではありません。しかし、古代ギリシアに替わってローマ帝国が出現するというのは新しいものがもたらされたと見るべきでしょうし、イギリスにしてもアメリカにしても国際秩序というのは国内秩序と切っても切れない関係にあります。新しい秩序は、国内や国民、その影響下にある人々にとってより合理的な、より経済的な繁栄をもたらすに違いありません。

　問題提起の中でも、国内に対する責任と対外的な責任の両面に触れられましたが、私が申し上げたように国際秩序は必ず国内秩序に連動するものだというのであれば、国内への責任と国際的責任もまた連動するでしょう。そう

であるならば、中国の国内に対する責任がまだ明らかでない現段階において国際的責任を論じることは時期尚早で、無責任なことだと思います。

　最後に、中国政府にしても、研究者にしても、民衆にしても、いろいろな発言をし意見を出すでしょうが、その一部はあくまでも主張と言うよりも願いなのであります。

　司会　長時間にわたる座談会でしたが、素晴らしい意見交換ができたことを感謝します。ありがとうございました。

インタビュー記録

インタビュー記録（１）
賈　慶国（北京大学国際関係学院院長）
2014年9月8日・於中国北京市・北京大学

聞き手：
宇野重昭（島根県立大学）
李　暁東（島根県立大学）
村井　洋（島根県立大学）
江口伸吾（島根県立大学）
唐　燕霞（愛知大学）
佐藤　壮（島根県立大学）

　宇野　本日は、ご渡米前のお忙しいなか、時間をお作りいただき感謝申し上げます。

　賈　こちらこそ、ありがとうございます。お目にかかれて大変光栄に存じます。

　宇野　改めて感謝の意を表したいと思います。この貴重なお時間を利用して、賈院長にいくつかの問題をご教示いただきたいと思います。このたびの我々の研究プロジェクト・リーダーの佐藤さんから始めることにいたしましょう。

オバマ政権の「アジア回帰」・「リバランス」への評価

　佐藤　おはようございます。我々のプロジェクトのテーマは、「中国の急激な発展・大国化と北東アジア地域の秩序変動」です。今後中国がどのような国際秩序を構築するのか考察するものです。具体的に言うと、中国はどのような自画像を描くのか、またいかにして国際社会の期待と要求に応えるのかということについてです。

それでは、本日この後、賈先生が訪米なさると伺いましたので、まず米中関係のことからいくつかご教示いただきたく思います。最近、オバマ政権は「アジア回帰」、また「リバランス」の戦略を展開しています。アメリカのこの戦略についてどうお考えですか。

賈　私はアメリカが展開している「アジア回帰」にしろ、「リバランス」にしろ、それらはすべて自然なことだと考えています。つい最近まで、アメリカはイラクに大量の精力、物力を投入し、そのことを多くのアメリカ国民は妥当でないと考えています。それは、アメリカの利益はやはりアジアにあって、アジア・太平洋地域がアメリカにとってはますます重要であると考えているからです。アメリカとアジアの間のこのような貿易関係は、伝統的に対外関係の力点が置かれていた欧州との関係をはるかに超えるものとなっています。したがって、アメリカの利益からすると、アジアを重点に注目していく必要があります。さらに、アジアには、巨大で著しい成長を遂げている中国のような国家があるので、大きな影響を受けるのは当然でしょう。アメリカは他国と同様に、中国がこれから何をなすかがよく分からないため、非常に憂慮しています。したがって、アメリカの「アジア回帰」というのは二重の意味を持っていると思います。一つは、アメリカがこの地域での利益を墨守することで、この地域がアメリカにとってはますます重要になっているという意味です。もう一つは、一定程度の中国に対する関心と防備であるという意味です。

　もちろん、「アジア回帰」は私からすると、政策的な思惑が多くを占めており、完全な遂行には未だ到達していないと思います。とくに、現在アメリカは経済状況があまり良好でなく、アメリカ政府は財政支出を減少させ、それは軍備の削減も含むものです。「アジア回帰」というのは、さらに多くの資源をアジアに配置するのではなく、むしろグローバルな展開を減少させている中で、アジアの減少を最低限度に止めるか、あるいはほとんど減少させないというものです。割合で言うと、アメリカのアジアに対する投資は、以前と比べて多く感じますが、実際の総量は増加していないのです。

中国国内では、多数の人がpivotにしろ、rebalanceにしろ、つまり「アジア回帰」にしろ、「リバランス」にしろ、多くの疑念を持っています。私はこれも自然な反応だと思います。多くの人びとはアメリカのことを、そして諸外国の事情を理解してはいないのです。

国際経済秩序と中米関係

佐藤 先ほど、先生はアメリカにおける財政予算上の減少についてお話しをされましたが、このことはアジアにおける安全保障面でのさらなる効率的な運営が必要となることにつながると思います。それはアメリカが日本あるいはオーストラリアとの防衛政策上の関係を強化することになると思います。そうなると、中国の立場から見て、アメリカの政策は中国に対する封じ込めだと映るのではないでしょうか。このように理解することはありませんか。

賈 一部の人びとはこのような見方を採りますし、多くの人びとはアメリカが中国にこのような陰謀を持っていると考えています。しかし、アメリカが確かにそうであるか否かについてはさらなる研究が必要だろうと思います。

佐藤 アメリカの戦略の中に、恐らくアジア経済の発展の関わりからという思惑があると思います。先ほどアジア経済の絶え間ない発展ということをおっしゃっておられましたが、アメリカ国内でもアジアとの相互利益の関係を築くことを希望しているはずです。私はアメリカの戦略の中にこのような側面も含まれていると思いますがいかがでしょうか。

賈 それはもちろんです。私が思うには、アメリカは超大国として、国際秩序の安定を維持し、国際的な繁栄を推進することで、自己の利益を実現しています。アメリカとアジアの関係にしろ、その他の地域との関係にしろ、この観点は見逃せないと思っています。要するに、アメリカは国際秩序と国際的繁栄の現状維持において、最大の受益者である。したがって、アメリカは当然、アジアの絶えざる繁栄を望んでおり、アジアとの経済・貿易関係の良好な発展を望んでいます。これはアメリカにとって非常に有利なことだか

らです。

佐藤 そのような安定した貿易関係を維持するために、WTO（世界貿易機関）が存在しており、二国間貿易の紛争処理にあたっています。現状では、中国が貿易相手国からWTOに提訴され、逆に中国が訴えるような状況が生まれています。このような状況について、今後中国としては、WTOの決定に従っていくのか、その規則を変更する願望があるのか、このことについてはどのように理解されていますか。

賈 私は、中国はWTOの規定を尊重し、服従すると思います。もちろん、中国も合法的、正当的なやり方でWTO規則を含む国際規則の変革を推進する試みはあると思います。

アメリカの内政と外交の関わり

佐藤 それでは少し見方を変えて、外交と内政・国内政治の関係に着目していきたいと思います。アメリカ外交は、一つの連邦政府として国内の世論を説得した上で、自らの外交を試みているとは思われません。その結果として、一方で連邦政府は自らの対外政策を追求し、他方で草の根から「ティー・パーティー運動」のような現象が立ち現れ、両者間に対立状況が現出しています。アメリカ国内のこのような外交政策の決定過程について、先生はどのように把握されておられますか。

もう1点は、政府対政府間関係のみならず、中国外交はアメリカ国内の世論に対してどのような説得努力を展開しているのか、このことについて先生はどのようにお考えでしょうか。

賈 私は、アメリカ政治はその外交に大きな影響を与えるに違いないと考えています。その影響は多方面にわたるでしょう。ティー・パーティーの出現は、アメリカ外交に衝撃を与えたことは間違いないと思います。しかし、アメリカ外交は原則的な問題においては、比較的一貫していると考えます。ただし、異なる時期に、異なる政策問題において、多少の振り幅をもって、

国内の政治勢力の圧力に迎合しているところがあります。したがって、ある時には貿易問題において保護主義が強くみられ、ある時には自由貿易の政策の色彩が強くみられます。トータルで言うと、アメリカは、大きな原則方針は変えておらず、それはとりわけ対中国政策上で明らかです。多くの原則問題においては、国交樹立から現在までほとんど変わりはありません。

メディアの役割とパブリック・ディプロマシーの展開

賈　また、中国は実際のところ、アメリカにおいてメディアの活動や交流の仕事を多数展開しており、その方式は様々です。一つは、CCTVの誕生。テレビ局ですね。さらに、アメリカで在米華人を支援しながら新聞を発行している。そして、各種民間交流を展開しているということです。中国にも専門的な組織があります。たとえば、政府の組織、対外友好協会、外交学会のような組織です。このような組織がアメリカに対して、また他の諸国に向けて公共外交を展開しています。現在、米中間の交流は非常に盛んで、とても頻繁に行われています。したがって、それらの影響はかなり甚大なものです。中国はこの方面でもたくさんの活動を行っています。もちろん、効果ということで言うと、多くの積極的な取組みはみられるものの、それほど大きい効果が得られているわけでないのも事実です。このことについては、中国政府も深刻に捉えるべきだと考えています。

もちろん、双方の国家リーダーたちは、米中関係は民間の支持が必要だと意識しているはずです。そうすることによって、前向きに絶えず発展することが実現できます。したがって、双方は5年前に、「米中人文交流協議会」の設立に同意し、現在、「米中人文交流協議会」は毎年高位級の協議を行っています。双方の交流協議会の責任者として、アメリカ側は国務長官、中国側は元々の国務委員から現在は副総理（劉延東氏）になっています。このように、双方は積極的に民間の交流を推進しており、これもパブリック・ディプロマシーの一部分と言えます。そうすることで、アメリカの人々の中国に

対する見方について影響を与えようと試みています。私は米中間の人文交流の側面において、過去何年かで非常に進展があったと思っています。現在、アメリカにいる中国人留学生は 20 数万人であり、双方の旅行客はさらに多いです。これも両国関係の発展にとって重要な役割を果たしていると思います。

人民解放軍の性質は変化するか

李 先ほど、佐藤さんがおっしゃっていた主要な問題、また主にこのプロジェクトから発せられる論点について、ここからは宇野先生も含め、皆さんもともにこのいくつかの問題を絡めながら、先生に質問させていただきたいと思います。

村井 私が専門とする政治思想史、平和学の観点から伺います。これは多分、中国国内の問題に関係していると思いますが、中国人民解放軍は元来一つの党の軍隊だというべきです。しかし、最近の人民解放軍は、一つの党の軍隊から相対的に自立して、一つの国家の軍隊になろうとしているのではないでしょうか。「党軍」から「国軍」に向けての一種の転化だといえるのではないでしょうか。先生はこの問題についてどのように見ていらっしゃいますか。

賈 人民解放軍は従来からして党の軍隊です。過去も現在も、そして将来もそうであると思います。十八期三中全会で 50 数項目の重要な改革措置を提示しました。その中に、一片たりとも軍隊を国家化するとは書いてありません。このように短期的には大きな変化はないでしょう。

韜光養晦からの卒業と米中関係の変化

唐 私はこの分野では門外漢で、社会学の研究、またその他の領域、経済分野を研究しています。一つ教えていただきたいのは、先ほど賈先生はアメ

リカと中国の関係で、米中国交正常化から現在に至るまで、アメリカの対中政策は比較的一貫性を持っているとおっしゃられました。反面、中国の対アメリカ外交政策から見ると、米中国交正常化から現在に至るまでに何らかの変化はなかったのでしょうか。というのも、現在の中国は国力が絶えず増強されたことよって、国内の一部分の人びとの自信も以前に比べて増長されたことと思います。このような背景において、一つは対米政策、もう一つは対諸外国の外交策略上の変化があったのではないでしょうか。また、国際社会は中国という大国に対する期待、責任感のある大国にならなければならないと期待を持っています。このような背景下で、中国はいかなる対応をとるべきなのでしょうか。

　賈　最初の問題についてですが、私はアメリカが対中国政策の原則として重大な事柄については大きな変化がなかったと思っています。しかし、小さな問題での変化はたくさんあるでしょう。そうしたなかで、ますます中国を重視するような現状です。中国の側から言うと、そのこと自体非常に大きな変化が出現したと言えるでしょう。鄧小平はそれまでの毛沢東とはアメリカに対する見方がまるで異なりました。毛沢東時代にはアメリカを敵と見ていましたが、鄧小平はアメリカを敵とは見なしていません。逆に、「対外開放」という政策を採用し、「対外開放」のもっとも重要な対象がアメリカでした。もちろん、今の中国にとってその政策、鄧小平が打ち出した対米政策は、現在に至るまで多くの内容は変わっておらず、アメリカを敵ではなく、アメリカと連携し、アメリカと一層緊密な経済上の関係を打ち立てて、その他の政治関係も密接に関係しているところも変わりません。

　ところが、些細な変化はあります。一つは、鄧小平が当時掲げた「韜光養晦、有所作為」の政策について、現在ますます多くの人びとが疑問を抱くようになっています。それは、中国がもう「韜光養晦」する必要がなく、そしてそれは現実的でもないからです。また、中国の国力の増強により、中国国内ではもちろん、これは中国政府の政策ということではなく、もっと多いのは、中国国内でこのような声がますます強くなってきているということで

す。たとえば、とりわけ海洋権益問題において、アメリカの圧力に屈服してはいけないというような。要するに、中国の対アメリカ政策においては鄧小平の改革開放以来、原則的に重大な問題においては大きな変化はなく、一定程度の変化は比較的に見られます。

　もちろん、このような過程の中で、米中関係の性質には大きな変化がありました。過去のあまり連携がなかった関係から多くの連携を保つようになり、また過去のあまり利益がなかった関係から、現在では莫大な利益が存在しています。そして、過去の対等ではなかった関係、つまりアメリカが強く、中国は弱いという関係から、現在の相対的に対等な関係では、とても大きな変化が見られると言えるでしょう。さらに、過去には、米中間で多くの見方の相違、価値観の相違、意識形態の相違が存在しましたが、現在そうした相違は大幅に減少しており、著しく縮小していると言えます。たとえば、過去に中国は計画経済を遂行しており、アメリカは市場経済でしたが、現在は中国も市場経済になっています。過去中国では、「人治」が多かったのですが、現在中国でも相対的に「法治」になっています。過去中国では、人権問題について論じたりしませんでしたが、現在では人権は追及すべき良きものだと思われています。過去中国人は、「民主」を論じていませんでしたが、現在の中国では、「社会主義民主」を建設すべきだと思っています。理念の側面で実際双方の相違がなくなっても、もちろん実践の中では大きな違いがあります。このような関係の性質の変化によって、現在の米中間のこのような交流は堅実な基礎の上に進行していると言うべきでしょう。

中国が国際的に果たす責任への期待と現実の落差は大きい

　賈　二つ目の問題については、現在国際的に中国が多くの責任を負うべきだと要求されていることに関わります。私は、今の中国人にとってこの問題は非常に葛藤をもたらしていると思います。それは、一方では自らを発展途上国だと考えるため、たくさんの責任を負うのは不可能だと思っているが、

他方では自らはもう以前に比べて強大になった、そしてたくさんの資源があるので、たくさんの責任を負うのは当たり前だと思っています。したがって、現在中国政府もまた非常に苦悩しています。中国の人びとの間では、この問題において多様な意見があり、その中での主流はやはり中国は貧しい国だと感じていて、したがって多くの資金を用いて対外援助をしたり、国際責任を履行したりするのは避けるべきだと思っています。私の記憶では、ある年に中国がマケドニアに向けて、20台の車を援助したことがあります。しかし、そのことはインターネット上で猛烈な反対を受けました。もちろん、総体的に言えば、中国はますます多くのいわゆる国際責任を履行しています。その中には国連平和維持部隊の派遣、ソマリア沖・アデン湾の護衛、そして現在ますます多くの国際問題解決に参与していることなどです。中国は以前と比べて、これまでのいつと比較しても、担っている国際責任は大きいと思います。しかし、現状は国際社会が期待している程度までには及びません。

長期的に見て米中関係は一層密接になる

宇野 先ほど、賈院長が中国は1つの経済大国であり、同時に1つの発展途上国でもある、2つの側面を持った国だとおっしゃいました。それゆえに、できることも多く、またたくさんしてきたけれども、国際社会の要求からはまだまだ距離があります。その過程において今後、多分30年ないしは50年という時間を費やしながら、徐々にやっていくしかありません。要するに、できることから始め、段階的に発展する必要があるということです。そうして、30年後、50年後、中国とアメリカの間に意識形態の側面、人権の側面、そして先生がおっしゃっていた価値観の側面で、多分我々が想像する以上に近くなっているかもしれません。それを踏まえてお聞きいたしますが、戦略面の議論を少し超越して、もっと本質的に中国とアメリカの関係はどのような形の関係になっていくのか、30年、50年という長いスパンから、先生に

それを展望していただきたい。この観点から米中関係を展望してみてもらえないでしょうか。

賈 現在、多くの人びとが実は米中両国の関係がどのような方向に発展していくのか非常に憂慮しています。最近では衝突も多く、悲観的な考えを持っている人も少なくありません。しかし、私は長いスパンで見て、実際にはそんなに悲観的に思わなくてもよいと考えています。それは過去何十年かを想起するとき、米中関係の発展は実際に一層緊密な関係に発展しているからです。今後、私が思うには対抗した関係になるかもしれません。そういう可能性を排除することはできません。しかし、私はその可能性が少ないと考えています。米中間に衝突が現れる可能性は大きく、それは各種各様の矛盾や衝突ですが、この確率はとても大きいと思います。

しかし、総合的に言うと、ますます関係は近くなると思います。十八期三中全会で提出された50数項目の改革を見ても、もし中国が確実にそれを実施したとすれば、米中関係はさらに近く、米中両国はさらに近づくでしょう。もしも中国が国家の実力の急激な発展とともに、ますますアメリカのような超大国になったとすれば、現在理解することができないアメリカの行動がその時には理解できるでしょう。

たとえば、しばしば問題となっているアメリカの軍用機と軍艦が中国に対して敵機偵察をしている事態について、アメリカ人はこう言います。「私はあなたに対してではありませんよ。私は全世界に向けて行っているのです」。これを中国はとても理解しがたいので、こう言います。「あなたは私に近すぎる。これはとても危険である」。中国はアメリカに対して、敵機偵察を止めろと要求します。しかし、アメリカは「ダメだ」と言います。アメリカは「あなたが私に対して敵機偵察がしたければいいですよ。しかし、あなたに対する敵機偵察を止めろというのはダメです」。それでは、アメリカ人はどうして敵機偵察をするのでしょうか。それは超大国としてアメリカは世界の秩序を維持する責任があるからです。そのため、アメリカはデータ情報を必要とします。しかし、現在の中国にはこれが理解できません。将来、中国が

本当に強くなったとき、本当にアメリカのような地位になったとき、その時は中国もアメリカと同様に、我々も情報収集が必要だと言うでしょう。そうしなければ秩序維持ができないと言うでしょう。したがって、将来の中国は、現在の方向に発展していけば、ますます制度の上でも、価値観の側面でも、アメリカと近くなり、さらに国際関係において問題を見る観点も一層近くなるでしょう。

　宇野　本日は、訪米前のお忙しいところお時間を割いてくださりありがとうございました。道中のご無事をお祈りいたします。

インタビュー記録（2）

王　逸舟（北京大学国際関係学院副院長）
2014年9月9日・於中国北京市・北京大学

聞き手：
宇野重昭（島根県立大学）
李　暁東（島根県立大学）
村井　洋（島根県立大学）
江口伸吾（島根県立大学）
唐　燕霞（愛知大学）
佐藤　壮（島根県立大学）

李　昨日（2014年9月8日）の座談会（本書掲載）に続いて、王逸舟先生にお話を伺います。王先生はご承知のように、中国の国際関係学会ではリーダーの一人です。本日は、王先生からさらに深く今後の中国政治外交と国際社会との関係についての理解、見方をご教示いただきたいと思います。まず、具体的に我々の研究プロジェクトに関して質問を行い、それに対する先生のご回答に基づいて、私たちがさらに細かく検討していきたいと思います。

創造的介入論

佐藤　昨日、検討会では多くの問題について議論を交わしましたが、時間の関係で完全には消化することはできませんでした。本日お時間を頂戴し重点的にご教示いただきたいのは、王先生が議論しておられる「創造的介入論」です。先生の「創造的介入論」と「保護する責任論」あるいは「責任ある保護論」との間にどのような区別があるでしょうか。また、「創造的介入」の観点から中国政府が国際社会の中でどのような責任を担うべきとお考えで

しょうか。

王　佐藤先生と他の先生方がこのような問題をご提示くださりありがとうございます。昨日は確かにあまり専門的に議論することはできませんでしたが、私は今日この機会にお話ししようと考えていました。これは私の著作の三部作で展開してきたことです。すでに第一作、第二作は完成しています。第一作の主題は、中国新外交の基本的な方向性について論じていて、その題名は『中国外交新方向』です。第二作の主題は、中国の世界での役割です。今執筆中の第三作では、新外交の国内背景、つまり国内社会の基礎を扱っています。この三つは連関していますし、区別もあります。第三作目は来年の初めには完成すると思います。私としては、この「創造的介入」は新時代の中国が大国として打ち出す世界外交の理論思想の一つの提案あるいは基礎として検討され、推薦できればと希望しています。

簡潔にまとめると、いわゆる「創造的介入」は次の内容を含んでいます。第一には、それは「建設的な介入」です。つまり、それは現代の国際的な主流体系とは連携しないもので、大抵は非対抗的な体制をとることです。したがって、いわゆる「創造性」が強調しているのは対抗しないということです。これは覆すのではなく、また別に体系を作るものでもありません。これが主な内容です。第二には、「選択的介入」です。いわゆる「創造的介入」がとりわけ強調しているのは、知恵のある一面、柔軟性のある一面です。そこでは、多様な手段を強調しており、経済的なもの、外交的なもの、軍事的なもの、文化社会的なものを、各種方式を用いて並行して推進し、かつ多角的に取り組むようなもので、強硬かつ一方的な介入や地域、世界の問題の解決を防止するものです。この二つの要点はその出発点であり、「創造的介入」理論の起点です。

「創造的介入」は、一見ある種の策略に見えますが、非常に柔軟性のある態様を表します。これには二つの内在的な前提があります。一つ目の前提は、国際社会、現有の国際体系、アメリカ主導の国際秩序は中国にとって利益が弊害を上回っており、中国はさらに参入すべきであって、対抗すべきで

はありません。これは非常に重要な前提です。二つ目の前提は、中国自身が現在は上昇中ですが、他方でたくさんの問題を抱えています。したがって、中国自身が相対的で改革的なゆとりのある環境を保持し、自国の変革により協力的な外部条件を残すべきです。この二つの思想的な前提によって強調されるのは、「創造的介入」は決して対抗的ではない。そして、「選択的介入」であって決して全面的ではない。

　ある種の外交政策の論理として、四つの方向からの提案があります。第一に、中国が国際社会に対して公共財の提供を拡大することが必要であり、いつまでもアメリカと先進国のフリーライダーになってはいけません。中国はもっと多くの公共財の提供者にならなければならない、これが第一の提案です。

　第二の提案は、「高辺彊区」に向けての加速です。ここでいう「高辺彊区」とは、海洋、極地、宇宙空間、そして科学技術の最先端であるサイバー空間、金融、サイバーセキュリティ、金融安全のようなものを指し、これを我々は「高辺彊」と呼んでいます。これは伝統的主権辺彊や低辺彊の概念とは異なります。これは中国の今後の発展にとって特に重要です。これが「創造的介入」論の第二の提案です。

　三番目の提案は、アジア新秩序の形づくりです。これは中国が導き、中国が積極的に役割を果たすアジア新構造です。これについて私はさらに言及することはいたしません。この構造の中には、中日関係、朝鮮半島の新構造、東南アジアの協力などが含まれます。このアジア新秩序の中で中国は積極的な役割を果たさなければなりません。先に述べたように、アメリカとも日本とも対抗関係を目指すものではなく、ただし一層大きな中国の役割が必要です。

　最後の提案は、中国外交の自己変革です。外交のメカニズム自体の変革です。もしも皆さんが聞きたければ、さらに一つ一つの部分について説明をいたします。外交メカニズムの変革は外交人材の育成も含まれており、また外交経費の向上も含まれており、政治序列における外交の優先順位を引き上げ

ることも含まれています。おおよそこの四点が「創造的介入」理論の骨組みです。

このように私の議論は「責任ある保護」あるいは「保護する責任」とは異なると思います。「創造的介入」のほうがさらに射程の広い議論です。「責任ある保護」が主に指しているのは、人道上の危機や特殊な事件です。しかし、私の唱える「創造的介入」は新しい時代の中国外交論を指します。つまり、新時代の中国は世界大国として外交思想、外交理論がなければなりません。したがって「創造的介入」の議論は、全方位的だと言えます。

三つの時期区分による中国外交論

王　私自身はこれを中国の第三世代の外交論と見ています。第一世代の外交論は毛沢東時代の外交論であり、基本的な特徴は革命外交です。それは1949年から1978年までの中国外交論で基本的な出発点でした。これは、既存の国際体系を変革することを企図して対抗し、革命的社会主義、共産主義の世界を建設するというものです。これが第一世代の中国外交論の思想です。第二世代の外交論は鄧小平外交です。これは改革開放以降の30年間にわたって展開され、北京オリンピックが開催された2008年までを指します。第二世代の外交論の基本的な特徴は、中国が経済的にグローバル化に融合し、中国社会の生活水準を向上させたことです。したがって、基本的な特徴としては経済に着目し資本投下や経済協力が中心となります。もうひとつの特徴が「韜光養晦（才能を隠してじっと力を蓄える）」で、フリーライダー、不介入、不干渉、不提案、不提唱、そして目立たないと言う路線です。

そして、第三世代の外交論が「創造的介入」による新秩序です。この第三世代外交の時期について、私が思うには、2010年あるいは北京オリンピック（2008年）以降から中華人民共和国建国100周年、つまり2049年までにあたります。この時期の特徴は中国が世界の中で担う役割にあり、世界の大国としての外交です。これは、毛沢東時代および鄧小平時代とのつながりが

ある一方で区別もあります。たとえば毛沢東時代の非常に積極活発なところに通じるところがあり、第三世代外交は一層積極的で活発な自己主張に特徴があります。また、鄧小平時代と共通するのは、現行の国際体系に第三世代外交はほぼ適合しており、それは革命で覆すものではありません。要するに、先行する2つの時期の内容と比較した場合、哲学的な意味では捨象、超越であると言えます。

　第三期の中国外交は、「積極的介入」、「創造性ある介入」、「建設的介入」により、既存の国際体系への対抗や全面的な反逆・革命の姿勢ではなく、現行の国際体系の中で中国がより一層の重要な役割を発揮することを目指します。例えば、国内総生産（GDP）が10年前の世界第4位、第5位から、今や世界第2位の経済大国になったことです。我々が希望しているのは、正常な状況で21世紀の半ばころには、中国が経済規模や軍事費総額など各種統計データ上、世界で最も重要な大国になる可能性があります。同時にこの過程で国際的な責任を伴う建設的な役割も担うことになるでしょう。

　最後に現在執筆中の三部作の第3作目にあたる著書についてご紹介します。前2作は海外でも翻訳されていますので、すでにお読みになったことがあると思います。執筆中の著作のタイトルは、『新外交社会基礎』です。簡単に言うと、この本で議論の中心に据えたのは、「創造的介入」が顕著となった中国の対外政策と内政や国内社会の変化の歩みが密接に関係し正比例している状況を描き出すことです。もし国内改革が一層進展し成果を収めたならば、中国外交はますます盤石となり広い社会的基盤の上に成り立つことになるでしょう。したがって、目下の私の関心は、たとえば中国国内の変革はどの方向に向かっているのか、一連の重大な改革はどのような積極的効果を生むのか、中国国民が新外交に対してどのような認識を以って支持し、どのように国内リソースを外交に投入して対外的な存在感を増進させるのか、という点にあり、主に対外政策の国内的基盤が中心となります。来年出版できることを望んでいます。

　付け加えるなら、「創造的介入による新外交」についてはその思想が実現

できるかどうか疑問に思っている人もいるでしょう。ある人は私があまりにも理想主義的だと言います。私も認めます。創造的介入の新外交あるいは大国外交の実現について私は慎重かつ楽観的に考えています。おそらく51％は楽観的で、49％は私も保証できるとは言えません。失敗するかもしれない。現在の習近平の内政と外交の分析も含めて、慎重かつ楽観的に考えています。私はこの創造的介入の外交論は、現在の習近平、李克強、王岐山らの世代の指導者が未来に向けた外交として、一つの基本判断を反映していると思います。もちろん、これは世界の大国になる機会でもあるわけですが、慎重かつ楽観だけではなく、相当の危険や問題、難題が浮上してきます。私の近著でも彼らが直面する挑戦と課題について議論しています。

　李　私たちがとくに知りたかった「創造的介入論」について、王先生の外交思想を代表していることを整理してお話しくださり、さらに深く理解することができました。先ほどのお話しの中で一番印象深かったのは、王先生が言及した三大外交論です。私の印象では、2050年代に至るまでの今後30年間の長期的な道のりを展望するのは非常に重要だと思います。また国内社会の基礎に関しても、王先生が外交と中国国内の変革を結び付けて研究しておられるのには深い感銘を受けました。外交と内政の接点については、私たちもよく宇野先生からご教示をいただいていますが、根本的な外交思想に関わる議論であり、王先生の研究と共通するものがあります。

中国外交のグレードアップと「高辺疆」

　村井　王先生に２点ご教示いただきたいです。１つは高辺疆の問題です。つまり、海洋、サイバー空間、宇宙、金融領域などについてです。先生が構想されたこの新しい領域で中国はどのように積極的に貢献すべきなのか。２つ目は日本の役割についてです。先ほど、先生は今後中国が積極的にアジアの新秩序に貢献するとおっしゃいました。この方面で中国は積極的に役割を果たすべきだと思います。それではこの新秩序の中で、日本がどのような役

割を果たすべきか、あるいはどのような方面で中国と日本が協力し合えるでしょうか。他方、日本が何かを確立しなければ中国側との協力は難しくなるという問題があればご教示ください。

王　2点とも重要な問題です。1つ目の高辺疆ですが、それは現在の中国がモデルチェンジ（グレードアップ）する課題と連携しています。日本の研究者もお気づきだと思いますが、三中全会（中国共産党第18期中央委員会第3回全体会議、2013年）や、十八大（中国共産党第18回全国代表大会、2012年）以来、中国の高位級にしろ、学界にしろ、非常にこのモデルチェンジの概念を重視しています。どういう意味かというと、この20〜30年間、中国は主に数量上の増加に傾注した発展であり、これは国内あるいは国際機構の間でもそうでした。しかし今では、重点はさらに精緻な発展へと転換しています。我々はそれを「高辺疆に向けた推進」と呼んでいます。

それでは、外交領域ではどうかというと、特に陸地辺疆以外の海洋、極地、宇宙空間以外の発展に表れています。今日は時間の都合上具体例をあげてつぶさに検討できませんが、極地、宇宙空間、海洋での計画に世界で最大級のリソースを投入しています。たとえば、海洋について習近平は「海洋強国目標」を提案しました。そして宇宙空間では「空海一体」の新しい戦略目標を提示しました。極地については、おととい私は極地研究討論会を主催してきました。現在、中国は世界でも最大級の水準で極地へのリソース投入を行っています。科学研究領域と資源開発の中でも極地に関する複数の研究課題に取り組むセンターを設立しました。これらは外交にも反映されています。

たとえば、ここ数年で中国外交部では海洋司を設置し、現在の海洋領域行政では「五龍騒海」は過去の遺物です。つまり、かつて「五龍」と称され海上法執行機関として乱立・競合していた海警（公安部公安辺防海警総隊）、漁政（農業部漁業局）、海監（国土資源部国家海洋局中国海監総隊）、海巡（交通運輸部中国海事局）、海関（海関総署密輸取締警察）が現在は一体化しています。つまり、さらに大きい権威のある海洋政府機構、機能部門を設立

したのです。これが何を意味するかというと、新しい指導者たちが高い科学技術、そしてより一層の投入をさらに強調しており、これは世界大国だからこそこのレベルのことができるのです。これは中国外交と中国の対外関係発展のなかで、将来外交部が海洋研究問題に取り組むようになり、極地研究出身者、宇宙研究出身者の外交官がますます増えると思います。したがって、高辺疆はサイバー空間や金融も含めて今後我々が邁進する主要な方向だと言え、その入れ込みようからこれまでのどの指導者よりも習近平と李克強らが重要視していると見て取れます。私の言葉で言うと、これは中国発展上昇のステップです。私が高辺疆という表現を用いたのは、実はアメリカ元大統領ジョン・F・ケネディの言葉の引用です。それは「高辺疆(ニューフロンティア)を占拠してこそ宇宙に向けて前進することができ、そして宇宙大国になれる」のです。過去の中国には高辺疆の知識はありませんでした。だから、発展も緩やかなものでした。今後30年間で中国は高辺疆大国になる、すなわちモデルチェンジの時代です。これが1つ目の問題です。

中国とアジア新秩序形成

王　2つ目の問題についてはっきり言えば、中国がアジア新秩序の建設を指導するのではなく、中国が積極的に参与し、指導力を増大させたアジア新秩序の建設です。これにはいくつかの特徴があります。まずは、中国が現在持つ強みを充分に発揮することで、それは経済、貿易、エネルギー、金融です。したがって、我々は「一帯一路、シルクロード経済ベルト、海上シルクロード」建設を提案しました。この海上経済ベルトは、東南アジアや中央アジアに向けて中国が自らのエネルギー源投資や金融分野の実力を発揮して周辺の一体化を拡大することです。これは、現在中国が持つ強大な経済的優位を利用し拡大するという経済分野での新しい思考の筋道だと言えます。経済、貿易、エネルギー、金融などの分野で中国が強みを発揮するのがアジア新秩序です。

もう1つの重要な特徴は政治・安全保障分野で新型の大国関係を構築することであり、特に新型の米中全方位の戦略対話関係です。これは、政治・安全保障分野で核心となるテーマだと言えます。その要点は、衝突せず、相互に尊重し、向き合って進み、睦まじいが違いを持つことです。

　3つ目の特徴は我々が言う「小多辺」を積極的に活用することです。「小多辺」方式とは、中国周辺の秩序を一つ一つ形づくることです。たとえば、北朝鮮核問題で我々は六者協議の土台を作り中国が主導的役割を担うよう希望しました。また中央アジアでも中国は上海協力機構（SCO）を設立しました。加えてロシアと共同で中央アジア地域の分裂主義や恐怖主義を安定させる機構も設立しました。さらに東南アジアでは中国とASEAN（東南アジア諸国連合）が連携協定を締結する予定です。連携協定は主に平和に比重を置いて、海洋開発や海上における非伝統的安全保障領域で連携強化を図るものです。将来的にはますますこの「小多辺」の活用が予想され、これまで多角的外交に精通していなかった中国が、今後は自らが提唱して周辺の安全保障メカニズムや多角的メカニズムを発展させる方向性を主導することになります。時間とともに、アジアの安全保障秩序の中で、中国の一層の役割拡大を見出すことができるでしょう。

　先ほどお話したアジアインフラ投資銀行に関しては、現在中国は多国間でFTA（自由貿易協定）を行っており、多国間貿易交渉でも中国の多面的な努力が反映されています。これもアジア新秩序形成で重要な骨組みとなっています。

　国際政治経済学の解釈で言うと、中国は現在貿易（を通じた）平和、商業（を通じた）平和、金融（を通じた）平和の形づくりをしています。これは中国が1つの中心として、1つの主要根源となったアジア新秩序の形づくりです。この秩序形成過程は、現行の米国主導のアジア秩序と対抗するものではなく、近著でも言及しているように、それは相互補完、あるいはトレード・オフの状況に応じて進歩する過程です。

アジア新秩序形成における日本の役割

王 その過程での日本の役割については、私は非常に微妙だと思います。現在も論争中の重要な問題で、中国の指導者にしろ学界にしろ、この論点の位置づけはまだ明確ではありません。たとえば今後20～30年間、日本が中国と「一山二虎」（1つの山に2頭の虎が住む）の緊張した対抗的な立場にあるとしましょう。私は全面戦争になるとは思いません。1つの可能性ですが、「一山二虎」が許されない場合、日本は本質上中国と緊張した関係になります。私の希望としては、重大問題を解決する過程で、互いの理解を強化することです。たとえば、海洋問題の解決についていえば、日本には一種の心の問題があると思います。中国が海洋国家として出現したことに対して日本は非常に大きな心理的抵抗感があります。しかし、好むと好まざるとに関わりなく、これは阻止することのできないことだ思います。中国の海洋強国としての取り組みと足並みは前に向くはずです。日本の選択は、中国の台頭を受け入れられるかどうか、海洋方面や高辺疆領域での台頭を受け入れられるかどうかです。もし拒否する態度を取った場合、中日間の摩擦は加速すると思います。しかし、もし中国の台頭に理解を示す場合は、中日両国はこれから色々な問題を解決するときに、たとえば、核問題や海洋安全保障問題、そして主権問題、私が執筆中の海洋主権問題についても、実際には多様な方式での共同管理や委託管理、多方面での共同開発などがあり、対抗あるいは放棄の短絡的な解釈になる必要はありません。だから私は中国が設定した未来秩序の中で、中日両国が緊張関係ではなく、向き合って進み、アジア新秩序の発展を共に促進させる関係であって欲しいと考えます。そしてこの過程で、米国を安易に排除するのではなく、より多くのアジア諸国が冷静な協議を通じて問題を解決できればと思います。我々は米国を招き入れて助言や提案を引き出し、決して相互間の緊張と対抗を加速することはしません。私は、中国の指導者と日本の指導者、そして公衆は全体の情勢を理解すべきで

あると考えますが、現在は未だ討論期、敏感期であるため、政権を取ったばかりの指導者たちは未だこれらについて、詳しく深く検討していません。

　付け加えると、現在の中日両国間の主要な政治家たちは少し意地になっていると思いますが、とくに政権掌握初期はどうしても回避できないと思います。しかし時間が経てば、一つの真理を意識するようになると信じています。つまり、中日両国は合致すれば両方が得し、戦えば両方が損するということです。これに気づけば、中国も日本もアジア新秩序の建設段階で、更に大きな役割を果たせると思います。

「鉄を打つには自身が硬くならねばならない」（打鉄還需自身硬）

　李　先ほど王先生は「外交論」に対する一つの提案として4つの次元に言及しました。1つは公共財で、1つは高辺彊領域での貢献、およびアジア新秩序などです。これらの点は日本のメディアでもよく取り上げられていますが、強大となった中国が高辺彊やアジア新秩序を論じ何か成果をあげようとするとき、強大になったからこそ日本を含む周辺諸国が一種の懸念を感じるのは自然だと思います。たとえば、「高辺彊」で中国は米国と覇権を争っているのか。アジア新秩序で中国はアジアの新しい親分になろうとしているのか。あるいは、昨日の座談会でも論点となったように1920～30年代の日本の経験が中国にとって良い戒めになるのではないか。これらは自然に出る議論だと思います。

　それでは、王先生がこれらの論点への回答として「鉄を打つには自身が硬くならねばならない」（打鉄還需自身硬）というとき、「硬い」とはどういった内容を指していますか。たとえば、昨日「華夷秩序」や「道徳性」の問題も出ましたが、中国が成長して、2050年代には米国並みの超大国、あるいは米国を超えた大国になった時、何をもって国際社会の信頼を獲得するでしょうか。何といっても国際社会は強者に対して最初は懸念する気持ちがあ

ると思います。中国は米国よりもうまく対処できる自信があるでしょうか。それが、おそらく「硬い」の中身になると思います。王先生の言及した「第三世代外交論」も、その精神と魂に関係するのではないでしょうか。先生のこの「硬い」に関するお考えをぜひ聞かせてください。

王 これは私が現在思考し、執筆中の中心的課題でもあります。いわゆる「鉄を打つには自身が硬くならねばならない」は、実は筋肉を指しているのではなく、多くは優秀な人格を指しており、そうなることで王者の風格を備えることができるという意味です。つまり対外関係において指導者になったにせよ世界大国になったにせよ、必ず体制、メカニズム、国民の資質、すべてが相当高い水準に到達しないと世界大国の基本的な発展の方向性を打ち出せません。こうした意味合いが基本となります。現在の中国指導部の新世代が何をどのようにして、内政面で王者の風格を作り出そうとしているのか。あるいはこれは新世代による中国の発展の特徴を問うているとも言えます。

国内社会改革と外交政策の展開は並行する

王 三中全会以降、中国国内では、「どのようにして、国民がさらに公平、公正、幸福を感じる社会発展を成し遂げられるか」について熱烈な討論が展開されました。実のところこれは少し前までの弊害に対するものです。以前顕著だったのは「国営企業が前進し、民営企業が後退する」現象でした。つまり、国家の財産、国家能力が絶えず増長して、その後の分配がうまくできず、国民からの不平不満が増え、腐敗が食い止められない現象でした。それで最近の新たな方向性は、公平、公正、国民の幸福感に関わる重大な挑戦と難題の解決を目指すこととなったのです。我々はこれを公共関係と呼びます。三中全会はこの新たな公共関係を改革する大きな幕開けとなりました。これには多くの内容が含まれており、たとえば、土地改革では農民たちが本物の自分の権益を受けられるようにすることです。また、戸籍改革では、都市部住民と農村部出身者の間にある就労機会や雇用状況の不公平に鑑み、公

平な社会を実現していくということです。

　同時に反腐敗キャンペーンについても重要視します。これを実施することによって、官僚が腐敗を行うことを恐れるだけでなく、腐敗自体ができなくなる、あるいは官僚自身も汚職に手を染めたくないという事態を作り上げるというわけです。これまでの改革は主に経済面での改革を中心に進めてきたわけです。しかし今後は社会改革、公平で公正な社会を建設していくと同時に政治領域においても透明な方法で改革を実施していくということです。当然、これらの改革をすべて実施することは非常に難しいことだと思っております。これから3年後、5年後、8年後、あるいは10年後無難に改革の難関を突破しなければならないと思います。私が思うに、現政権の指導者から見れば、そのような迫力があって、しかも先見の明を持っていると思います。必ず改革を推し進めていく勇気があると思っています。もちろん、失敗する可能性もないわけではありませんが、51％は成功して、49％は失敗するかもしれません。ただ、もしも失敗するならば、「創造的介入」の新外交を実施することも不可能である。つまり改革が失敗するならば、国際社会からは中国が成金ではないかと、国が豊かにはなったが、やがては帝国主義になっていくのではないか、だから今後の重要な改革を実施して、腐敗を未然に防止し、また民族地域の自治というこれらの問題をすべて解決できれば、中国が今後大国になっていく見通しもはっきりしていくのではないかと思います。したがって、国内問題の改革が非常に重要であると考えています。

　第一作目の著書の中で、こういう風に書いてあります。すなわち、対外的な主権の強弱は、国内社会の進歩と正比例関係になっている。つまり、国内社会が公正・公平で国民が幸福感を持つような社会であれば、その国の主権がより強固で強大なものになっていくということです。逆に言えば、国内社会があまり公平でなくて国民が相対的な剥奪感を持ったり幸福でなかったりする社会であるなら、その国の主権は剥奪されたり侵略されたりすることになっていく。強い主権が求めているのは社会改革を進めていく中で、まず国内の社会を進歩させることが必要です。

「介入」が持つ意味の多義性

宇野 私は王先生のご意見に賛成で、とくに30年後のいろいろなことを考えるのは大賛成です。時間がありませんから1つだけ質問します。「創造的介入」という言葉ですが、日本では「介入」という言葉は若干違和感を持って捉えられます。今日の先生のお話は、むしろ「開かれた関与」というふうに聞こえるので、その方が日本人には広く理解される表現のように聞こえたのですが、それではいけないのでしょうか。

王 言葉の問題ですけれども、非常に難しいですね。どうやって翻訳するのか色々と工夫しました。たとえば英語に翻訳した場合、様々な学者に相談し、最終的な英語の訳は、わりと中立的に"creative involvement"になっているわけですね。関わるということを強調していますので、わりと中性的になっています。もう一つの「関与」という言葉もあるわけですが、中国語から見ると「介入」は、「関与」あるいは「干渉」よりは柔らかで中性的な意味合いになるわけです。翻訳した場合に、もう一つ「斡旋」というような意味合いの言葉も考えましたけれども、ただそれはより狭い範囲になってしまって、それでいろいろと考えた結果、「創造的介入」という言葉が一番ふさわしいのではないかと考えるに至ったわけです。

宇野 日本の人々に説明するときに今のご説明をよく分かるように申し上げておきます。やはり日本人にとって「介入」という言葉には押し付けるというようなニュアンスが非常にありますから、ぜひ日本人に分かるように、理解できるように、我々も説明することに努めたいと思います。

王 場合によっては誤解されやすいかもしれませんが、今後全訳していただいてその本当の意味を日本人の皆さんにも理解していただくようにしたいと思います。

現在の中国思想界は、最も活発で論争の激しい時期なのです。これは恐らく中国国内の社会状況にも符号しているのだと思います。つまり、現在の中

国国内の人々は将来に対して明るい展望を持っていると同時に不確実性、そういう心配も持っています。私は外交の専門家なので、なるべく外交の領域において、建設的な提言を申し上げて、中国の外交官あるいは指導者にもっと正しく現在の状況を理解してほしいと希望しています。全体的に見れば、外交分野では外交官たちは私の主張に比較的賛成しています。たとえば、傅瑩駐英大使は、私のこの理論を非常に建設的な介入思想だとして評価しています。また、王毅先生（外交部長）も何度も公共財の重要性を唱えているわけです。ですから外交官に対しては比較的自信を持っています。

　したがって、学者として私はある種の責任感を感じていて、自分の研究をより精緻にして構想し、社会や国民に広く発信するよう努力したいと思います。

インタビュー記録（3）
潘　維（北京大学国際関係学院教授）
2014年9月9日・於中国北京市・北京大学

聞き手：

宇野重昭（島根県立大学）

李　暁東（島根県立大学）

村井　洋（島根県立大学）

江口伸吾（島根県立大学）

石田　徹（島根県立大学）

唐　燕霞（愛知大学）

佐藤　壮（島根県立大学）

李　潘維先生には一昨年、中国模式についてお話を伺いました。昨日の座談会ではどちらかというと、中国と国際社会、対外関係の方が中心になって議論が交わされていたので、中国国内について議論展開が十分にできませんでした。今日の午前中は王逸舟先生にお話を伺い最も印象深かったのは、執筆中のご著書の中で「中国外交の社会的基礎」、中国自身の変革問題を取り上げていたことです。その問題は恐らく潘維先生の中国模式の問題と関係があると思います。一昨年から今まで、この間に何か新しい発見とか、あるいは議論に対するより一層の充実したお考えがおありかと思いますので、そのことを確認したくて今日この場を新たに設けたということです。まず、中国模式について、ここ2年くらいで新しい議論はなかったでしょうか。

中国模式論の展開

潘維　いくつかありましたが、1つ目は中国制度自身に対する疑問が少なくなったということです。新政府が発足した後、制度変革を行っているので

支持を取り付けているということです。2つ目は、個人的な見解なのですが、制度は社会進歩に対して必ずしも大きな役割は果たしていないと思います。1つの制度を壊すことは災難になるわけですが、たとえば、第二次世界大戦後に日本では天皇制を保留しました。これは非常に重要なことだと思います。

3つ目に申し上げたいのは政策がやはり重要だということで、おもに4つの側面があります。1番目は体制方針で、どのような方向に向かって走るかということ。2番目は政治路線、3番目は組織路線、つまりどういった形で幹部を抜擢するかということ。4番目は思想路線です。たとえば、改革開放の実施は体制方針で、イデオロギー面でプロレタリア革命から改革開放へと変わったということなのですが、当時、思想路線としては実践が心理を点検する唯一の基準であるということを唱えるようになったのです。それから、組織路線に関しては、元々誰かが大批判会を多く組織すればその人を抜擢するということだったのですが、改革以降は誰がより多くのGDPを創出したかということで幹部に抜擢するということに変わりました。

振り返ってみますと、当然様々な成果を収めましたけれども、それとともに様々な新しい困難、問題も抱えております。鄧小平の改革に対して評価するならば、7対3ということなのです。つまり、7割は成功で、3割はちょっと失敗ということなのです。成果については申し上げるまでもないと思いますが、とりあえず、問題について話したいと思います。

第1に、高度経済成長に伴い官僚の質の低下が著しいことです。彼らの高学歴化が進む一方で素質は低下し、同時に道徳レベルも下がっています。第2に、一般庶民の生活レベル、つまり絶対的な生活レベルは確かに向上しているものの、直面する困難がますます大きくなっています。具体的には、教育と養老の問題です。子供の教育と老人の養護の問題、それを支えるシステムの分野で大きな問題を抱えています。第3に、国の統一がそれほど強固ではなく、様々な隙間とか分裂とかが出始めているということです。これは主に新疆問題とチベット問題を指しています。

おもな原因は、世界資本主義市場システムが引き起こした問題だと思います。その中で、中国は急先鋒だといえます。つまり、市場は分裂的で、両極化していく方向へと進んでいます。中国の指導者はこの問題の重要性を十分に理解しておらず、ますます市場化を推進しています。つまり、第十八期三中全会の一つの方向性としては、全面的に改革を進化するということです。しかし、改革とは市場化ということです。

　総括して言えば、非常に日本社会がうらやましいということです。つまり、日本の教育とか医療は均等化していく方向になっているわけですが、その教育と医療の均等化は日本社会の安定に非常に大きな役割を果たしているわけです。同様に、ヨーロッパ社会、ドイツ社会にもこのような社会を安定させる役割があるわけです。つまり、社会主義こそ中国を救えるのではないかと思います。

　宇野　社会主義こそが中国を救う？

　李　いわば、日本はある種の社会主義国なのだということを意味するわけですね。

　宇野　日本はある種の社会主義国……。

　李　……と私は解釈しています。今の話を聞いていて。どうですか、それを受けて何か。

大衆路線の評価

　江口　潘先生のお話を伺いまして、非常に興味深い点は、官僚の質の低下が著しいこと、民衆の生活レベルに格差が生じてきているといった問題を深刻に受けとめていらっしゃることです。これに対して習近平政権が打ち出している政策として大衆路線をあげることができると思うのです。大衆路線はこのような問題に対して、どのような効果を持っているのか、そのあたりをお伺いしたい。加えて、大衆路線は法治に連動するのか、矛盾するのか。あるいは社会主義路線への原理的回帰を意味するのか、市場経済化路線と矛盾

するものなのか。そういう方向性みたいなものはどうなのか、先生のお考えを伺えたらと思います。

　潘維　大衆路線も唱えていますが、まだ実質的な進展はみられていないと思います。現政権としては、人民の資源の重要性を認識するようになったのですが、大衆路線は未だ進展していないと考えております。大衆路線の意味としては、分散化した人民、砂のような個人を組織して人民になっていくと。そこで人民に権力を与え、権益を保護するということです。そうした意味においては、あまり進展がないのではと思います。つまり現時点において、中国人は砂のようにバラバラになっていて、そうなると人民にとっては政府の政策に対して制限する十分な能力を持っていないわけですね。政府の政策を左右するのは、現時点では数十人の経済学者に過ぎないのです。

　私自身の思想の変化ですが、十数年前に当初学界で有名になったのは、当時法治主義を宣伝したためだったのです。当時の私は法治主義者でした。それから十数年後に共産党はもうすぐ四中全会を開くわけですが、方向性としては法治を宣伝するということです。しかし、こうした時期に私自身は変わってきました。何が変わってきたかというと、組織した人民の権力こそ政策に対して権勢を持っており、それと同時に官僚の資質を高める役割を果たしているのではないかと考えています。つまり、私は法治主義者から社区主義者に変わりました。

社区と人民組織

　潘　先ほど申し上げた重要な変化というのは、中国社会自身が変わったということです。それに伴って学者の思想も当然変化しているわけですけれども、現在の中国社会に対して研究者のあいだで最大の議論となっているのは、政府の管理と市場メカニズムの関係についてです。しかし、このような二分法的な考え方だと、どう議論してもはっきりと言えないのではないかと思います。私から見ると、第3の要素を入れなければならないと思います。

第3の要素を導入してはじめて、先ほど申し上げた2つのバランスをとることができると思います。第3の要素が何かといえば、それこそ人民であって、人民の利益、人民の需要が非常に重要だと思います。西洋では二分法的な考え方なのですが、中国は古くからこの三分法、つまり3つの視点を導入していました。たとえば道家の考え方も、「道は一を生じ、一は二を生じ、二は三を生じ、三は万物を生ず。」だからこの「三」ということの重要性、3つ目の要素が非常に重要ということです。

李 先ほどの社区主義者についてですが、実は私は社区研究に関する調査をやっています。私は「百姓（ひゃくせい）社会」という言葉を用いて、西洋の市民社会と区別しようとしています。

先生がおっしゃったところの人民の任務ですが、人民が自ら組織すると大きな力量になると思います。この角度からお聞きしたいのは、先ほどの大衆路線で、人民を組織すると潘維先生がおっしゃった点について、実際、人民たちが自ら組織することがより重要と思いませんか。

潘維 そうです。しかしですね、中国人は非常に組織しにくい人たちです。中国人は党が動員しなければ組織できないような状況です。だから、必ず何らかの形でのパーティー（party）が必要、政党によって組織するということです。けれども人民が自ら組織したリーダーは政府のお金をもらってはいけない、もらうべきではない。たとえば、居民委員会、村民委員会という人民組織があるわけですが、実質的に考えれば、居民委員会にせよ、人民委員会にせよ、そこで働く人たちは政府からお金をもらっているので、本当の意味での人民の組織ではない。これはあくまで官僚組織の一環であると思います。

ヨーロッパ社会だと階級から組織されているわけですが、アメリカだと大型利益集団から組織されている。しかし、中国では居住している地域、居住区、あるいは働く場、社区で組織されているわけです。そうすると、やはり社区の原則に基づいて組織するというのは、中国の現実にふさわしいのではないか。そういう意味で、中国は市民社会ではない。日本のことについては

よく分からないのですが、私の理解だと、日本も市民社会はそれほど発達しておらず、その代わり社区、コミュニティーが発達していると思います。

　先ほど申し上げた社区、コミュニティーは、主に2つの社区に分かれています。1つは居住する地域という意味での社区です。もう1つは職場という意味での社区です。たとえば、この北京大学国際関係学院には50数名の教員がいるわけですが、これも1つのコミュニティーです。このようなコミュニティーにおいて組織し、組織をもって政治参加し、そこで官僚化の趨勢に対して制限するというふうに考えています。つまり、人民が組織することによって、本当に自分自身が主人公であるということを実感するということです。

「民」の自発的組織は「官」とどう付き合うか

　宇野　日本のこと、一言いいですか。日本では、このたびの東日本での災害のようなことが起こった時には、「官」の援助の前に「民」の方の自発的な組織がたくさんできました。それから、我々は都会で公民館などを使って、いろいろな読書会、討論会などを組織して、リードしています。そこで問題になったのは、「官」から補助が出ることを許すか許さないかという議論です。東日本大震災の場合には、やはり「官」からの補助がなければ困ります。したがって、補助をもらっても、自主的な民衆自身の組織であるということは変わらないという議論が中心になっています。私が指導していた市民におけるところの読書会や討論会は、「官」から補助金が出るのです。しかし、出たらだめになると、拒否するということで大変もめたのです。そういう日本の経験をお聞きになったうえで、一体「官」から援助を受け取ってはいけないのかどうか、中国ではどうか確かめてほしいと思います。

　潘維　中国の問題はまず、人民が組織できるかどうかという問題なのですが、伝統的に中国は小農経済、独立的で自由な小農経済なのですが、したがって非常にエゴイズムが強いのです。このような社会において人民を組織

する場合には、やはり強い力が必要だと思います。

　次の問題なのですが、政府の援助、支援金ですが、このような自発的な組織に対して政府が支援金でもって援助し、政府のために働くのではなくて、政府が自発的な組織を援助して、組織自らがやりたいことを助けるということは重要なことだと思います。先ほど宇野先生がおっしゃった大地震や津波が発生した場合、当然政府の援助がないと何もできないような状況なのですが、問題は政府がこれらの社会組織を通して、社会組織自身がやりたいことを手助けすることが重要だと思います。

　補助金のことですが、政府が資金面での援助を行うことは問題ないと思います。重要なのは何をやるかに対して誰が決めるかということだと思います。例えば、政府は補助金を出すわけですが、政府の狙いはビルを建てること、でもそこで社区の組織の考え方は食事を買うこと、そこでトラブルが生じます。では一体だれが決めるか。結果的に重要なのは、社区組織自身が何をやりたいかを決めて、政府は資金面でその支援を行う、何をしたいかということはこの社会組織自身が決めること、そういうことが重要であると思います。それこそが社区主義、つまり社区の組織が自ら出したことに従って、実行していくということです。

宇野　あまり細かいことを聞いて何ですが、私が経験した場では、そうやって自発的な組織、我々もあまり口を出さないようにした組織というものが、「官」から補助金が出たらば、やりたいということ自体が変化する、それから意思決定そのものが当初の自発性から離れてしまう側面があって、結論として、私の関係した国分寺や八王子などの組織は「官」からの援助は一切断るということを決定した経験があるのですが、中国ではそういった何らかの補助的組織があると自発性も変化する、自分たちがやりたいと思っていたことも変化するということなども考慮されていますか。

潘維　対比してみるとはっきりわかるのではないかと思いますが、アメリカ社会と比較した場合、アメリカ政府はお金をかけて社会を作ることはあまりやりたくないので、そこで金持ちに任せて社会組織を啓発していくという

ことです。だから、人々はたくさん自ら組織を作って市民社会を作り上げて、そこでの組織された様々な社会組織、例えば最終的に儲かったお金を税収として納める必要はないと。非営利的な組織の免税ははっきりと決められています。これに対してヨーロッパはそういうことが許されていません。そうした比較の中で日本はどういうふうに討論しているかということが見えてくると思います。たとえば政府の援助を受けた場合、政府の官僚のコントロールに置かれている可能性があるわけですけれども、ただし政府の援助を排除した場合に、その社会組織の力が非常に弱いという状況になるわけですね。だから弱い社会的組織は十分政治に対して影響力を持っていないという形にならざるを得ないと思います。日本の社会は二重の性格を持っているのではないかと思います。

宇野 一言だけでもう止めにしますが、日本では新しい市民社会が根っこの方からわずかずつ成長していまして、それを我々は下からのつながりの議論と言っていまして、日本的な新しい市民社会が日本全国にかなりの数、あちらこちらに生まれつつある。しかも日本では、草の根の最低レベルの議員を選ぶ力は、選挙でできるので、選挙という形で一番末端からいわば民衆の声を代表する人に投票する運動も現在広がりつつあると思います。そういうことがあるので、日本もどうぞアメリカやヨーロッパと違って市民社会はないと例外にしないで、日本は日本的なものが成長しつつあることは少し頭に入れておいていただいたうえで、中国のことに具体的に突っ込んでいっていただけるとありがたいと思います。

潘維 宇野先生のおっしゃる通りです。同意します。アメリカモデル、ヨーロッパモデル、そして日本モデル、それぞれに特徴があると思います。中国はこれらの国々と比べた場合、まだまだ立ち遅れているわけですので、中国にとってもまた新たな可能性、まったく新しい別のものが生まれていく可能性があると思います。すでに私も、日本の全国的な選挙とか市民社会的な運動についても注目しているわけですが、たとえば選挙の時期に立候補した人が数十人の人に対して街頭で演説をする、そういった場面を伺った場合

に、本当に日本においても草の根の市民社会の運動が盛んになっているとそのように感じます。

「社区」概念の精緻化に向けて

李 私はずっと社区の研究を行っているので、今の潘維先生のお話には、非常に共鳴する部分が多くて、鼓舞された部分があります。しかし同時に、私自身には社区を研究する過程で見つかっているいくつかの難題がありまして、これを機に潘維先生の意見を伺いたいと思います。1つは居民委員会とか村民委員会が直接政府の指導を受けているならば、政治権力の侵害を受けない組織は、具体的にどういう組織を想定しているのかをお聞きしたいです。もう1つは、中国は小農経済の伝統が長く、人々はエゴイスティックになりがちです。そういう伝統からすると、社区は一種のパブリック、公共を創出するという意味があると思うのですが、しかし同時に、ここで新しい問題にぶつかります。それは社区のエゴという問題です。一つ一つの社区の間にエゴが生まれてくると、それをどのように解決するのか。より大きなパブリックをどうやって構築するかということ、これについて潘維先生のご意見を伺いたいと思います。

潘維 まず1つ目の質問についてですが、社区の単位は何なのかということですね。私は「自然社区」という概念を打ち出しています。つまり、最小単位の社区、自然に形成された伝統的な社会ですと、数十世帯が1つの村で、そこで血縁関係を持っている、いわば自然村なのですね。都市部においても20〜40世帯なのですね。それが1つの社区の単位をなしています。たとえば、1つのビルの中のブロックということなのですね。そうすると、世帯同士においてお互いに利害関係を持っています。また同じように、働く場においても、例えば国際関係学院には数十人の先生しかいないですが、そこでも密接な利害関係を持っているわけです。つまり、自然に形成された最小単位を社区の概念として指しています。これが1つ目の問題です。

2つ目の問題は、社区同士の関係をどう調整するかということです。社区同士だけではなく、社区と政府との関係をどう調整するかという問題ともかかわっています。そこに行政社区の役割があると思います。たとえば、現在の居民委員会や村民委員会ですね。これらの組織は準行政機関にあたるわけですが、このような準行政機関が存在するからこそ、様々な自然社区と政府との関係、あるいは自然社区同士の関係性を調整することに臨んでいるということです。

　李　我々もずっと居民委員会について注目をしてきたわけで、江口先生、唐先生と私は居民委員会についていくつか論文を書きました。現実に言って、居民委員会は憲法上自治組織という規定なのですが、政府のコントロールを相当受けており、非常に多くの仕事をやらされているわけです。そういったようなところで自治、いろいろな取り組みというのはあまりそのような空間は残されていない。自由ではない。ボランティア活動にしても、やっていることはほとんど政府の要求に応えるためのものです。そういったような状況をどのように打開するか。いわば人民は自ら組織する、そういった状況を創出するためにはどうすればよいか、お知恵を貸していただきたいと思います。

　潘維　やはり2つの社区の概念を区別しなければならないと思います。行政社区と自然社区ということです。先ほどの居民委員会にしても、行政社区の概念で考えなければなりません。だから居民委員会は人々が普通に言う社区ではないと思います。先ほど申しました社区の人員を動員して、政治などに参加させるということが非常に重要な意味を持っていると思いますが、しかし現時点から見ると居民委員会が組織した様々な活動というものは、住民の参加が見えてこないと。基本的には、居民委員会自身が様々な活動を組織して、人民に福利サービスを提供する。これはあくまでも政府が住民に社会的なサービスを提供する機関に過ぎない。ですから政府行為ということであるということですね。

朝貢体系と華夷秩序をめぐって

潘維 少し話題を変えて、昨日の座談会で李暁東先生が提起された国際関係の認識について少しコメントしたいと思います。昨日の座談会の中で、私の方からまず朝貢体系について議論を提供しました。私が朝貢体系は存在しないと発言したことに対して、李暁東先生は、注目すべきはかつての伝統中国における華夷秩序とその道義性のことだと、伝統的な華夷秩序において道義性があって、この道義性こそ現在の国際関係を構築するための一つの資源ではないかと、これが1点目。もう1つは平等についてですが、伝統的な華夷秩序だと平等を重んじるのではなくて、ある種の階層性があるのではないか、そういうことについてコメントを申し上げたいと思います。

今晩天津へ行って、会議に参加する予定ですが、そこでは「地政学的な政治が現在の世界経済に与える影響」というテーマについて発言する予定です。すべての外交は必ず道義性を伴うということですが、これは必然的で、人類はそもそも公正に対する強い願望を持っているわけです。ただ、何が公正なのか、それに対して様々に異なる理解があります。すべての国家、人々は、自己が行う戦争は正義であると唱えていますが、しかしたとえば春秋戦国時代、現在から見ると、その時の戦争は道義性がないのではないかと現在の人は見るのですが、しかし当時の人びとはその戦争に正義を感じていたに違いないです。

たとえば、当時日本が中国に侵略した場合にも大東亜共栄圏を唱えたわけですが、またアメリカがイラク戦争を行った場合にも、民主主義のためにと言っているわけですが、このようにすべての国が何らかの形で正義を言っているわけです。

しかし「内聖外王」とか、そういった言葉が言っていることは、あくまで国内政治であって、国際政治ではないと思います。自国の平天下とか言っていることも内部政治で、必ずしも国と国との関係を処理するものではありま

せん。現在の国際関係から見れば、現実主義がもっとも重要であると思います。つまり、現実的な利益、国益を唱えることがもっとも重要である。当然正しいとか、正しくないとか、そういった場合も存在するわけですが、国家にとっては核心的な利益ということは国益ですね。したがって、今日の中国にしてもアメリカにしても、かつてこういう侵略や拡張がないと、それほど大きな国にはなれないと思います。占領した後は、国内政治に変わっていきます。

　もう1つの点について、国家が一律に平等である、大小を問わず平等ということもあくまで討議上の呼称であるということです。たとえば、ウェストファリア体制もこれをはっきりとは言っていないわけです。国が平等であるということを。それはあくまで30年戦争、つまり宗教戦争を経て、現状に対しての確認事項であると。たとえば、プロテスタントとか、カトリックとか、その他宗教を問わず、境界を定めた上で、お互いに干渉しないというルール、原則を作ったわけですが、それほど神聖なものではありません。

　だから、国家の大小を問わず平等だということは、過去にも存在しなかったし、現在もあるわけではないです。たとえば、今日アフリカとか中央アジアとかに様々な国家があるわけですが、アメリカはそれぞれ平等であるとか考えたことはないわけです。たとえば、イラク戦争とかシリアへの進出とか簡単に行うわけですから、一律に平等であるということは存在しないと思います。

　つまり、過去に中国が唱えた、華夷秩序は不平等な秩序である、現在の国際秩序においては平等であるという認識は正しくないと思います。そもそも、先ほど述べたように国家はそれぞれに平等ではないと思うのですね。たとえば、近代化した日本にとっても、必ずしも満州国を平等に扱ってはいないと思います。

　現在の世界体系は、最も平等をはっきりと唱えていますが、現実から見れば、現在の国際社会は最も不平等な社会であると思います。それは、資本の力が大きいわけですね。資本がこの世界を不平等に変えてしまったというこ

とです。つまり現在の世界資本主義体制が、人類史上最も不平等な世界を作り上げたのです。これこそ私の現在の国際関係に対する認識です。道義性と平等に対するコメントです。

　宇野　ある意味では、華夷思想という考え方は、不平等の上に立っているという問題性はもちろんあるけれども、歴史の上で平等な時代はなかった以上、不平等というのは極めて率直な認識と言えるのではないですか。

　潘維　そもそも私の考えは、伝統的な中国の国際関係と現在の国際関係の区別はないということです。したがって、中国が主導した伝統的な華夷秩序自身は存在しないと、やはり私はそう思うのです。つまり、歴史から見れば、たとえば唐の時代は比較的に強かった時代なのですが、唐と吐蕃との関係、あるいは高句麗との関係は基本的に戦争関係なのです。戦争に勝ったものが土地を獲得したわけで、必ずしも双方において朝貢体制を持っているわけではありません。だから、道義的ではないと思います。また、宋の時代に入ると、周辺の遼とか金とかいった国に対して比較的弱いので、朝貢はなかったわけですね。このように伝統的な中国社会と周辺の関係を見ても、実質的にパワーの関係ですね。実力にものを言わせるという関係です。

　先ほど、宋までさかのぼって申し上げましたが、次の元の時代に入りますと、モンゴルからの侵略なのですね。当時の中原の人、漢族はモンゴル族によって征服された。だから逆転したわけです。漢が夷でモンゴルが華ということなのですね。華夷秩序の視点で見るなら。しかし正確には華夷秩序は存在しないのですが。清朝になっていくと、清は華夷の区別はないと、それが清朝のスタンスであるわけです。それでは、新疆とチベットをどう考えるかというと、新疆とチベットは完全に武力で征服したわけです。だから、いわゆる華夷秩序は存在しないというわけです。それはでっち上げだと思います。

　先ほど漢の時代から清の時代まで申し上げ、このように朝貢体系は存在しないわけですが、その中で明の時代は例外ではないかと思うかもしれません。しかし、実際には明の時代に関しても、朝貢体系で明王朝を維持したわ

けではなくて、むしろモンゴルに対しても、チベットや新疆に対しても、武力を以って周辺との安定維持を図ったと思います。

　歴史から現在まで、国際関係を見る場合に重要なのはパワーです。例えば、ここで言う道義性などは国家が自国の国民の支持を取り付けるための説明に過ぎないと思います。たとえば日本を例にあげたいと思いますが、大東亜共栄圏というような考え方は、日本国内から支持を取り付けましたけれども、国際社会からは支持を取り付けたわけではない。それにもかかわらず当時の日本は、大日本帝国を作り上げたわけです。これは何をもって作り上げたかというと、パワーということです。周辺国と比べた場合に、経済にしても、軍事にしても、明らかに強い力を持っていたわけです。

　果たして、現在の中国は強い国なのか。答えはノーです。国際関係学院には数十名の先生方がいますが、さまざまな考え方を持っているわけです。しかし、その中で共通の認識を持っているわけです。それは、こんにちの中国は強い国ではないと。中国は大国、大きな国ではあるのですが、大きくして強くはない。人口は多いですが、必ずしも裕福ではない。そういう国です。

華夷思想の影響範囲とパワー・ポリティクス

　宇野　基本的には賛成なのですが、華夷思想の問題について、石田さんに話してもらいたいと思いますが、私の方から一言申し上げれば、中国の歴史を調べてみると、直接管轄する地域を除いて、外部世界は3つの層に分かれていて、いわばパワーが関係する部分についてはすべて共通している。これは国際関係の基本でもあります。しかし、最初の周辺部の地域というのは、力がわりと直接的に機能したところであって、そこは色々と名前は違うけれども、中央の官僚とは違った土着の官の名前を利用しながら、周辺部のコントロールを行っている。もう少し遠く離れた地域になっていくと、ベトナムとか朝鮮とか、日本は少し離れるのですが、ここがいわゆる華夷思想の地域、そこはむしろ思想の力、政治の力、力といっても軍事力ではありませ

ん。思想や政治や場合によっては道義的な考え方もありますけれども、外の地域でいわば自発的に頭を下げたという、一種のコントロールに入れるところの広い華夷思想の地域があります。それから、もう一つ外、これは清の時代には明確にされていますが、外の地域になってくると、朝貢制度、華夷思想の範囲ではなくて、もうちょっと欧米とか中近東とかそういったところとの関係において、対等の、互市関係の地域として外に作っていきます。したがって、いわば朝貢があって、朝貢と華夷も少しずれるのですが、朝貢、華夷思想のあった地域というようなものは限定されていて、ある部分ではある、力の働き方はその3つに対してそれぞれ異なるというような構造を持っていると私は理解しています。ですから華夷思想のところは華夷思想でそれなりの当時の力関係や正義感や自発性やいろんなものを混ぜ合わせながら、部分によってはかなり細かい技術的地域協定などを結んでいて、その意味においては、案外面白いネットワークもないわけではない。というわけで、言いたかったことは、華夷思想の地域というのは、私に言わせれば非常に広い、しかしながら限定されている、それでいろいろなものがある、そういった状況を少し細かく考えていかないと。そして華夷秩序はないといえばないです。おっしゃる通りです。しかし、華夷思想というものは存在すると意識することによって、それが一定の政治的機能を発揮するということは当然あり得る。その地域として割合、華夷の場所というのは面白い機能も発揮しています。だから、決して現代に復活させたり、それが中国の主張だと言ったりする気は全くありません。しかし、歴史的存在としてあって、現在において、そこに一定の意味を見出すということはありうると考えているわけです。というのが私の考え方です。

　潘維　私としては2つの点を強調したいと思います。1つ目は、中国人に古くからあった知恵についてです。漢の時代からみんなが重んじる1つの原則、政策は、華は夷を治めないということです。今日の世界から見れば、イギリスとかアメリカはアフガンに対して統治しようとしてもなかなかうまくいかないわけですね。しかし、中国には古くからそうした知恵があって、ア

フガンは中国に近いわけですが、そこを統治しようとはしない。そういった国に対して中国はその国の言語も持っていないし、そういった教えもないわけですから、統治できないと古くから考えていたわけです。おそらく、反論はあると思いますが、それでは新疆とチベットはどうして統治するのか、歴史から見れば、すでに古い時代から新疆とチベットに対して変異させたわけです。つまり、夷ではなくて中国の中に治めたわけですから、だから統治をするわけなのです。今の言葉で言えば、公民権を与えたわけですから、それを統治するようになったわけです。これは1つ目。

　次に強調したいのは、強い時期においても、遠いところに対して侵略をしないということです。強いものが遠いところに行って、何か行動すると、必ず滅ぼされるというようなことわざがあるわけです。強いものを侵すものは、たとえ遠くにいても絶対に滅ぼしてやる。強い時にはそう考えるものだということですね。しかし逆に言えば、自分が弱い時には、とても柔軟な態度を取る。劉邦の奥さん、強いときに柔軟な態度を取るという現実主義、そういうような両方を使い分けるというのは、中国の2つ目の知恵ということです。

　中国は古くから純粋な農耕民族であるということなので、古くから万里の長城を作り上げて、外来の侵略を防ごうとした。先ほど申し上げた2点目もそうですが、自分自身が強くなったら、出撃しますけれども、強くない場合には基本的に休養するということなのですね。ただし、基本的に考えれば、伝統的な中国から考えても、拡張型の外交ではなくて、ある種学習型の文明であるということなのです。具体的な事柄について一つ一つ学習していくということです。西洋から見ると、ある種の普遍的価値を唱えていますけれども、自分は正しいから、世界も自分と同じような価値観に変えていくと思っていますが、中国はそれとは違って、やはりある程度の防衛的な性質を持っています。必ずしも侵攻の性質を持ってはいないということです。しかし、今日の中国から見れば、ある種の拡張、過度な拡張主義をしているのではないかという危惧をもたれていて、そういう傾向があり、それは私も危惧して

いるところです。したがって、政策立案者や決定者に対して、常に注意していこうと考えています。たとえば、世界中に鉄道を敷設するだとか、それ自身についても過度な拡張ではないかと心配しています。国際関係学院の先生方も、ある種の共通認識を持っているわけですが、とりわけ積極的に進出という立場はあまり望ましくない。最も重要なのは、自分自身の生活スタイル、生活方式を維持して、人民の生活を豊かにして、外の世界に対して征服しようとか、ほかの国を変えようとか、そういうことに対しては全く関心を持っていないわけです。基本的に学習、先進国を学習することをスタンスにしています。

歴史的に構築された華夷秩序

　宇野　後半のところは、これからの議論で一番面白いところだから、ちょっとその前に、華夷思想は石田さんの専門だから、少し話してもらいたい。

　石田：昨日も今日も「無い」ということだったのですが、専門的に研究している人間からすると、あります。近代的なシステムとしては無いかもしれないし、中国が自ら自覚的にこういう体系を作ろうというふうにしているわけではないのかもしれないけれども、たとえば朝鮮であれ、琉球であれ、中国と付き合うときに、年に何回使節を送る、送った先でどういう服を着て、どこに立ってどのような礼をするか、その外交儀礼はすべて決まっているわけですね。それはもちろん、中国から言われてするわけです。それが前近代の北東アジアにおける外交秩序であると私は見ています。そうすると中国は自覚的に、今私たちが理解しているような華夷秩序、デジタルな分かりやすい秩序ではないかもしれないけれども、やはり当時は当時としてその秩序があった。

　日清戦争の原因は、朝鮮をどのように扱うかということにありましたが、最初の発端は、日本が朝鮮に送った外交文書の中に、天皇の「皇」という字

と勅命の「勅」という字が入っていて、朝鮮がこれは受け取れないと。朝鮮にとっての皇は清朝だから、日本から「皇」の入った文書は受け取れないという形で、7～8年外交交渉が行き詰まったわけです。その経緯を見ている人間からすると、それこそが華夷秩序なわけです。だから中国からすると、華夷秩序、華夷思想の自覚がないかもしれないけれど、周りの国はすごく意識するわけです。大きいものがあるので、そのやり方を真似る。どこかで朝鮮も日本もトップになりたいので、やはり真似をしていくわけですね。それで、朝鮮も日本もほかの国には自分が中華という形で示していく。それが華夷秩序につながると思うのです。

　これからの中国と華夷秩序を考えた時に、中国が長い「中華」の経験から、ついついそのような振る舞いが出てくるのではないか。近いところで言うと、ベトナムと戦争をしたときに、鄧小平でしたか、ベトナムを膺懲すると言ったのですね。懲らしめる。その懲らしめるという言葉は、道義的に高い位置から発せられます。皇帝が従わないものを懲らしめるという形で、言葉として華夷思想がそこに現れてくるのです。その問題がこれから中国が打ち出そうとする新しい秩序に出て来るのか来ないのかというところが、昨日の議論で申し上げた「不安」になるので、その点を伺いたかったということです。

　潘維　日本も中国を侵略したときに「暴支膺懲」といい、アメリカも日本を空襲した際に、膺懲するという言葉を使っていたのではないですか。主流のアカデミズムに対して挑戦するということは、学者として私は積極的に行っています。だから、この華夷秩序ということは、あなたたちだけでなくて、多分80％の学者たちが唱えている主流だと思います。だから、それに対してあえて挑戦していくと。それが私のスタンスです。何かのインプリケーションがあればいいですけれども。

　たとえば、当時満州族が中国に入った場合、そのころから朝鮮は華に変わったわけです。それで中国が夷に変化したわけで、逆転したわけです。なぜかというと、満州族はいわゆる中原に入る前に平壌を占領したと。占領し

たわけで、すでに一部になっているわけです。だから満州族にとってはすでに逆転していたと。また、近隣のベトナムから見ても、ベトナムの二千数年来の歴史から見ると、常に中国に対して抵抗する歴史であると。だからベトナムにも華夷秩序があるとは一度も認めたことはありません。そういう風に考えています。ミャンマーについても同じように考えています。また、中央アジアもそうなのですが。華夷秩序については認めていないのではないかと思います。あの地域は牧畜という文明なので、人々の生活は中国よりよほどいいと考えています。新疆についてもそうです。

　華夷秩序と言えば、漢字文化圏についてのあくまで心理的な状態に過ぎないと思います。漢字文化圏、ベトナムとか日本とか、同じ漢字を使っている文化圏ですね。また歴史から考えれば、清王朝の乾隆帝の時代に、彼は非常に強くて、周辺に対して征服したことがあるのですが、当時の新疆は乾隆帝の時代に作り上げた地域なのですね。そもそも、新疆という地域は、チベット人とモンゴル人が統治した地域で、特にモンゴル人が統治した地域なのですが、その後だんだんイスラム化していって、乾隆帝の時代になると、ジュンガルという地域に生活していた人々を当時の乾隆帝は全部殺してしまったわけです。二十数万人。ジュンガル盆地という地名は残されていますが、ジュンガル人は現在存在していない。華夷秩序は非常に残虐的です。

　李　潘維先生のこのチャレンジャーとしての挑戦は、120％達したと私は思います。本日はありがとうございました。

あとがき

江口伸吾・佐藤　壮

　本書は、2014〜15年度北東アジア地域学術交流研究助成金を得て実施した研究プロジェクト「中国の台頭と北東アジア地域秩序の変動―中国国内統治との共振性に着目して―」（研究代表　佐藤壮）の成果の一部である。本書に掲載した各論考は、本研究プロジェクトの一環として開催した島根県立大学と北京大学国際関係学院の合同シンポジウム「国際秩序をめぐるグローバル・アクター中国の『学習』と『実践』―内政・外交の共振と歴史の視点から―」（2016年3月5〜6日、於島根県立大学）での研究報告に基づき、執筆者それぞれが加筆修正をおこなったものである。また、本書に掲載した学術座談会記録及びインタビュー記録も、本研究プロジェクトを進める中で2014年9月に北京大学で実施したものである。

　プロジェクト発足後、多くの方々から得られたご協力なしには、本書をこのようなかたちで刊行することは叶わなかった。

　まず、わたしたちが尊敬してやまない故宇野重昭先生に心からの感謝を申し上げたい。本研究プロジェクトでは、常日頃から大所高所よりご指導をいただいたばかりでなく、ご高齢にもかかわらず、北京、島根でそれぞれに開催した北京大学国際関係学院との学術交流にご参加いただき、貴重なご講演までいただいた。しかし、昨年4月、お元気なご様子だった宇野先生の突然の訃報に接し、わたしたちは深い悲しみに包まれた。病床のなかにありながら、ご講演の原稿を改訂し、新たな論文として世に問われたいお気持ちを最期までお示しいただいたが、それも叶わなかった。無情にも絶筆となってしまった本書に収録された数々のご活動の記録は、その掲載に当たって先生に

目を通していただく機会を失った。宇野先生は、人類の普遍的課題への視座を見失わず、多極化する国際秩序の歴史的変化の趨勢を洞察しながら、グローバル・アクター中国と国際社会の相互作用の過程に多義性に基づいた変動期の国際秩序のあり方を探求し続けられた。そうした宇野先生の思索の軌跡を、多くの読者の方々に広くお伝えしたい。執筆者一同、心より宇野先生の安らかなご永眠をお祈り申し上げる。

　島根県立大学は2000年の開学以来、北京大学国際関係学院との学術研究交流を行っており、今回の研究プロジェクトを進める際にも様々な形でお世話になった。北京での学術座談会開催の際は、研究プロジェクトの一員である江口伸吾が北京大学で在外研究中であったことの恩恵を最大限に活用し、北京大学国際関係学院副院長の唐士其先生をはじめ、初暁波先生、梁雲祥先生が準備に奔走してくだり、多士済々の国際関係学院内から選りすぐりの研究者にお声がけくださった。このお三方に加えて、王逸舟先生、潘維先生、連玉如先生、張海濱先生、宋偉先生、範士明先生は、座談会に参加し貴重な御意見を披瀝くださった。また、賈慶国先生（北京大学国際関係学院長）、王逸舟先生（同学院副院長）、潘維先生（同学院教授）は、シンポジウムの前後に時間を割いて快く個別インタビューに応じてくださった。この座談会およびインタビューに島根県立大学から同行した李暁東先生、村井洋先生、福原裕二先生、石田徹先生、および唐燕霞先生（愛知大学）にも御礼申し上げたい。

　本田雄一先生（当時島根県立大学学長）は本研究プロジェクト及びシンポジウムの学術的意義をご理解くださり、惜しみないご支援をくださった。中園和仁先生（当時広島大学、現武蔵野大学）にはシンポジウムでの総括をご依頼し、刺激的で貴重な指摘やコメントを頂戴した。李暁東先生、福原裕二先生、豊田知世先生（島根県立大学）、唐燕霞先生、林裕明先生（当時島根県立大学、現立命館大学）、村井洋先生（当時島根県立大学、現島根県立大学名誉教授）は、シンポジウムでの司会や討論者としてご協力くださった。井上厚史先生（島根県立大学）は、シンポジウム翌日の総合討論会の司会を

お引き受けくださり、学術的意義を高める論点を出席者から手際よく引き出してくださった。先生方から頂戴した全ての指摘やコメントを本書の中に十分に生かし切れたわけではないが、本書を作成する上で欠かすことのできないものであった。

　本書の基になったシンポジウムの開催にあたって、島根県立大学事務局企画調整室の福間猛室長、齋藤伸朗氏、大塚大輔氏、中村智紗氏、網裕美氏、松島貴絵氏には企画準備から当日の運営に至るまでご尽力頂いた。福間室長の計らいでシンポジウム当日の昼食時に振る舞われた島根県広瀬産「きぬむすめ」の炊きたての白米と中村氏、網氏、松島氏が腕をふるってくださった味噌汁の温もりは忘れることができない。

　本書の出版に際して2017年度北東アジア地域学術交流研究助成金の出版助成を得ると共に島根県立大学清原正義学長にも格別のご配慮を頂戴した。心より深謝申し上げたい。

　学術出版をめぐる厳しい状況のなか、本書の出版をご快諾くださった国際書院の石井彰社長に厚く御礼申し上げる。

【執筆者紹介（目次順）】　編者：佐藤　壯・江口伸吾

清原正義（KIYOHARA Masayoshi）

島根県立大学理事長・学長。京都大学教育学部卒業。東京大学大学院教育学研究科博士課程満期退学。教育学博士（京都大学）。兵庫県立大学理事長・学長（2013〜16年）を経て2017年より現職。公立大学協会会長（2015〜17年）。専門は教育行財政システム、教育経営。主な著書に『学校事務論の創造と展開』（学事出版、2005年、日本教育行政学会賞）、『教育基本法から見る日本の教育と制度—改正教育基本法で何が変わるか—』（共編著、協同出版、2008年）など多数。

佐藤　壯（SATO Takeshi）

島根県立大学総合政策学部・同大学院北東アジア開発研究科准教授、同大学北東アジア地域研究センター研究員。一橋大学大学院法学研究科博士課程満期退学。専門は、国際関係論、東アジア安全保障、アメリカの対アジア太平洋政策。主な著書として、『衝突と和解のヨーロッパ—ユーロ・グローバリズムの挑戦』（翻訳、ミネルヴァ書房、2007年）、『転機に立つ日中関係とアメリカ』（共著、国際書院、2008年）、『中国式発展の独自性と普遍性—「中国模式」の提起をめぐって—』（共著、国際書院、2016年）などがある。

王　逸舟（WANG Yizhou）

北京大学国際関係学院副院長・教授。元中国社会科学院世界経済・政治研究所副所長（1998年〜2009年）。専門は、中国外交論、国際関係理論、国際制度論。主な著書は、『全球政治和中国外交』（世界知識出版社、2003年）〔邦訳は『中国外交の新思考』（天児慧・青山瑠妙訳、東京大学出版会、2007年）〕、『創造性介入：中国外交新取向』（北京大学出版社、2011年）、『創造性介入：中国之全球角色的生成』（北京大学出版社、2013年）、『創造性介入：中国外交的転型』（北京大学出版社、2015年）などがある。

宇野重昭（UNO Shigeaki）

島根県立大学名誉学長・名誉教授、同大学北東アジア地域研究センター名誉研究員、成蹊大学名誉教授。北京大学客座教授、復旦大学顧問教授、中国社会科学院日本研究所名誉研究員。東京大学大学院社会科学研究科修了、社会学博士。専門は、東アジア国際政治史、国際関係論、中国地域研究。日本国際政治学会理事長（1986～88年）、日本学術会議第16・17期会員（1994～2000年）、公立大学協会会長（2005～07年）などを務めた。主な著書として、『20世紀の中国－政治変動と国際契機―』（共編著、東京大学出版会、1994年）、『内発的発展と外向型発展―現代中国における交錯―』（共編著、東京大学出版会、1994年）、『北東アジア学への道』（国際書院、2012年）、『アジアからの世界史像の構築―新しいアイデンティティを求めて―』（共編著、東方書店、2014年）、『中国式発展の独自性と普遍性―「中国模式」の提起をめぐって―』（共編著、国際書院、2016年）などがある。2017年4月歿。

梁　雲祥（LIANG Yunxiang）

北京大学国際関係学院教授。北京大学国際関係学院博士課程修了、法学博士。中国中華日本学会理事、北京大学日本研究センター秘書長。専門は、国際政治学、戦後日本政治外交、北東アジア地域研究。早稲田大学、日本大学、新潟大学、成蹊大学などで客員研究員を務めた。主な著書として、『后冷戦時代的日本政治、経済与外交』（北京大学出版社、2000年）、『日本外交与中日関係』（世界知識出版社、2012年）、『国際関係与国際法』（北京大学出版社、2012年）、『日本人眼中的中国形象』（共著、北京大学出版社、2016年）などがある。

雷　少華（LEI Shaohua）

北京大学国際関係学院助理教授・同大学国際戦略研究院特約研究員。ユタ大学大学院博士課程修了、Ph.D.（政治学）。専門は、比較政治学、中国政治、アメリカ政府と公共管理。主な著書は、*Social Protest in Contemporary*

China, 2003-2010: Transitional Pains and Regimes Legitimacy（with Yanqi Tong, Routledge, 2013）; "War of Position and Microblogging in China," with Yanqi Tong, in *Journal of Contemporary China*, Vol. 22, No. 80, 2013 などがある。

江口伸吾（EGUCHI Shingo）
島根県立大学総合政策学部・同大学院北東アジア開発研究科教授、同大学副学長、同大学大学院研究科長、同大学北東アジア地域研究センター研究員。成蹊大学大学院法学政治学研究科博士後期課程満期退学、博士（政治学）。専門は、現代中国政治。主な著書として、『中国農村における社会変動と統治構造―改革・開放期の市場経済化を契機として―』（国際書院、2006年）、『日中関係史　1972〜2012　Ⅰ政治』（共著、東京大学出版会、2012年）、『Minervaグローバル・スタディーズ３／中国がつくる国際秩序』（共著、ミネルヴァ書房、2013年）、『中国式発展の独自性と普遍性―「中国模式」の提起をめぐって―』（共編著、国際書院、2016年）などがある。

張　紹鐸（ZHANG Shaoduo）
上海外国語大学研究生部副主任・副教授、島根県立大学北東アジア地域研究センター客員研究員。島根県立大学大学院北東アジア研究科博士後期課程修了、博士（社会学）。専門は、日米中政治外交史、東アジア国際関係史。主な著書に、『国連中国代表権問題をめぐる国際関係（1961―1971）』（国際書院、2007年）などがある。

石田　徹（ISHIDA Toru）
島根県立大学大学院北東アジア開発研究科・総合政策学部准教授、同大学北東アジア地域研究センター研究員。早稲田大学大学院政治学研究科博士後期課程満期退学。博士（政治学・早大）。専門は、前近代〜近代日朝関係史、日本政治史。主な著書は、『近代移行期における日朝関係』（溪水社、2013

年)、『転形期における中国と日本―その苦悩と展望―』(共著、国際書院、2012年)、翻訳書に金日宇・文素然『韓国・済州島と遊牧騎馬文化：モンゴルを抱く済州』(井上治監訳、木下順子共訳、明石書店、2015年)、朴忠錫『韓国政治思想史』(飯田泰三監修、井上厚史共訳、法政大学出版局、2016年)などがある。

賈　慶国 (JIA Qingguo)

北京大学国際関係学院長。米国コーネル大学 Ph.D.（政治学）。専門は米中関係、外交政策論、中国外交論。主な著書として、『全球治理与大国責任：中国青年学者的解読』(主編、新華出版社、2010年)、"Exception to the Rule: the Obama Administration and China-US Relations," *The Korean Journal of Defense Analysis*, Vol. 22, Issue 2 (June 2010)、『全球治理与中国作用：中国青年学者的解読』(主編、新華出版社、2011年)、『全球治理：保護的責任』(主編、新華出版社、2014年)などがある。

潘　維 (PAN Wei)

北京大学国際関係学院教授。カリフォルニア大学バークレー校 Ph.D.（政治学）。専門は、比較政治学。北京大学中国与世界研究センター主任などを務める。主な著書として、『法治与"民主迷信"―一個法治主義者眼中的中国現代化和世界秩序―』(香港社会科学出版社有限公司、2003年)、『農民与市場―中国基層政権与郷鎮企業―』(商務印書館、2003年)、『中国模式―解読人民共和国的60年―』(編著、中央編訳出版社、2009年)、『人民共和国六十年与中国模式』(共編著、生活・読書・新知三聯書店、2010年)、『比較政治学理論与方法』(北京大学出版社、2014年)、『信仰人民―中国共産党与中国政治伝統―』(中国人民文学出版社、2017年)などがある。

【訳者紹介】

石田卓生（ISHIDA Takuo）

愛知大学東亜同文書院大学記念センター研究員。第1章、第7章を翻訳。

黄　宇暁（HUANG Yuxiao）

一橋大学非常勤講師。第3章、第5章を翻訳。

福原　愛（FUKUHARA Ai）

北京大学国際関係学院との座談会記録、インタビュー記録（1）（2）（3）を翻訳。

索引

アルファベット

AIIB　→　アジアインフラ投資銀行
APEC　→　アジア太平洋経済協力
ASEAN　→　東南アジア諸国連合
ARF　→　ASEAN地域フォーラム
ASEAN地域フォーラム（ARF）　76, 86, 93,
ASEANプラス3　87
BRICS / BRICs　75, 92, 95, 243
　―銀行→新開発銀行
CICA　→　アジア相互協力信頼醸成措置会議
CSCAP　→　アジア太平洋安全保障協力会議
EU　→　欧州連合
FTA　→　自由貿易協定
G20　73, 75, 92,
G2時代　85
GDP　22, 25, 75, 104, 105, 107, 123, 129, 271, 284
IMF　→　国際通貨基金
NPT　→　核不拡散条約
R2P　→　保護する責任
RCEP　→　東アジア地域包括的経済連携
sinicization　207
THAAD　116,
TPP　→　環太平洋経済連携協定

U字型理論　21
WTO　→　世界貿易機関

あ行

アイケンベリー、G・ジョン（G. John Ikenberry）　92, 93, 207
愛国　115
　―主義　11, 53, 68, 72, 75, 127
アジア
　―的価値　87
　―の安全保障観　96
　―の世紀　84, 207
アジアインフラ投資銀行（AIIB）　12, 55, 56, 62, 63, 76, 80, 92, 94-96, 124, 208, 237, 243, 275,
アジア回帰　15, 255-257
　―戦略　116
アジア開発銀行　94, 237, 243
アジア新秩序　269, 274-277
アジア相互協力信頼醸成措置会議（CICA）　76, 96,
アジア・太平洋（地域）　86, 88, 256
アジア太平洋安全保障協力会議（CSCAP）　86, 93
アジア太平洋経済協力（APEC）　31, 75, 86, 96, 129, 143, 223
アジア太平洋自由貿易圏（FTAAP）　96
アジア・モンロー主義　79
アフリカ　20, 32, 57, 90, 167, 237, 294

安倍晋三　143
　　―政権　19
　　第二次政権　97
石井ランシング協定　187, 193
イスラム国（Islamic State, ISIS）59, 117, 208
一元化領導　12, 103-105
一帯一路　58, 76, 80, 97, 112, 118, 129
　　―構想　11, 12, 31, 55, 94, 95, 124, 144
イデオロギー　26, 28, 67-72, 111,117, 127, 140, 171, 284
インド　19, 20, 25, 76, 87, 92, 94, 97, 112
インド太平洋　87, 88, 96, 97
　　自由で開かれた―　144
「依頼‐代理」（principal-agent）構造　108
ヴァンス（Cyrus Roberts Vance）160-175,
ウェストファリア　210, 250
　　―条約　45, 224
　　―体制　294
　　―的主権国家体制　209
ウッドコック（Leonard Woodcock）163, 167, 170, 172-179
宇野重昭　51, 203
運命共同体　55, 76, 137, 191
閻学通　52, 227
王逸舟　41, 48, 57, 117, 203, 209, 244, 248
王毅　281
欧州連合（EU）89, 92, 145, 224, 248,
王道　28, 49, 227, 230, 245, 250
　　―思想　229, 239, 249
オクセンバーグ（Michel Oksenberg）161, 167, 179
オバマ、バラク（Barack Obama）236
　　―政権　88, 125, 255
オリンピック　75, 222
　　北京―　270
温家宝　50, 62

か行

カーター、ジミー（James Earl Carter, Jr.）160-164, 167- 176, 179, 180
　　―政権　159-164, 169-173
華夷　214, 224, 297
　　―思想　55, 229, 246, 295-297, 299, 300
　　―体系　213, 224, 228
　　―秩序　14, 209-211, 213, 214, 227, 229-233, 244, 246, 250, 277, 293-297, 299-301
改革開放　24, 33, 71, 104, 222, 262, 284
外交儀礼　233, 299
外交政策の断片化　126
外交秩序　14, 186, 233, 299
外交部　25, 26, 29, 107, 161, 176, 273
解振華　216
階層
　　―型秩序　207, 209
　　―性　214, 293
　　―的な秩序原理　209
階層化　21, 34
海洋司　273
学習　12, 14, 27, 31, 44, 83, 93-96, 131, 139, 185-187, 196, 298, 299

核心的利益　56, 92, 125, 208, 246
核不拡散条約（NPT）　75
革命外交　11, 270
華国鋒　169
ガバナンス　10, 12, 14, 21, 23, 32, 113, 115, 124, 136
簡化方法　227
韓国　24, 31, 75, 92, 94, 112, 116, 127, 223
漢字文化圏　301
観衆コスト（audience cost）　113
韓叙　169
環太平洋経済連携協定（TPP）　88, 96, 97
韓念龍　176-178
官僚主義　38, 131
官僚制　34
官僚政治の競合　126, 143
官僚組織　50, 143, 287
気候変動　20, 22, 28, 215, 228
　　―枠組み条約　91
北朝鮮（朝鮮民主主義人民共和国）　46, 75, 92
　　―（の）核問題　115, 116, 275
キッシンジャー（Henry A. Kissinger）　160, 162, 166, 167, 169
9号文件　140, 143
共産主義　68, 111, 140, 195, 213, 270
京都議定書　91
極（polar）　41, 69, 89
居民委員会　287, 291, 292
近代主義　194, 195
クラズナー（Stephen D. Krasner）　208

グローバル・アクター　83, 90
グローバル・ガバナンス　28, 73
グローバル・ヒストリー　41
グローバル化　29, 32, 73, 74, 77, 82
計画経済　104, 109, 262
経済発展　67, 104, 112, 147
結果の論理　96, 208, 246
ケネディ、エドワード（Edward Kennedy）　168
ケネディ、ジョン・F（John F. Kennedy）　274
権威主義体制　125, 128
　　ポピュリスト的な―　13, 141, 144, 147
建国100周年　22, 270
原子化　12, 108, 109, 113
現実主義　47, 88, 93, 226, 244, 294, 298
建設的介入　271
原発強国　59
権力委譲（decentralization）　106
黄華　164, 171, 175
公共　108, 113, 248, 278, 291
公共財　117-119, 269, 277, 281
　　国際―　36, 81, 97, 144, 208
孔子学院　76
公衆衛生　215, 217
　　国際―　218
江沢民　51, 104, 110, 127, 137, 151
黄鎮　160, 161, 166
郷鎮企業　105
行動第一主義　128
高度経済成長　12, 284
　　―期　237

高辺疆　269, 272-274, 276, 277
国外安全援助授権法案　173
国際安全保障　88, 90, 208
国際社会　14, 15, 20, 21, 31, 32, 36, 37, 44, 75, 77, 78, 80, 81, 124-126, 129, 143, 147, 203, 206-210, 222-224, 239, 246, 248, 255, 261, 263, 267-269, 277, 279, 283, 294, 296, 304
国際人権規約　75
国際人道問題　236
国際制度　36, 92, 93, 95, 208
国際(的)責任　36, 120, 209, 218-220, 251, 252, 262
国際秩序　9-14, 41, 43-49, 52, 53, 61, 62, 72-75, 77-81, 83-96, 123, 124, 143, 185, 186, 188, 192, 195, 196, 205, 207-210, 215, 234-238, 242, 243, 246, 251, 255, 257, 268, 294,
　　―の多義性　10, 43
国際通貨基金（IMF）　92, 94, 235,
国際法秩序　44, 189, 205,
国際連合（国連）　28, 36, 47, 48, 61, 62, 78, 79, 90, 223, 230, 238
　　―安全保障理事会　25, 236
　　―安全保障理事会常任理事国　20, 75, 93, 123, 228
　　―憲章　37
　　―総会　76, 167, 175
　　―平和維持活動　25, 75
　　―平和維持部隊　263
国際連盟　46-48, 62, 187-190, 192, 194, 238

国民国家建設　137, 226
国民統合　129, 137, 138, 146
互市　14, 297
国家アイデンティティ　14, 89
国家安全委員会　142
国家主権　14, 203, 206-209, 218, 246, 247
国家統一　67, 68, 70-73
国家利益　72, 103, 111, 203, 210, 222
国交樹立コミュニケ（米中）　164, 176, 177
国交樹立三原則（米中）　163, 164, 170, 175
近衛文麿　185
　　第一次内閣　191
五龍騒海　273

さ行

柴沢民　174, 175, 177
冊封　233
サブプライムローン危機　74
三厳三実　138
重光葵　14, 186, 189, 196, 198
自己意識　234
自己主張的な（assertive）外交　125, 126, 128, 129, 143, 147
自己認識　221, 234
事実上の連邦制（de fact federalism）　106
市場経済化　29, 31, 127, 130, 137
　　―路線　285
七不講　140, 143

実践　9, 12, 14, 26-28, 83, 92-96, 186, 188, 191, 193, 196, 245, 262, 284

幣原外交　14, 186, 187, 196

支配的な政治エリートの認識　128

シビリアン・パワー論　89

資本主義　26, 27, 49, 69, 168, 194

市民社会　32, 140, 287, 288, 290, 291

シャーク、スーザン（Susan Shirk）　110, 119

社会構造　34, 38, 103, 109

社会主義　25, 26, 47, 49, 53, 68, 69, 71, 72, 111, 129, 136, 142, 147, 270, 285
　　―陣営　69
　　―発展モデル　82
　　新時代の中国の特色ある―　111, 129, 137, 143, 147

社会保障システム　105

社区　114, 286-289, 291, 292
　　―主義者　286, 287
　　　行政―　292
　　　自然―　141, 291, 292

ジャクソン、ヘンリー（Henry Jackson）　168

上海協力機構（SCO）　31, 75, 79, 93, 96, 275
　　―開発銀行　76

上海コミュニケ　13, 161, 165, 169, 171, 172

習近平　9-13, 19, 50-52, 54, 56, 57, 63, 76, 96, 110, 123-125, 128-130, 133, 136, 140-146, 204, 227, 228, 231, 232, 235, 272-274, 284,
　　―政権　124, 128-130, 132, 134, 136, 138-144, 146, 147, 285
　　―総書記の核心の地位　111

重慶事件　110, 121

集団制　108,

周辺（の）安全保障環境　12, 115

自由貿易　31, 86, 88, 93, 235, 259
　　―体制　208

自由貿易協定（FTA）　275

主権　36, 56, 77, 89, 205, 210, 215, 217-219, 226, 240-251, 279
　　―論　208, 246
　　対外的―　241

蒋介石　165

蒋経国　170

少数民族　23, 24, 138

小多辺　275

シルクロード基金　94-97

新アジア安全保障観　76, 79

新安全保障観　11, 76, 79

新開発銀行（BRICS銀行）　76, 94-96, 112, 208

新型大国関係　15, 75

新疆　116, 295, 296, 298, 301
　　―ウイグル自治区　11, 68, 70, 133
　　―問題　284

新興市場　88

人事評価システム　107

新自由主義　85, 140, 148, 225

新常態　27, 55, 56

仁政　119, 120

新中国　67

人道上の危機　270
人道的介入　208
人民　12, 13, 51, 55, 96, 123, 125, 129-131, 136-139, 141, 142, 144, 146, 150, 241, 286-288, 292, 299
人民解放軍　126-128, 137, 260
人民主義　15
信頼醸成　86, 96
　――メカニズム　93
政治エリート　126-128, 142, 146
正統性　89, 93, 96, 127, 129, 130, 136, 139, 142, 150, 207, 209
勢力均衡論　89
世界革命　25, 38, 69-71
世界資本主義市場システム　285
世界貿易機関（WTO）　75, 92, 104, 223, 258
　――加盟　31, 74, 105
責任ある保護論（Responsible Protection）　209, 236, 267, 270
世帯生産請負責任制　109
積極的介入　271
尖閣諸島　80, 125, 127, 143
選択的介入　268, 269
銭復　161
全方位外交　70
全面的な厳しい党内統治　124, 136-138, 140, 142, 143, 146, 149
相互依存　38, 74, 86
創造的介入　117, 209, 267-272, 279, 280
　――論　15, 209, 267, 272
ソフトパワー　76

ソブリン債務危機　74
ソ連　26, 47, 58, 69-71, 91, 92, 162, 170, 172, 174, 176, 177
　――東欧諸国　104
村民委員会　287, 291, 292

た行

第一次世界大戦　46, 84, 187, 192
対イラク戦争　91
対外政策の国内的基盤　271
大国
　――意識　11, 67, 68, 70, 72-75, 90
　――外交　9-11, 27, 75, 77, 78, 129, 272
　――（としての）中国　14, 203-207, 215, 219, 225, 227-229, 233, 234, 237
　　グローバル（な）――　22, 103, 116-118, 120
大衆路線　13, 124, 125, 130, 131, 136-138, 140-143, 146, 150, 285-287
　――教育実践活動　130-136, 138
大東亜共栄圏　14, 293, 296
大統領検討覚書第 24 号（PRM-24）　163
第二次世界大戦　47, 208, 241, 284
第二次戦略兵器制限交渉　162, 166, 170, 177
台湾　11, 24, 126, 160, 161
　――（との）統一　68, 72
　――の武力解放　166
　――は中国の一部分　161
　――問題　13, 70-73, 115, 159, 162, 163, 165, 176, 177, 180

台湾武器売却（供与）問題　81, 159, 164, 171, 175, 178, 179
多元的な社会　234
多国間主義（マルチラテラリズム）　12, 83, 91-93, 95
他者認識　221
田中外交　14, 186, 188, 196
単位体制　12, 108, 113
単独主義　89, 91, 92
地位　74, 76, 88-90, 93-96, 129, 144, 193, 214, 221
地域主義　85-87, 96, 192, 193
地政学的　57, 90, 91, 293
秩序変動　12, 83, 206, 207, 255
チベット　11, 68, 70, 295, 296, 298, 301
　―問題　284,
地方分権の改革　225
中越関係　174, 176
中越戦争　71
中央アジア　24, 76, 212, 274, 275, 294, 301
中央集権　225
　―制　108
中央と地方の関係　12, 103, 105-107, 225, 226
中華思想　209, 222
中華復興　27
中国
　―の台頭　19-21, 84, 87, 123, 206, 207, 210, 219, 220, 222, 234, 276
　―の内政　12, 60, 166, 172, 177,
　―の複雑性　227, 228, 249,
　―の道　56

中国脅威論　93
中国共産党　12, 25, 42, 49, 50, 68, 103-106, 110-115, 118, 120, 176, 273,
　―外事弁公室　26
　―執政　10, 25, 32, 118
　―第十八期六中全会　110, 111
「中国の夢」　10, 11, 26, 41, 49-51, 53, 77, 81, 124, 129, 137, 138, 142, 143, 146, 228,
中国版マーシャル・プラン　97
中国模式（論）　14, 76, 104, 105, 123, 141, 147, 227, 228, 283,
中産階級　113-115
中所得国の罠　21
中ソ
　―イデオロギー論争　70
　―関係　70
中東　32, 46, 54, 58, 59, 117, 162
中米（米中）
　―関係正常化　13, 70, 160, 163-174, 176, 178, 179
　―共同コミュニケ　81
　―国交樹立　159-166, 174, 178,
朝貢　14, 55, 56, 212, 233, 248, 297
　―体系　211, 212, 214, 244, 293,
　―体制　232, 250, 295,
朝鮮戦争　69
頂層設計　143
ティー・パーティー（運動）　258
帝国主義　27, 28, 69, 70, 193-195, 244, 251, 279
適切性の論理　208, 246

撤僑　119
テロリズム　12, 38, 59, 116, 117
天安門事件　71, 104, 110, 127
伝統的安全保障　109, 115
伝統的東アジア国際秩序　209
傅瑩　281
東亜共同体　92-194
東亜新秩序　14, 185-187, 191-193, 195
トゥキディデスの罠　33, 84
道義性　209, 214, 293, 295, 296
道義責任
　国際（的な）—　12, 103, 117,
　国内（的な）—　103, 120
韜光養晦　71, 72, 74, 82, 116, 260, 261, 270
　—有所作為　11, 74, 125, 261
東郷茂徳　14, 186, 190
鄧小平　13, 33, 38, 42, 51, 104, 114, 124, 149, 165, 166, 168-170, 172, 176-180, 261, 262, 284, 300
　—外交　270,
　—時代　11, 26, 68, 70-72, 74, 270, 271,
　ポスト—　11, 68, 72
党政分離　104
道徳性　277
東南アジア　10, 19, 22, 43, 46, 69, 76, 87, 92, 112, 268, 274, 275,
東南アジア諸国連合（ASEAN）　24, 31, 86, 87, 93, 97, 275
党の「核心」　104, 111
都市化（城鎮化）　112
トラックⅡ（非政府チャネル外交）　86
トランプ、ドナルド（Donald Trump）　9, 112

な行

内聖外王　230, 231, 239, 245, 246, 250, 293
内政不干渉　217
　—原則　208, 209
ナショナリズム　11, 23, 28, 68, 72, 124, 126, 129, 137, 142, 143
　民衆—　125, 127, 144, 146
二極対峙　73
ニクソン、リチャード（Richard Nixon）　161, 162, 164
二国間主義　91, 92
20カ国財務相・中央銀行総裁会議　73, 75
日中
　—関係　125, 142-145
　—首脳会談　143, 144
日本との戦略的互恵関係　75
ネオ・リアリズム（新現実主義）　92
農村集団所有制　109

は行

パクス・アメリカーナ　207
パクス・シニカ　207
覇権　26, 49, 54, 81, 125, 229, 277
　—国　89, 93,
覇権安定論　89
覇権主義　19, 21, 36, 49, 178
覇権秩序　11, 208
　リベラルな—　208

八項規定　52, 131, 139
八・一七コミュニケ　180
発展モデル　76, 82
覇道　28, 230
ハブ・アンド・スポークス（体制）　85, 86
パブリック・ディプロマシー　259
パワー・トランジション論　83, 84, 89
パワー・ポリティクス　47, 56, 214, 296
潘維　141, 205, 213, 214, 219, 221, 224, 227, 232, 283, 287, 291
反腐敗　111, 130, 139,
　―運動（キャンペーン）　111, 124, 129, 136, 139, 140, 142, 143, 146, 278
東アジア地域包括的経済連携（RCEP）　96
東アジアの奇跡　87
東シナ海　76, 80, 88, 90, 96, 123, 128
東日本大震災　288
費正清（John King Fairbank）　210
非中央外交　10, 24
非伝統的安全保障　97, 109, 116, 124, 219, 275
非同盟外交政策　70
「一つの中国」　161
一人っ子政策　240
百姓（ひゃくせい）社会　287
「普通の国家」　115
ブッシュ、ジョージ・W（George W. Bush, Jr.）　91
ブラウン、ジョージ（George S. Brown）　161

ブラウン、ハロルド（Harold Brown）　161
フリーライダー　92, 269, 270
ブレジネフ（Leonid Brezhnev）　177
ブレジンスキー（Zbingniew Brzezinski）　13, 160, 161, 163-175, 177
文化大革命　30, 244
分税制改革　12, 105, 106
米華相互防衛条約　13, 171, 178
米中人文交流協議会　259
米中戦略対話　215, 275
平和共存　70
平和五原則　37
平和的崛起　77
平和的台頭　20
平和的発展　32, 57, 208
北京コンセンサス　76, 82, 227
ベトナム　71, 82, 128, 142, 144, 174, 176, 296, 301
　―戦争　69, 71, 92, 300
包括的核実験禁止条約　75
法治　15, 35, 42, 80, 124, 137, 150, 262, 285
　―国家　32
　―主義　286
法理　36, 110, 193
補完性の原則（subsidiarity）　224-226
北東アジア　87, 206, 299
保護する責任（論）（Responsibility to Protect, R2P）　28, 209, 236, 267, 270
細谷雄一　44, 45
ホッブズ（Thomas Hobbes）　229, 244
ポピュリスト　140

ホルブルック（Richard Holbrooke）　163

ま行

マルクス主義　52, 53
　―政党　111
　「中国化」された―　52, 53
マルクス・レーニン主義　11, 25, 27, 49, 228
満州国　189, 294
満州事変　14
三木清　14, 186, 191, 193, 196,
ミドル・パワー論　89
南シナ海　19, 76, 88, 90, 92, 96, 123, 125, 128
　―問題　115
ミュンヘン安全保障会議　78
ミル、ジョン・スチュアート（John Stuart Mill）　35
民主生活会　131-134
民主党（米国）　160, 168, 169
民心　138, 139, 144
メコン川流域開発計画　24
毛沢東　38, 42, 52, 168, 169, 240, 244, 260
　―思想　25, 49
　―時代　11, 26, 68, 69, 71, 72, 108, 117, 127, 129, 136, 261, 270, 271
森恪　14, 186, 188, 192, 196-198
モンゴル　295, 296, 301
モンデール（Walter Mondale）　160, 167
モンロー・ドクトリン　91

や行

四つの基本原則　25
四つの近代化　168
四つの全面　124, 136, 138
四人組　168
世論　54, 59, 77, 114, 140, 145, 239, 242, 258

ら行

ラギー、ジョン・G（John G. Ruggie）　91
リアリズム　83, 84,
　攻撃的―　118, 120
李君如　50, 137, 149
リバランス　15, 88, 255-257
リベラリズム　49
リベラル・デモクラシー　141
両学一做　39
領土　126, 165, 192, 197, 218, 225, 242
　―主権　217, 242
　―問題　125
　―をめぐる対立　144, 146
リンケージ・ポリティクス　13, 124, 125
冷戦　33, 48, 69, 115
　―（の）終結　73, 89
レーガン、ロナルド（Ronald Reagan）　180
　―政権　180
歴史認識　45, 46, 249

歴史問題 137, 144-146
蠟山政道　186, 191, 196
六者会合（六者協議）　75, 79, 275
盧溝橋事件　185-187, 191, 196
ロシアとの戦略的パートナーシップ関係　75

わ行

ワシントン・コンセンサス　82, 85
ワシントン体制　14, 186-188, 190, 196

変動期の国際秩序とグローバル・アクター中国：
外交・内政・歴史

編者　佐藤　壮・江口伸吾

2018 年 3 月 31 日初版第 1 刷発行

・発行者——石井　彰

印刷・製本／モリモト印刷株式会社

© 2018 by SATO Takeshi and EGUCHI Shingo

（定価＝本体価格 3,500 円＋税）

ISBN978-4-87791-288-8 C3031 Printed in Japaqn

・発行所

KOKUSAI SHOIN Co., Ltd.
3-32-6-1001, HONGO, BUNKYO-KU, TOKYO, JAPAN.

株式会社 **国際書院**

〒113-0033 東京都文京区本郷 3-32-6 ハイヴ本郷 1001
TEL 03-5684-5803　　FAX 03-5684-2610
E メール：kokusai@aa.bcom. ne.jp
http://www.kokusai-shoin.co.jp

本書の内容の一部あるいは全部を無断で複写複製（コピー）することは法律でみとめられた場合を除き、著作者および出版社の権利の侵害となりますので、その場合にはあらかじめ小社あて許諾を求めてください。

国際政治

NIRA／中牧弘允共編
現代世界と宗教
87791-100-6　C3014　　　　A5判　295頁　3,400円

グローバル化、情報化の進展、紛争に関わる「宗教」現象といった今日の国際社会において、宗教学を始め、政治学や社会学、文化人類学など様々な領域から新しい世紀の「宗教」を巡る動向のゆくへを探る。　　　　　　　　　　　(2000.9)

中園和仁
香港返還交渉
―民主化をめぐる攻防
906319-85-8　C3031　　　　A5判　270頁　2,800円

イギリスの植民地統治は終わりを告げ香港は中国に返還された。「香港問題」が形成された歴史的背景をたどり、香港の特殊な地位および返還交渉の舞台裏を検討することによって、香港の「民主化」が持つ意味を探る。　　　　　　(1998.7)

堀江浩一郎
南アフリカ
―現代政治史の鳥瞰図
906319-55-6　C1031　　　　A5判　345頁　3,398円

南アのコミュニティ運動、対外関係などの政治分析を通して、南ア社会の変革と民主化へのダイナミズムを考察する。第三世界の壮大な実験である「市民社会」の建設へ向けての運動は、現代国際社会の課題に示唆するものも大きい。(1995.4)

宇佐美　慈
米中国交樹立交渉の研究
906319-64-5　C3031　　　　A5判　601頁　8,252円

1979年のアメリカ合衆国の中華人民共和国との国交樹立と中華民国との断絶について、その政策決定と交渉過程とこれに影響を及ぼした内外の様々な要因及び国交樹立後の様々な関連事項の処理について、主として米国の側から分析した。　　　　　　　　　　　(1996.1)

泉　淳
アイゼンハワー政権の中東政策
87791-110-3　C3031　　　　A5判　309頁　4,800円

中東地域政治の特質を踏まえ米国の政策形成・決定過程さらに米国の冷戦政策を顧み、「アイゼンハワー政権の中東政策」の再評価を試みた本書は現在の中東地域政治、米国の中東政策を理解する上で大きな示唆を与える。　　　　(2001.6)

鈴木康彦
アメリカの政治と社会
906319-89-0　C1031　　　　A5判　233頁　2,800円

アメリカ特有の政治、経済、法律、社会制度、国の成り立ち、文化に亘る、内部から見た解説書である。滞米年数30年を越す筆者のアメリカ的思考を加味しながらの記述はアメリカの全体像を知る上で格好の書である。　　　　　(1999.4)

岩下明裕
「ソビエト外交パラダイム」の研究
906319-88-2　C3032　　　　A5判　263頁　3,200円

本書は、「ソビエト国家」の対外関係をめぐる数々の「説明原理」の変遷を、「国家主権」と「社会主義体制」の概念に焦点を当てて分析し、ソ連外交史あるいは国際関係史の研究を進める上で有用である。　　　　　　　　　　　(1999.7)

宮本光雄
国民国家と国家連邦
―欧州国際統合の将来
87791-113-8　C3031　　　　A5判　361頁　3,800円

「連邦主義的統合論」及び「政府間主義的統合論」を軸に、第一次世界大戦後に始まる欧州国際統合運動を分析し、21世紀における欧州国民国家とEUの将来が検討され、アジアとの地域間関係も分析される。　　　　　　　　　(2001.7)

宮脇　昇
CSCE人権レジームの研究
―「ヘルシンキ宣言」は冷戦を終わらせた
87791-118-9　C3031　　　　A5判　333頁　3,800円

冷戦期の欧州国際政治史の中でそのターニングポイントとなったCSCE（欧州の安全保障と協力に関する会議）の人権レジームに見られる東西間の対立と協調が織りなす国際関係の研究書である。
　　　　　　　　　　　　　　　　　　(2002.2)